中华人民共和国
慈善法
解读与适用

于建伟 主编

中国法制出版社
CHINA LEGAL PUBLISHING HOUSE

慈善法的诞生与发展
（导读）

2016年3月16日，第十二届全国人民代表大会第四次会议审议通过《中华人民共和国慈善法》（以下简称慈善法），开启了中国现代慈善的法治化进程。2023年12月29日，第十四届全国人大常委会第七次会议审议通过《全国人民代表大会常务委员会关于修改〈中华人民共和国慈善法〉的决定》，谱写了我国以法促善的新篇章。慈善法的制定和修改完善，是认真贯彻习近平总书记关于发展慈善事业、发挥慈善作用的重要论述精神和党中央重要决策部署，立足中国国情，坚持问题导向，确立基本制度，实行开门立法，正确处理促进和规范的关系、继承和创新的关系，着力提高立法质量，构建中国特色慈善法律制度。本文从立法背景、立法过程、立法思路、主要内容以及修改完善五个方面，对慈善法作一总体上的介绍。

一、慈善法的立法背景

1. 悠久厚重的慈善文化。扶贫济困、乐善好施是中华民族传统美德，慈善文化是中华传统文化的重要组成部分，内涵丰富，源远流长。儒家的"仁爱"、道家的"慈爱"、墨家的"兼爱"、佛家的"慈悲"，无不蕴含厚重的慈善文化思想。古人就曾有过对慈善内涵的相关描述。孔颖达疏《左传》有云："慈者爱，出于心，恩被于物也"；又曰："慈谓爱之深也"。东汉时期许慎著的《说文解字》也解释道："慈，爱也""善，吉也"。慈善二字合用，则是仁慈、善良、富于同情心的意思。战国时期孟子的"穷则独善其身，达则兼善天下"，北宋范仲淹的"先天下之忧而忧，后天下之乐而乐"，成为千百年来中国优秀人物立身处世的座右铭。

2. 快速发展的现代慈善。改革开放以来，以慈善组织专业化运作为特征的现代慈善事业开始起步，2006年至2015年十年间，进入黄金发展期，社会捐赠总额从2005年不足100亿元发展到每年1000亿元左右；各级民政部门登记的非营利组织总数从2005年的不足3.2万个发展到60多万个，大部分在公益慈善领域开展活动；公益慈善活动从扶贫济困逐步向教育、科技、文化、卫生、体育、环保等领域拓展；志愿服务活动蓬勃开展，多元化志愿服务体系初步形成；慈善合作平台不断完善，信息技术在慈善领域得到应用，具有社会影响力的慈善品牌项目大批涌现。

3. 问题频出的现实状况。随着慈善事业的发展，在慈善领域出现许多新情况新问题，如慈善组织内部治理不健全、运作不够规范，公信力不够高，慈善信息公开制度不完善，募捐活动以及募集财产的管理使用不够透明，一些组织违法违规现象时有发生；慈善活动参与人权利义务不够明晰，促进慈善事业发展的优惠政策落实情况不尽如人意，对慈善组织和慈善活动的监督管理不够有效，假借慈善违法敛财、骗捐诈捐等事件造成了严重的社会影响，等等。

4. 社会各界的热切期盼。慈善领域出现的问题伤害了人们的爱心，影响人们参与慈善的热情。慈善事业的健康发展需要法治的引领推动规范和保障。2008年至2015年，共有800多人次的全国人大代表提出制定慈善法的议案27件，还有很多人大代表、政协委员提出尽快制定慈善法的建议和提案。社会各界热切期盼一部确立慈善基本制度、明晰各方权利义务的慈善法尽早出台。

二、慈善法的立法过程

制定慈善领域的综合性法律从最初提出，到2016年3月16日第十二届全国人大四次会议审议通过慈善法，历经十年，可谓十年磨一法，千呼万唤始出来。这部法律的制定，大致经历了三个阶段：

1. 民政部起草阶段（2006年3月至2009年8月）。早在2005年，民政部就向全国人大和国务院提出了制定《慈善事业促进法》的建议。2006年，国务院将《慈善事业促进法》列入年度立法计划。2008年10月，全国人大常委会将法律名称确定为《慈善事业法》，并列入第十一届全国人大常委会立法规划一类项目。2006年3月，民政部成立起草组，开始慈善立法的调研论证起草工作。起草组多方收集慈善立法相关资料，全面了解国内外慈善事业发展和慈善立法情况，广泛听取中央有关单位、慈善组织和专家学者意见，数十易其稿，形成《中华人民共和国慈善事业法（草案送审稿）》，于 2009 年 8 月报送国务院。

2. 全国人大内司委起草阶段（2014 年 2 月下旬至 2015 年 10 月）。2013 年，第十二届全国人大常委会再次将制定慈善事业法列入立法规划一类项目，明确由内务司法委员会（以下简称内司委）组织起草。第十二届全国人大内司委对慈善立法工作高度重视，于 2014 年 2 月下旬成立慈善立法领导小组及其办公室。

2014 年 3 月下旬，内司委在京召开第一次慈善立法座谈会。此后，慈善法的起草工作紧锣密鼓、强力推进，步入快车道。内司委先后组织十多个调研组，赴湖北、浙江、福建、广东、广西、北京、上海、陕西等省（区、市）了解慈善事业发展情况，听取地方对慈善立法的意见和建议，并组团到英国等国考察慈善立法情况。召开慈善立法座谈会十多次，听取主管部门、地方人大和民政部门、专家学者、慈善组织负责人意见，还派人员参加学界和实务界召开的立法研讨会 30 多次。起草过程中，围绕慈善事业发展的主要经验和存在问题、慈善立法的调整范围、慈善组织、慈善募捐、慈善信托、税收优惠、慈善服务等问题，开展专题研究，形成 30 多份、几十万字的立法研究资料。

内司委在民政部等有关方面大力支持下，一边调研，一边起草，经反复修改，于 2015 年 1 月形成慈善事业法草案（征求意见稿），向 33 个中央有关单位、31 个省（区、市）人大内司委、8 所高校科研机构、12 个慈善组织、部分全国人大代表、政协委员以及有关专家发出征求意见函 130 多份，收到反馈意见 80 余份，起草班子对这些意见认真梳理，形成约 7 万字的意见汇总材料。2015 年 7 月，内司委领导亲自带队，赴民政部、国家税务总局交换意见。起草班子根据各方面意见，对草案稿进一步修改完善。2015 年 9 月 6 日，内司委召开全体会议，原则审议通过了《中华人民共和国慈善法（草案）》。此后，全国人大内司委建议常委会办公厅将慈善法草案转国务院办公厅征求意见，国务院办公厅委托原国务院法制办将草案分送发改委、民政部、财政部等 31 个部门和单位。内司委根据反馈意见进一步修改后，将《中华人民共和国慈善法（草案）》提请全国人大常委会会议审议。

3. 全国人大常委会和全国人民代表大会审议阶段（2015 年 10 月底至 2016 年 3 月 16 日）。2015 年 10 月底，第十二届全国人大常委会第十七次会议对慈善法（草案）进行初次审议。常委会组成人员和列席人员普遍认为，为规范慈善行为，弘扬慈善文化，促进慈善事业健康发展，制定慈善法很有必要。草案指导思想明确，框架结构合理，内容总体可行，建议进一步修改完善后早日出台。同时，慈善法（草案）受到社会广泛关注和高度评价，新华社、人民日报、中央电视台等媒体以及新浪等网站作了充分报道和解读。

常委会初次审议后，全国人大常委会法制工作委员会将草案印发全国人大代表、各省（区、市）和中央有关部门、单位、人民团体和社会组织、部分高等院校和研究机构、基层立法联系点等征求意见。两次在中国人大网全文公布法律草案向社会征求意见。法律委员会、内务司法委员会和法制工作委员会联合召开座谈会，听取中央有关单位和部分全国人大代表，以及一些专家学者和慈善组织的意见。根据常委会组成人员审议意见和各方面意见，对草案进行修改，先后提出慈善法草案二次审议稿和三次审议稿，分别提请2015年12月下旬召开的全国人大常委会第十八次会议和2016年3月召开的十二届全国人大四次会议审议。2016年3月16日顺利通过。

三、慈善法的立法思路

人大主导慈善立法工作后，慈善立法能够快速推进，顺利通过，首先是党中央、全国人大及其常委会对慈善立法的高度重视，也得益于人大主导立法，各方有序参与立法的体制机制优势，还有很重要的一条，就是有正确的立法工作思路。

1. 立足基本国情。牢牢把握我国正处于社会主义初级阶段这个最大国情，根据经济社会发展的实际状况和创新社会治理的要求，对慈善法律制度作出规定，把在改革开放和社会主义现代化建设背景下发展我国慈善事业的生动实践作为立法基础，适当借鉴国外有益经验，但绝不照抄照搬。比如，慈善法依然把扶贫济困作为现阶段慈善重点，在慈善活动定义中，把扶贫济困单列出来作为第一项；在促进措施中，专条规定国家对扶贫济困的慈善活动，实行特殊的优惠政策。扶贫济困是传统慈善的主要内容，也是当代慈善应有之义。努力实现发展成果由人民共享，这是中国特色社会主义的本质要求。

2. 坚持问题导向。慈善立法把解决慈善领域存在的突出问题作为工作重点，把法律切实管用作为工作目标，从组织建设、行为规范、促进措施、监督管理等多方面作出一系列制度安排，着力解决影响慈善事业发展的问题，积极回应社会关切，增强法律的针对性和实效性。以公开募捐为例，慈善法出台前，我国在募捐方面存在两方面的问题，一方面是具有法定公开募捐资格的组织较少，限于公募基金会、慈善会和红十字会等；另一方面，没有公开募捐资格的组织甚至个人也在搞公开募捐，比较乱。针对这些问题，慈善法在适度扩大慈善组织公开募捐主体范围基础上，从募捐资格、募捐方式、资格验证、信息公开、法律责任等多方面作出规定：慈善组织开展公开募捐，应当取得公开募捐资格；应当制定募捐方案，并在开展募捐活动前报慈善组织登记的民政部门备案；应当在募捐活动现场或者募捐活动载体的显著位置，公布募捐组织名称、公开募捐资格证书、募捐方案、联系方式、募捐信息查询方法等；应当定期向社会公开其募捐情况，公开募捐周期超过六个月的，至少每三个月公开一次募捐情况，公开募捐活动结束后三个月内应当全面公开募捐情况。还规定，开展募捐活动，不得摊派或者变相摊派，不得妨碍公共秩序、企业生产经营和居民生活。禁止任何组织或者个人假借慈善名义或者假冒慈善组织开展募捐活动，骗取财产，等等。通过上述规定，着力净化募捐环境，规范募捐活动。

3. 确立基本制度。从慈善领域基础法、综合法的定位出发，慈善法对慈善组织、慈善募捐与捐赠、慈善信托、慈善财产管理使用、慈善服务、信息公开、促进措施和监督管理等基本方面作出规定，努力构建系统完整的慈善法律制度。例如，慈善组织是现代慈善事业的中坚力量，既是发展慈善事业的独立主体，又是其他组织和个人开展慈善活动的重要组织者、推动者和桥梁纽带，在动员社会资源、提供慈善服务等方面发挥着不可替代的作用。同时，慈善组织的一个显著特征是主要用捐赠人的钱来维持自身存续发展并开展慈善活动，其财产具有社会公共财产的属性，社会对其关注度比较高。由于慈善组织运作不够规范，财产管理使用不够透明，一些慈善组织屡受质疑，公信力不高，影响了人们的捐赠热情。基于慈善组织在现代慈善事业发展中的重要地位，针对现实中存在的问题，慈善法以慈善组织作为调整重点，对慈善组织的内部治理及其活动、政府和社会对慈善组织的支持与监管等作了全面规定，第一次从法律层面构建了相对完整的慈善组织法律制度。

4. 实行开门立法。开门立法是实现科学立法、民主立法的内在要求。科学立法、民主立法是立法工作的重要原则，是人民当家作主的重要体现。科学立法的核心，在于立法要尊重和体现客观规律。民主立法的核心，在于立法要为了人民、依靠人民。在慈善法的起草和审议过程中，认真贯彻十八届四中全会关于"立法机关主导，社会各方有序参与立法"的精神，通过请进来、走出去、书面征求意见、网上公开征求意见等多种形式，广开言路，集思广益，认真听取和吸纳各方面意见建议，最大限度凝聚共识、凝聚智慧。人大"开门立法"得到了有关方面的积极响应，清华大学、北京大学、北京师范大学、中国人民大学、山东大学、中山大学等高校有关机构、社科院法学所以及一些慈善组织，纷纷召开慈善立法研讨会、论证会，仅内司委内务室参加的此类会议就达30多次，呈现出学界、实务界和人大起草团队密切沟通、良性互动的崭新气象。起草过程中，内司委共收到7份慈善法草案专家建议稿、几十份专题研究报告和数百万字相关资料。人大"开门立法"和各界的积极参与，对于加快立法进程、提高立法质量，发挥了重要作用。同时，也使法律的起草和审议过程成为普及慈善知识、增强全社会法治意识的过程。

四、慈善法的主要内容

2016年3月16日十二届全国人大四次会议审议通过的慈善法共12章112条，主要内容如下：

（一）发展慈善事业

慈善事业是中国特色社会主义事业的重要组成部分，在促进社会公平正义、推动实现共同富裕、维护社会和谐稳定等方面具有特殊作用，是国家治理体系与治理能力现代化的重要力量。发展慈善事业，是制定慈善法的首要目标。如何促进慈善事业健康发展，慈善法作了以下规定：

1. 明确立法目的。慈善法第一条开宗明义："为了发展慈善事业，弘扬慈善文化，规范慈善活动，保护慈善组织、捐赠人、志愿者、受益人等慈善活动参与者的合法权益，促进社会进步，共享发展成果，制定本法。"

2. 界定慈善含义。慈善有广狭两义，"小慈善"指的是扶贫济困救灾，"大慈善"的含义还包括促进教育、科学、文化、卫生、体育等事业发展，环境保护等有利于社会公共利益的活动。随着经济社会的发展，特别是社会保障水平的提高，"小慈善"逐步发展为"大慈善"。慈善法第三条对慈善活动作出界定。这一规定，根据我国慈善活动的实践做法，把扶贫济困救灾作为慈善活动的重点，同时又为慈善事业的进一步发展拓展空间，与国际慈善活动的发展趋势基本一致。

3. 动员社会各方面力量积极开展慈善活动。（1）慈善法第五条规定："国家鼓励和支持自然人、法人和其他组织践行社会主义核心价值观，弘扬中华民族传统美德，依法开展慈善活动。"（2）慈善组织是开展慈善活动的重要主体，慈善法对慈善组织的设立、内部管理、行为规范等作了较为全面的规定。（3）志愿者提供服务是开展慈善活动的重要内容，慈善法对志愿者提供慈善服务的方式及其权利义务作了规定。（4）慈善法还规定，城乡社区组织、单位可以在本社区、单位内部开展群众性互助互济活动。慈善组织以外的其他组织可以开展力所能及的慈善活动。

4. 专章规定发展慈善事业的促进措施。（1）县级以上人民政府应当根据经济社会发展情况，制定促进慈善事业发展的政策和措施。（2）对慈善组织、捐赠人、受益人依法享受税收优惠问题尽可能作出规定。企业慈善捐赠支出超过法律规定的准予在计算企业所得税应纳税所得额当年扣除的部分，允许结转以后三年内在计算应纳税所得额时扣除。同时根据党的十八届三中全会精神和立法法的规定，税收优惠的条件、税种、税率等具体事项由专门税收法律作出规定。（3）国家对开展扶贫济困的慈善活动实行特殊的优惠政策。（4）慈善组织开展扶贫、济困、扶老、救孤等需要慈善服务设施用地的，可以依法申请使用国有划拨土地或者农村集体建设用地，同时规定，慈善服务设施用地非经法定程序不得改变用途。（5）国家采取措施弘扬慈善文化，培育公民慈善意识。（6）国家建立慈善表彰制度，对在慈善事业发展中做出突出贡献的自然人、法人等组织予以表彰。

（二）规范慈善行为

规范慈善行为和发展慈善事业是相辅相成的，只有提高慈善组织公信力，增强慈善活动透明度，才能保障慈善事业健康发展。慈善法对规范慈善行为作了以下规定：

1. 强化信息公开。信息公开是规范慈善活动的重要举措，慈善法区分不同主体、不同环节，对信息公开作了专章规定。（1）建立健全慈善信息统计和发布制度。县级以上人民政府民政部门应当在统一的信息平台，及时向社会公开慈善信息。（2）县级以上人民政府民政部门和其他有关部门应当及时向社会公开慈善组织登记事项、慈善信托备案事项、对慈善活动的税收优惠和资助补贴、对慈善组织和慈善信托的检查评估等信息。（3）慈善组织、慈善信托的受托人应当依法履行信息公开义务。信息公开应当真实、完整、及时。慈善组织应当向社会公开组织章程和决策、执行、监督机构成员信息以及国务院民政部门要求公开的其他信息。（4）慈善法区分募捐的不同情况，明确规定信息公开的对象、内容及其程序。具有公开募捐资格的慈善组织应当定期向社会公开其募捐情况和慈善项目实施情况。公开募捐周期大于六个月的，至少每三个月公开一次募捐情况，公开募捐活动结束后三个月内应当全面公开募捐情况。慈善项目实施周期超过六个月的，至少每三个月公开一次项目实施情况，项目结束后三个月内应当全面公开项目实施情况和募得款物使用情况。

2. 加强慈善组织内部治理。（1）慈善法规定，慈善组织应当根据法律法规以及章程的规定，建立健全内部治理结构，明确决策、执行、监督等方面的职责权限；应当执行国家统一的会计制度，依法进行会计核算。（2）慈善法还对不得担任慈善组织负责人的情形作了规定，包括无民事行为能力或者限制民事行为能力、因故意犯罪被判处刑罚等。（3）针对慈善组织财产管理使用中存在的关联关系问题，慈善法规定："慈善组织的发起人、主要捐赠人以及管理人员，不得利用其关联关系损害慈善组织、受益人的利益和社会公共利益。慈善组织的发起人、主要捐赠人以及管理人员与慈善组织发生交易行为的，不得参与慈善组织有关该交易行为的决策，有关交易情况应当向社会公开。"

3. 规范慈善募捐。慈善募捐是慈善财产来源的主要途径，是开展慈善活动的重要内容。慈善法区分不同主体募捐以及不同种类募捐，对募捐资格、方式及其程序分别作出规定，特别对开展公开募捐作了较为具体的规定。（1）慈善法第二十二条规定，慈善组织开展公开募捐，应当取得公开募捐资格。并明确规定了取得公开募捐资格的条件和程序。（2）关于网络募捐，根据开展网络募捐的必要性和可行性，同时尽量避免重复募捐甚至网络欺诈等现象，慈善法规定，慈善组织通过互联网开展公开募捐的，应当在国务院民政部门指定的慈善信息平台发布募捐信息，并可以同时在其网站发布募捐信息。慈善法还对开展公开募捐的其他方式以及公开募捐的程序作出规定。

4. 规范慈善财产管理使用。（1）慈善法规定，慈善组织对募集的财产，应当登记造册，严格管理，专款专用。（2）慈善法根据慈善财产的性质明确要求："慈善组织的财产应当根据章程和捐赠协议的规定全部用于慈善目的，不得在发起人、捐赠人以及慈善组织成员中分配。任何组织和个人不得私分、挪用、截留或者侵占慈善财产。"（3）为使慈善财产能够保值、增值，使慈善组织持续运转，慈善法规定，慈善组织可以进行投资，但应当遵循合法、安全、有效的原则，投资取得的收益应当全部用于慈善目的。重大投资方案应当经决策机构组成人员三分之二以上同意。还规定政府资助的财产和捐赠协议约定不得投资的财产，不得用于投资。（4）为促进慈善组织把更多的财产用于慈善目的，慈善法规定，慈善组织应当积极开展慈善活动，充分、高效运用慈善财产，并遵循管理费用最必要原则，厉行节约，减少不必要的开支。同时考虑到慈善组织的多样性，慈善法对具有公开募捐资格的基金会开展慈善活动的年度支出和管理费用标准作了规定；具有公开募捐资格的基金会以外的慈善组织开展慈善活动的年度支出和管理费用的标准，由国务院民政部门会同国务院财政、税务等部门依照有关规定的原则制定。捐赠协议对单项捐赠财产的慈善活动支出和管理费用有约定的，按照其约定。

（三）加强慈善监管

严格有效的监督管理是促进慈善活动规范化的重要保障。慈善法对加强监督管理作出专章规定。

1. 监管主体。慈善法第六条规定，国务院民政部门主管全国慈善工作，县级以上地方各级人民政府民政部门主管本行政区域内的慈善工作；县级以上人民政府有关部门依照本法和其他有关法律法规，在各自的职责范围内做好相关工作。

2. 监管职责。慈善法规定，县级以上人民政府民政部门应当依法履行职责，对慈善活动进行监督检查，对慈善行业组织进行指导；应当建立慈善组织及其负责人信用记录制度，并向社会公布；应当建立慈善组织评估制度，鼓励和支持第三方机构对慈善组织进行评估，并向社会公布评估结果。

3. 监管措施。慈善法规定了民政部门对涉嫌违反本法规定的慈善组织有权采取的措施，包括对慈善组织的住所和慈善活动发生地进行现场检查；要求慈善组织作出说明，查阅、复制有关资料；向与慈善活动有关的单位和个人调查与监督管理有关的情况；经本级人民政府批准，可以查询慈善组织的金融账户等。慈善法还规定了慈善组织的年度报告制度等。

4. 行业监督和社会监督。慈善法规定，慈善行业组织应当建立健全行业规范，加强行业自律。任何单位和个人发现慈善组织、慈善信托有违法行为的，可以向民政部门、其他有关部门或者慈善行业组织投诉、举报。民政部门、其他有关部门或者慈善行业组织接到投诉、举报后，应当及时调查处理。国家鼓励公众、媒体对慈善活动进行监督，对假借慈善名义或者假冒慈善组织骗取财产以及慈善组织、慈善信托的违法违规行为予以曝光，发挥舆论和社会监督作用。

（四）明确法律责任

法律责任是法律约束力的保障。慈善法对违反法律规定的慈善活动，区分不同情形，分别规定法律责任。

1. 慈善组织的法律责任。慈善法对慈善组织未按照慈善宗旨开展活动，私分、挪用、截留或者侵占慈善财产，接受附加违反法律法规或者违背社会公德条件的捐赠，未依法履行信息公开义务，未依法报送年度工作报告或者财务会计报告，擅自改变捐赠财产用途，从事、资助危害国家安全或者社会公共利益活动，弄虚作假骗取税收优惠等情形，分别规定了相应的法律责任，包括责令限期改正，责令限期停止活动并进行整改，没收违法所得，对直接负责的主管人员和其他直接责任人员处以罚款，吊销登记证书等；构成犯罪的，依法追究刑事责任。

2. 针对社会上存在的假冒慈善名义骗取财产现象，慈善法规定，自然人、法人或者其他组织假借慈善名义或者假冒慈善组织骗取财产的，由公安机关依法查处。

3. 监管部门及其工作人员的法律责任。慈善法规定，县级以上人民政府民政部门和其他有关部门及其工作人员有未依法履行信息公开义务，摊派或者变相摊派捐赠任务，强行指定志愿者、慈善组织提供服务，未依法履行监督管理职责，违法实施行政强制措施和行政处罚，私分、挪用、截留或者侵占慈善财产等情形的，由上级机关或者监察机关责令改正；依法应当给予处分的，由任免机关或者监察机关对直接负责的主管人员和其他直接责任人员给予处分。

五、慈善法的修改完善

（一）修改的必要性

慈善法自2016年颁布施行以来，在保护慈善参与者权益、规范慈善活动、促进慈善事业发展、发挥慈善功能作用等方面发挥了重要作用。与此同时，慈善事业的实践发展积累了新经验，也出现了一些新情况新问题，对加强慈善法治建设提出了新要求，尤其是疫情防控的实践对完善突发事件应对中的慈善法律制度提出了新课题，网络慈善、个人求助等需要有效规范。将业已形成的中国特色慈善事业新理念新经验上升为国家慈善事业顶层制度设计，解决新时代慈善事业发展中遇到的新问题，都需要适时修改完善慈善法律制度，进一步促进中国特色慈善事业法治化发展。

党的十八大以来，习近平总书记多次就发展慈善事业、发挥慈善作用作出重要论述。党的十九大明确把慈善作为我国多层次社会保障体系的重要组成部分。这些重要论述将慈善事业上升到坚持社会主义基本经济制度，完善分配制度，推动共同富裕的高度并做出明确安排，为做好新时代慈善工作、发展慈善事业指明了方向，也为与时俱进修改完善慈善法提供了遵循。

十三届全国人大一次会议以来，全国人大代表多次提出修改慈善法的议案建议，要求将党中央关于慈善事业的决策部署落实为法律规定，进一步优化慈善领域制度设计，为慈善事业健康有序发展营造更好的法治环境。

（二）修改的过程

全国人大常委会积极回应社会关切，把修改慈善法列入立法工作计划，明确由社会建设委员会牵头负责。2021年3月，全国人大社会建设委员会启动修法工作，12月，牵头成立慈善法（修改）工作专班。修法起草组深入开展调查研究，5次赴地方、部委和慈善行业组织调研座谈，了解慈善领域的实际情况和突出问题；广泛征求意见，2次召开协调会，5轮书面征求意见。经过反复研究修改，形成了《中华人民共和国慈善法（修订草案）》，提请2022年12月召开的十三届全国人大常委会第38次会议初次审议。

会后，全国人大常委会法制工作委员会将修订草案印发部分全国人大代表、中央有关单位、地方人大和基层立法联系点等征求意见；在中国人大网公布修订草案全文，征求社会公众意见；赴地方调研听取意见。根据常委会组成人员审议意见和各方面的意见，对"修订草案"进行修改。全国人大宪法和法律委员会于10月8日和13日两次召开会议审议，建议采纳部分常委会组成人员意见和有关方面的意见，不采用修订方式对现行慈善法作全面修改，而采用修正方式对现行法的部分内容进行修改完善，对较为成熟或者有基本共识的内容作出必要修改；对尚有争议、尚未形成基本共识或者较为生疏的问题，以及一些可改可不改的文字表述问题，暂不作修改。据此，宪法和法律委员会在保留修订草案主要内容的基础上提出修正草案，共28条，提请2023年10月召开的十四届全国人大常委会第六次会议进行第二次审议。

会后，法制工作委员会在中国人大网公布修正草案全文，征求社会公众意见，并进一步听取全国人大代表、中央和地方有关部门、慈善组织等方面的意见，对修正草案进行了修改。宪法和法律委员会两次召开会议进行审议修改后，提请2023年12月召开的十四届全国人大常委会第七次会议审议。

2023年12月29日，十四届全国人大常委会第七次会议审议表决通过关于修改慈善法的决定，共31条。新修改的慈善法自2024年9月5日起施行。

(三) 修改的主要内容

1. 健全慈善工作机制。(1) 加强党对慈善事业的领导，慈善法第四条明确规定"慈善工作坚持中国共产党的领导"，充分发挥党总揽全局、协调各方的领导核心作用，确保慈善事业正确政治方向。(2) 加强慈善工作组织协调，推动及时解决慈善事业发展中遇到的困难和问题。慈善法新增规定："县级以上人民政府应当统筹、协调、督促和指导有关部门在各自职责范围内做好慈善事业的扶持发展和规范管理工作";有关部门要加强对慈善活动的监督、管理和服务;慈善组织的业务主管单位应当对其进行指导、监督。(3) 健全慈善信息统计和发布制度,解决慈善相关数据分散、反映慈善事业发展情况不全面的问题,为充分发挥慈善功能作用提供重要的决策依据。慈善法新增规定:"国务院民政部门建立健全统一的慈善信息平台,免费提供慈善信息发布服务"。(4) 要求慈善组织接受境外慈善捐赠、与境外组织或者个人合作开展慈善活动的,根据国家有关规定履行批准、备案程序。

2. 优化慈善促进措施。此次慈善法修改,以习近平总书记关于发展慈善事业、发挥慈善作用的重要论述为指导,贯彻落实党的二十大报告相关要求,多措并举促进慈善事业发展。(1) 改革慈善组织认定机制,为社会组织转型为慈善组织提供更好的制度安排。(2) 优化慈善募捐制度。降低申请公开募捐资格年限要求;支持具有公开募捐资格的慈善组织通过互联网开展公开募捐,进一步激发慈善组织活力。(3) 进一步强化政府及其部门促进慈善事业发展的责任。要求县级以上人民政府将慈善事业纳入国民经济和社会发展规划,制定促进慈善事业发展的政策和措施;民政等有关部门将慈善捐赠、志愿服务记录等信息纳入相关主体信用记录,健全信用激励制度。(4) 完善慈善事业扶持政策。新增规定:"国家鼓励、引导、支持有意愿有能力的自然人、法人和非法人组织积极参与慈善事业";"国家对慈善事业实施税收优惠政策,具体办法由国务院财政、税务部门会同民政部门依照税收法律、行政法规的规定制定";"自然人、法人和非法人组织设立慈善信托开展慈善活动的,依法享受税收优惠";国家"对参与重大突发事件应对、参与重大国家战略的慈善活动,实行特殊的优惠政策"。(5) 鼓励在慈善领域应用现代信息技术;鼓励通过公益创投、孵化培育、人员培训、项目指导等方式,为慈善组织提供资金支持和能力建设服务。(6) 鼓励有条件的地方设立社区慈善组织,加强社区志愿者队伍建设,发展社区慈善事业。(7) 鼓励开展慈善国际交流与合作。

3. 完善慈善监管制度。慈善组织和慈善信托的规范运行,是提高慈善行业公信力,促进慈善事业高质量发展的内在要求。此次慈善法修改,进一步完善了相关规定。(1) 完善慈善组织年度报告制度,新增报告"募捐成本""与境外组织或者个人开展合作"的情况。(2) 完善合作公开募捐制度。要求具有公开募捐资格的慈善组织应当对合作方进行评估,依法签订书面协议,在募捐方案中载明合作方的相关信息,并对合作方的相关行为进行指导和监督;负责对合作募得的款物进行管理和会计核算,将全部收支纳入其账户;合作方不得以任何形式自行开展公开募捐。(3) 明确规定不得指定或者变相指定慈善信托委托人、受托人及其工作人员的利害关系人作为受益人。(4) 授权国务院有关部门制定慈善组织的募捐成本以及慈善信托的年度支出和管理费用等标准,特殊情况下慈善组织年度支出难以符合规定的,应当报告并公开说明情况。(5) 建立慈善组织及其负责人、慈善信托受托人信用记录制度;对涉嫌违法的慈善组织负责人、慈善信托受托人进行约谈。(6) 加大对违法行为惩罚力度,强化慈善组织、慈善信托受托人等慈善活动参与者的法律责任。

4. 增设应急慈善专章。总结近年重大突发事件应对中慈善活动开展的经验和问题,吸收地方立法中的好做法,系统规范突发事件应对中的慈善活动。(1) 发生重大突发事件需要迅速开展救助时,履行统一领导职责或者组织处置突发事件的人民政府应当依法建立协调机制,明确专门机构、人员,提供需求信息,及时有序引导慈善组织、志愿者等社会力量开展募捐和救助活动。(2) 鼓励慈善组织、慈善行业组织建立应急机制,加强信息共享、协商合作;鼓励慈善组织、志愿者等在政府协调引导下依法开展或者参与慈善活动。(3) 为应对重大突发事件开展公开募捐的,应当及时分配或者使用募得款物,并及时公开募得款物的接收、分配和使用情况。(4) 无法在募捐活动前办理募捐方案备案的,应当在活动开始后十日内补办备案手续。(5) 要求政府及其有关部门、基层组织为应急慈善款物分配送达、信息统计等提供便利和帮助。

5. 有效规范个人求助。随着网络信息技术的发展,个人网络求助现象不断增多,相关网络服务平台呈现规模化发展,在帮助大病患者筹集医疗费用等方面发挥了积极作用。同时也存在一些乱象,引发公众质疑和负面舆情,对行业的公信力产生消极影响。回应社会各界加强网络个人求助治理的呼声,在附则中新增一条作出规范。(1) 个人因疾病等原因导致家庭经济困难,向社会发布求助信息的,求助人和信息发布人应当对信息真实性负责，不得通过虚构、隐瞒事实等方式骗取救助。（2）从事个人求助网络服务的平台应当经国务院民政部门指定，对通过其发布的求助信息真实性进行查验，并及时、全面向社会公开相关信息。（3）授权国务院民政部门会同网信、工业和信息化等部门，对求助信息发布和查验、平台服务、监督管理等作出具体规定。这些规定有利于规范个人求助行为，促进个人求助网络服务平台规范发展，维护公众的爱心善意。

慈善法是社会领域的重要法律，是慈善制度建设的基础性、综合性法律。新修改的慈善法共13章125条，结构完整，内容丰富。这部法律的制定和修改完善，为我国慈善事业高质量发展提供了更加完善的法律保障，必将进一步营造良好的慈善氛围，吸引更多有意愿有能力的企业、社会组织和个人积极投身慈善事业，助推全社会崇德向善，促进我国慈善事业发展壮大，为国家和社会输送更大的正能量！

于建伟

全国人大原内务司法委员会内务室主任、

中国老龄事业发展基金会理事长

2024年5月

目 录

中华人民共和国慈善法

第一章 总 则

第 一 条【立法宗旨】 …… 1
第 二 条【适用范围】 …… 6
第 三 条【慈善活动定义】 …… 9
第 四 条【慈善活动指导原则和基本原则】 …… 13
第 五 条【国家对慈善事业基本态度】 …… 15
第 六 条【管理体制】 …… 17
第 七 条【中华慈善日】 …… 21

第二章 慈善组织

第 八 条【慈善组织概念及其组织形式】 …… 23
第 九 条【慈善组织条件】 …… 27
第 十 条【慈善组织登记和认定程序】 …… 32
第十一条【慈善组织章程】 …… 35
第十二条【慈善组织内部治理和会计制度】 …… 36
第十三条【慈善组织年度报告制度】 …… 40
第十四条【关联交易】 …… 43
第十五条【慈善组织禁止事项】 …… 46
第十六条【不得担任慈善组织负责人情形】 …… 47
第十七条【慈善组织终止情形】 …… 49
第十八条【慈善组织的清算程序】 …… 50

第十九条【慈善行业组织】 ………………………………… 52

　　第二十条【授权规定】 ……………………………………… 54

第三章　慈善募捐

　　第二十一条【慈善募捐的定义】 …………………………… 56

　　第二十二条【公开募捐资格】 ……………………………… 59

　　第二十三条【公开募捐方式和地域管理】 ………………… 63

　　第二十四条【公开募捐方案】 ……………………………… 65

　　第二十五条【公开募捐信息】 ……………………………… 67

　　第二十六条【合作募捐】 …………………………………… 68

　　第二十七条【互联网公开募捐】 …………………………… 70

　　第二十八条【公开募捐平台的验证义务】 ………………… 73

　　第二十九条【定向募捐】 …………………………………… 75

　　第三十条【定向募捐的禁止性规定】 ……………………… 76

　　第三十一条【尊重和维护募捐对象合法权益】 …………… 77

　　第三十二条【开展募捐活动禁止性规定】 ………………… 78

　　第三十三条【禁止虚假慈善】 ……………………………… 79

第四章　慈善捐赠

　　第三十四条【慈善捐赠的定义】 …………………………… 81

　　第三十五条【捐赠方式】 …………………………………… 82

　　第三十六条【捐赠财产】 …………………………………… 83

　　第三十七条【经营性活动捐赠】 …………………………… 85

　　第三十八条【捐赠票据】 …………………………………… 86

　　第三十九条【捐赠协议】 …………………………………… 88

　　第四十条【捐赠人义务】 …………………………………… 89

　　第四十一条【捐赠人履行捐赠承诺】 ……………………… 92

　　第四十二条【捐赠人监督权利】 …………………………… 94

　　第四十三条【国有企业捐赠】 ……………………………… 95

第五章　慈善信托

　　第四十四条【慈善信托的定义】 …………………………… 97

第四十五条【慈善信托设立】 …………………………… 100

　　第四十六条【确定受益人】 ……………………………… 104

　　第四十七条【受托人资格】 ……………………………… 105

　　第四十八条【变更受托人】 ……………………………… 107

　　第四十九条【受托人义务】 ……………………………… 108

　　第 五 十 条【信托监察人】 ……………………………… 109

　　第五十一条【法律适用】 ………………………………… 111

第六章　慈善财产

　　第五十二条【财产的范围】 ……………………………… 115

　　第五十三条【财产的用途】 ……………………………… 117

　　第五十四条【财产的管理】 ……………………………… 118

　　第五十五条【慈善组织财产投资】 ……………………… 119

　　第五十六条【捐赠财产使用原则】 ……………………… 122

　　第五十七条【慈善项目管理】 …………………………… 123

　　第五十八条【剩余捐赠财产的处理】 …………………… 124

　　第五十九条【慈善组织确定受益人】 …………………… 125

　　第 六 十 条【慈善资助协议】 …………………………… 126

　　第六十一条【慈善活动支出及管理费用】 ……………… 127

第七章　慈善服务

　　第六十二条【慈善服务的定义】 ………………………… 131

　　第六十三条【受益人、志愿者的人格尊严和隐私保护】 … 134

　　第六十四条【慈善服务标准】 …………………………… 135

　　第六十五条【向志愿者的告知义务】 …………………… 136

　　第六十六条【志愿者服务记录】 ………………………… 137

　　第六十七条【合理安排志愿服务】 ……………………… 137

　　第六十八条【志愿者的管理和培训】 …………………… 138

　　第六十九条【志愿者权益保障】 ………………………… 139

第八章　应急慈善

　　第 七 十 条【建立协调机制】 …………………………… 141

第七十一条【建立应急机制】 …………………………… 142

第七十二条【及时分配或者使用募得款物】 …………… 143

第七十三条【公开募捐备案手续补办】 ………………… 145

第七十四条【提供便利条件】 …………………………… 146

第九章 信息公开

第七十五条【慈善信息统计和发布】 …………………… 148

第七十六条【政府部门的慈善信息公开】 ……………… 151

第七十七条【慈善组织、慈善信托受托人的信息公开】 … 154

第七十八条【慈善组织信息公开内容】 ………………… 157

第七十九条【公开募捐和项目实施情况信息公开】 …… 159

第 八 十 条【定向募捐告知义务】 ……………………… 160

第八十一条【向受益人履行告知义务】 ………………… 161

第八十二条【不得公开的事项】 ………………………… 163

第十章 促进措施

第八十三条【政府及其部门促进慈善事业的基本职责】 … 165

第八十四条【慈善信息共享机制】 ……………………… 167

第八十五条【国家鼓励积极参与慈善事业】 …………… 168

第八十六条【慈善组织税收优惠】 ……………………… 170

第八十七条【捐赠人税收优惠】 ………………………… 172

第八十八条【慈善信托税收优惠】 ……………………… 177

第八十九条【受益人税收优惠】 ………………………… 178

第 九 十 条【及时办理税收优惠手续】 ………………… 180

第九十一条【免征行政事业性费用】 …………………… 181

第九十二条【对扶贫济困的特殊优惠政策】 …………… 182

第九十三条【慈善服务设施用地】 ……………………… 183

第九十四条【金融政策支持】 …………………………… 186

第九十五条【政府购买慈善组织服务规定】 …………… 189

第九十六条【社区慈善组织】 …………………………… 194

第九十七条【弘扬慈善文化】 …………………………… 195

第九十八条【企事业单位和其他组织的支持】…… 198

第九十九条【慈善项目冠名】…… 198

第 一 百 条【慈善表彰】…… 200

第一百零一条【信用激励制度】…… 202

第一百零二条【慈善国际交流与合作】…… 203

第十一章 监督管理

第一百零三条【监督管理职责】…… 205

第一百零四条【监督管理措施】…… 206

第一百零五条【检查、调查要求】…… 208

第一百零六条【慈善信用记录和评估制度】…… 209

第一百零七条【慈善行业自律】…… 213

第一百零八条【社会监督】…… 214

第十二章 法律责任

第一百零九条【慈善组织承担吊销登记证书等法律责任】…… 216

第一百一十条【责令限期整改的情形】…… 218

第一百一十一条【募捐活动违法责任】…… 226

第一百一十二条【直接负责的主管人员、其他直接责任人员违法责任】…… 230

第一百一十三条【擅自开展公开募捐的法律责任】…… 232

第一百一十四条【互联网公开募捐法律责任】…… 234

第一百一十五条【不依法出具捐赠票据或志愿服务证明的法律责任】…… 236

第一百一十六条【骗取税收优惠的法律责任】…… 239

第一百一十七条【危害国家安全和社会公共利益的法律责任】…… 241

第一百一十八条【受托人法律责任】…… 243

第一百一十九条【慈善服务中的法律责任】…… 246

第一百二十条【政府部门及其工作人员法律责任】…… 249

第一百二十一条【治安管理处罚和刑事责任追究】…… 252

第十三章 附　则

　　第一百二十二条【群众性互助互济活动】 ························ 256
　　第一百二十三条【非慈善组织开展慈善活动】 ···················· 258
　　第一百二十四条【个人发布求助信息】 ·························· 259
　　第一百二十五条【施行日期】 ·················· 263

附　录

　　中华人民共和国慈善法 ·· 265
　　全国人民代表大会常务委员会关于修改《中华人民共和国慈善法》
　　　的决定 ··· 285
　　民政部关于学习宣传贯彻《中华人民共和国慈善法》的通知 ········ 293

后　记 ··· 297

中华人民共和国慈善法

第一章 总 则

第一条 为了发展慈善事业，弘扬慈善文化，规范慈善活动，保护慈善组织、捐赠人、志愿者、受益人等慈善活动参与者的合法权益，促进社会进步，共享发展成果，制定本法。

◆ 解读与适用

本条是关于立法宗旨的规定。

一、发展慈善事业

党和国家长期以来重视发展慈善事业，特别是进入 21 世纪以来，对发展慈善事业作出了一系列重要部署。2004 年，党的十六届四中全会作出的《中共中央关于加强党的执政能力建设的决定》提出，健全社会保险、社会救助、社会福利和慈善事业相衔接的社会保障体系。党的十七大指出："要以社会保险、社会救助、社会福利为基础，以基本养老、基本医疗、最低生活保障制度为重点，以慈善事业、商业保险为补充，加快完善社会保障体系。"党的十八大强调："支持发展慈善事业。"十八届三中全会通过的《中共中央关于全面深化改革若干重大问题的决定》指出，完善慈善捐助减免税制度，支持慈善事业发挥扶贫济困积极作用。党的十九大强调完善社会救助、社会福利、慈善事业、优抚安置等制度，明确把慈善作为我国多层次社会保障体系的重要组成部分。十九届四中全会提出，"重视发挥第三次分配作用，发展慈善等社会公益事业"，将慈善事业上升到坚持和完善社会主义基本经济制度、推动国家治理体系和治理能力现代化的高度。十九届五中全会提出，"发挥第三次分配作用，发展慈善事业，改善收入和财富分配格局"，把慈善事业作为推动共同富裕的重要途径。党的二十大进一步指出"构建初次分配、再分配、第三次分配协调配套的制度体系"，要求"引导、支持有意愿有能力的企业、社会组织和个人积极参与公益慈善事业"，将发展慈善事业作为完善分配制度的重要举措并做出明确安排。

改革开放以来，以慈善组织专业化运作为特征的现代慈善事业进入新的发展时期，取得了显著成就。特别是进入 21 世纪以来，我国慈善事业快速发展，社会捐赠总额从 2005 年的不足 100 亿元发展到 2014 年的 1000 亿元左右，各级民政部门登记的社会组织总数超过 60 万个，相当数量在公益慈善领域开展活动，每年受益人群达数亿人次；注册志愿者超过 6000 万人，每年为社会提供 3 亿小时的志愿服务。慈善事业在扶贫济困、抗震救灾以及其他公益领域发挥了重要作用，为国家和社会输送了巨大的正能量。同时也要看到，我国慈善事业还处于发展初期，与发达国家相比，还存在较大差距。以社会捐赠总额为例，2014 年，我国捐赠总额为 1042 亿元人民币，占其 GDP 63.59 万亿元的 0.17%；同年，美国捐款总额为 3580 亿美元，占其 GDP17.42 万亿美元的 2.1%；在捐赠总额中，我国以企业捐赠为主，美国大多来自个人捐赠。我国慈善事业的发展与党和国家的要求，与社会公众的期待还存在较大差距，还有很大发展空间。慈善立法牢牢把握我国正处于社会主义初级阶段这个最大国情、最大实际，以促进慈善事业发展为第一要务，通过一系列制度设计，着力解决制约慈善事业发展的突出问题，鼓励和支持自然人、法人和非法人组织践行社会主义核心价值观，依法开展慈善活动，以激发慈善事业的无限活力。2016 年慈善法颁布实施以后，慈善事业有了较大发展。2020 年，社会捐赠规模首次突破 2000 亿元。截至 2022 年底，全国登记社会组织近 90 万家，其中慈善组织超过 1 万家，各类注册志愿者超过 2.3 亿人次，慈善信托从无到有，资产规模超过 40 亿元。

二、弘扬慈善文化

我国自古就崇尚以德治国，济贫扶弱、乐善好施是中华民族的传统美德，慈善文化是中华民族传统文化的重要组成部分，内容丰富，源远流长。在我国，"慈善"文化主要来源于长期居主导地位的儒家思想，后来的佛教、道教等影响也很大。儒家所说的"慈"，本义就是"爱"，"善"是和善、友好的意思。孔颖达疏《左传》有云："慈者爱，出于心，恩被于物也。"又曰："慈谓爱之深也。"东汉时期许慎著的《说文解字》也解释道："慈，爱也""善，吉也"。"慈善"二字合用，则是仁慈、善良、富于同情心的意思。儒家倡导"仁爱"，特别强调社会要关怀"矜、寡、孤、独、废疾者"等社会特殊群体。佛教和道教所说"慈"与"善"的含义与儒家基本一致，提出的"慈悲观""赏善罚恶，善恶报应"等思想，特别是把对他人"布施"或者"行善"作为个人修行、积功德的必备要务，对我国慈善事业也有较大影响，丰富了传统慈善文化。在社会实践中，据《周礼·地官》记载，早在公元前11世纪的西周，就采取"慈幼、养老、振（赈）穷、恤贫、宽疾、安富"六项措施帮助百姓。中华民族乐于助人的慈善文化代代相传，以济贫扶弱为基本内容、王朝政府推动的慈善救济工作在中国历史上相当完善。

2014年，习近平总书记在纪念孔子诞辰2565周年国际学术研讨会暨国际儒学联合会第五届会员大会开幕会上指出："在带领中国人民进行革命、建设、改革的长期历史实践中，中国共产党人始终是中国优秀传统文化的忠实继承者和弘扬者。"2015年，《中共中央关于繁荣发展社会主义文艺的意见》明确提出："实施中华文化传承工程……传承中华文化基因。"慈善法作为我国专门倡导、规范人们做善事的基础性、综合性法律，必须汲取中华民族传统文化精华，继承和弘扬中华传统慈善思想，唤醒和激发当代中华儿女献出自己的爱心，伸出友爱之手，帮助他人，服务社会。慈善法将弘扬中华民族传统美德、践行社会主义核心价值观写入条文，将普及慈善知识、传播慈善文化、培养慈善专门人才作为有关机构的法定职责，将每年9月5日确定为"中华慈善日"，等等。这些规定，将有利于弘扬慈善文化，激发社会成员投身慈善事业的热情。

三、规范慈善活动

俗话说,"无规矩不成方圆",任何活动都需要规则来约束,否则,即使出于好心做好事也未必能收到好的效果。近年来,我国慈善领域发生的一系列负面事件暴露出慈善事业发展中存在的一些突出问题,如慈善组织内部治理不健全、运作不够规范,募捐活动以及慈善财产的管理使用不够透明,行业自律机制尚未形成,慈善活动参与人权利义务不够明晰,社会慈善氛围不够浓厚,假借慈善违法敛财、骗捐诈捐等事件屡有发生,政府支持引导力度不够,有些优惠政策落实不到位,监管制度不够完善,有些企业承诺捐赠不到位,捐赠物资质量不合格,等等。这些问题,都需要慈善法来解决。慈善立法从实际出发,坚持在发展中规范、在规范中发展。慈善法的许多条文,都是规范慈善活动,特别是慈善组织有关活动的。为切实回应社会对加强慈善活动管理的关切,慈善法从强化信息公开、加强慈善组织内部治理、规范慈善财产管理使用和构建行政监管、行业自律、社会监督相结合的监管体系等多个方面进行规范。这些规范和监督措施,目的在于提高慈善组织公信力,增强慈善活动透明度,预防和减少有损慈善行业形象的行为发生。就是说,规范是为了净化慈善环境,为了更好地发展慈善事业。

四、保护慈善活动参与者的合法权益

慈善活动参与者主要有慈善组织、捐赠人、志愿者、受益人等。每一项慈善活动,从计划到实施,慈善财产从募捐、捐赠到作用于受益人,都是由一系列慈善活动参与者行使权利、履行义务共同完成的。作为慈善领域的综合性、基础性法律,应当明确慈善活动参与者的权利义务,并保障他们的合法权益。现实中,慈善活动参与者合法权益得不到保障的情况时有发生,如有些慈善组织难以享受优惠政策,有些志愿者在提供志愿服务过程中遭受攻击,有些捐赠人、受益人的隐私被泄露,等等。这些问题都需要在慈善法中作出回应,加强对慈善活动参与者合法权益的保障。

在现代慈善中,慈善组织是中坚力量,它在慈善活动中享有的权利主要体现在确定慈善项目、募捐、管理使用慈善财产、实施项目和享受税收

优惠等方面。慈善法中的许多条文,对慈善组织的这些权利作了规定。捐赠人向慈善组织捐赠财产形成的捐赠关系、受益人接受慈善组织转交的财产形成的赠与关系、志愿者通过慈善组织向受益人提供服务形成的志愿服务关系等,都包含着各方权利和义务,他们之间约定的权利义务只要是合法的,法律就要保护。由于慈善活动是公益活动,慈善法对保护慈善活动参与者有关权利作了一些特别规定,如捐赠人有权查询、复制其捐赠财产管理使用的有关资料,慈善组织应当及时主动向捐赠人反馈有关情况;经受益人同意,捐赠人对其捐赠的慈善项目可以冠名纪念;开展慈善服务,应当尊重受益人、志愿者的人格尊严,不得侵犯受益人、志愿者的隐私;等等。此外,还对慈善组织、捐赠人、受益人享受税收优惠等权利作了规定。

五、促进社会进步

推动社会文明进步,是我国各项事业发展的目标,当然也是慈善事业的目标。衡量社会文明进步的标准是多方面的,包括生产力发展水平和人们物质生活条件的改善状况、社会科学文化发展水平和人们思想道德素质、社会关系及生态环境的改善状况等,还有各个行业领域的具体发展状况。慈善事业是一项综合性的社会事业,涵盖社会发展诸多方面,涉及社会生活诸多领域,是社会进步的重要推手。发展与人人利益相关的社会公共事业,既是政府义不容辞的职责,也是全社会的责任,需要形成政府与民间力量的合力,共同推动公益事业发展,促进社会进步。

慈善立法必须以促进社会进步为目的,各项规定都要着眼于这一目的的实现。特别是,慈善法第三条采用"大慈善"概念,把扶贫济困、促进教育科学文化卫生体育事业发展、改善环境等有利于增进社会公共福祉的公益活动纳入慈善范畴,使得社会力量可以依法把各项社会公益事业作为自己发挥作用、实现价值的舞台。慈善法建立了比较完善的慈善事业发展协调机制,明确规定:县级以上人民政府应当根据经济社会发展情况,制定促进慈善事业发展的政策和措施。县级以上人民政府有关部门应当在各自职责范围内,向慈善组织、慈善信托受托人等提供慈善需求信息,为慈善活动提供指导和帮助。发生重大自然灾害、事故灾难和公共卫生事件等突发事件,需要迅速开展救助时,有关人民政府应当建立协调机制,提供需求信息,及时有序引导开展募捐和救助活动。这些规定,有利于民间慈善与政府职能有机衔接、协调互动,共同促进社会进步。

六、共享发展成果

消除贫困、改善民生、逐步实现共同富裕,是社会主义的本质要求,是党的重要使命。扶贫济困是传统慈善的重点,也是当代慈善应有之义和首要任务,发展慈善事业是脱贫攻坚不可或缺的重要力量。《中共中央关于全面深化改革若干重大问题的决定》明确要求:"支持慈善事业发挥扶贫济困积极作用。"《中华人民共和国国民经济和社会发展第十三个五年规划纲要》提出:"大力支持专业社会工作和慈善事业发展,健全经常性社会捐助机制。广泛动员社会力量开展社会救济和社会互助、志愿服务活动。"

慈善法注重发挥立法的引领和推动作用,最大限度地鼓励支持民营企业、社会组织、个人等社会力量开展以扶贫济困为重点的慈善活动,有利于广泛汇聚社会帮扶资源,实现与政府精准扶贫、精准脱贫有效对接,实现慈善事业与社会救助的衔接互补,形成政府和社会力量的合力,共同编密织牢贫困人口民生安全网,更好地满足困难群众多样化、多层次的需求,帮助他们摆脱困境、改善生活。为此,慈善法突出鼓励和支持扶贫济困的慈善活动,在第三条慈善活动定义中,把扶贫济困单列出来,并排在首位;在第十章促进措施中,专条规定国家对扶贫济困的慈善活动,实行特殊的优惠政策。为了促进社会公平、公正,保障因年老、疾病或者丧失劳动能力等需要社会帮助的人平等地享有慈善资源,慈善法还规定,慈善组织确定慈善受益人,应当坚持公开、公平、公正的原则,不得指定慈善组织管理人员的利害关系人作为受益人。这些规定,有利于促进全体人民共享发展成果。

第二条 自然人、法人和非法人组织开展慈善活动以及与慈善有关的活动,适用本法。其他法律有特别规定的,依照其规定。

◆ **解读与适用**

本条是关于法律适用范围的规定。

法律的调整范围是立法必须明确的重要问题。狭义的调整范围一般指这部法调整哪些对象的哪些行为，广义的调整范围还包括在什么时间、什么地方发生效力。在此，笔者着重介绍受慈善法调整的法律关系的主体及其行为。

一、慈善法调整对象是"自然人、法人和非法人组织"，其中主要是慈善组织

俗话说，"勿以善小而不为"，慈善人人可为。大家在日常生活中的善行多种多样，这些慈善行为是否都受慈善法调整？在慈善法起草过程中，存在不同意见。根据是否通过慈善组织进行，慈善可以分为慈善组织的慈善活动和慈善组织外的慈善活动，其中慈善组织外的慈善活动主要指捐赠人直接向受益人捐赠。一种意见认为，慈善法是一部综合性法律，应当涵盖各种慈善行为，对慈善组织外的慈善活动，慈善法应当一并予以规范；另一种意见认为，慈善组织具有较强的组织性，涉及资金多，而且可以向公众募捐，慈善法应当着重规范慈善组织的活动，确保其达到慈善目的。慈善组织外的慈善活动，涉及资金少，风险小，可以交由民法典等民事法律来规范。

笔者认为，在任何国家，慈善都不是完全通过慈善组织进行的，是否通过慈善组织进行，取决于慈善组织的发展程度，也取决于捐赠者的选择。目前，我国慈善组织发展面临很多困境，短时间内还难以树立强有力的公信力，游离于慈善组织之外的慈善活动必将在相当长一段时期内占有重要地位，慈善法对这部分慈善活动不应完全忽视，应当积极引导和规范，并将其纳入促进慈善事业发展的机制。因此，慈善法调整所有民事主体开展的慈善活动。

同时，现代慈善与传统慈善的一个重大区别，就是前者多为有组织的专业化活动，特别是越来越大的慈善项目更需要专业化组织来运作。随着我国进入新的发展时期，全面深化改革和政府职能转变，慈善组织发展壮大和内部治理日趋成熟，我国慈善组织在社会事业中发挥的作用越来越大、社会地位也日益突出。从慈善事业发展现状和趋势看，慈善组织是开展慈善活动的中坚力量。所以，慈善法在谋篇布局时，突出慈善组织这个重点，抓住慈善组织这个"牛鼻子"，作出一系列制度安排，从慈善组织设立登记和内部治理，到慈善组织开展募捐和接受捐赠，再到慈善组织财产的管理使用、慈善服务、信息公开等，都作了明确规定。对其他主体的慈善活动只作出必要规定，如捐赠人进行慈善捐赠，既可以通过慈善组织捐赠，也可以直接向受益人捐赠；慈善组织以外的自然人、法人和非法人组织在慈善事业发展中做出突出贡献的，也应予以表彰等。

二、慈善法调整慈善活动以及与慈善有关的活动

"慈善活动"是自然人、法人和非法人组织基于慈善目的，以捐赠财产或者提供服务等方式，自愿开展的各项公益活动，如慈善组织开展募捐活动和实施慈善项目、捐赠人捐赠财产、志愿者开展志愿服务等。"与慈善有关的活动"是指虽然不属于慈善活动，但与慈善有密切关系的活动，如县级以上人民政府及其有关部门对慈善活动的指导、支持、促进和监管，慈善组织为实现财产保值、增值进行投资等。慈善法是一部促进慈善事业发展的综合性法律，不仅调整基于慈善目的开展的慈善活动，与慈善有关的活动也一并调整，这些与慈善有关的活动，对于规范和促进慈善事业健康发展具有重要作用。

三、其他法律有特别规定的，从其规定

慈善法第二条还规定，其他法律有特别规定的，依照其规定。这主要用来规范慈善法与红十字会法、公益事业捐赠法、民法典和信托法等法律的关系。这些法律对慈善活动的某一方面或者某些特殊主体作了规定，与慈善法有交叉甚至不一致的地方。如何正确处理慈善法与其他法律的关系，直接影响到慈善法的适用范围，所以是慈善立法重点研究的问题之一。根据立法法第一百零三条的规定，同一机关制定的法律、行政法规、地方性法规、自治条例和单行条例、规章，特别规定与一般规定不一致的，适用特别规定。如果其他法律对慈善活动以及与慈善有关的活动有特别规定的，

从其特别规定。

就慈善法与红十字会法的关系而言，按照红十字会法的规定，中国红十字会是从事人道主义工作的社会救助团体，与国外红十字会一样也开展慈善活动，但红十字会与一般的慈善组织相比有其特殊性，其组织、职责、经费等事项，适用红十字会法的规定。红十字会开展募捐等事项，红十字会法未作规定或者仅作了原则性规定的，要适用慈善法的有关具体规定，如红十字会开展公开募捐，也应当按照慈善法的规定，制定募捐方案、公开募捐信息等。另外，在慈善法与境外非政府组织境内活动管理法的关系上，境外非政府组织在中国境内开展慈善活动的，应当首先适用境外非政府组织境内活动管理法的规定。

就慈善法与公益事业捐赠法、民法典合同编的关系来看，公益事业捐赠法主要对向公益性社会团体（主要是慈善组织）和公益性非营利的事业单位（包括教育机构、科研机构、医疗机构、社会公共文化机构等）捐赠财产，用于公益事业作了规定，民法典规定了赠与合同一章，这两部法律与慈善法有关慈善捐赠一章的内容有重合和交叉的地方。两者并行不悖，在各自的调整范围内继续适用，尤其是公益事业捐赠法对政府接受捐赠等特殊事项的规定，仍然继续适用；对两者不一致的内容，慈善法出台后，按照新法优于旧法的原则，适用慈善法。

第三条 本法所称慈善活动，是指自然人、法人和非法人组织以捐赠财产或者提供服务等方式，自愿开展的下列公益活动：

（一）扶贫、济困；

（二）扶老、救孤、恤病、助残、优抚；

（三）救助自然灾害、事故灾难和公共卫生事件等突发事件造成的损害；

（四）促进教育、科学、文化、卫生、体育等事业的发展；

（五）防治污染和其他公害，保护和改善生态环境；

（六）符合本法规定的其他公益活动。

◆ 解读与适用

本条是关于慈善活动概念的规定。

一、"大慈善"概念

"慈善"这个词，大家并不陌生，都能回想起很多与慈善有关的事，如向希望工程捐款、为重症患者集资、救助困境儿童等。但在慈善法中，慈善究竟是什么，与我们日常生活中的慈善有什么不同，在历次座谈会、研讨会上，这总是讨论最多的问题。总的来说，慈善有狭义和广义之分：一种意见主张使用狭义的慈善即"小慈善"概念，主要是指扶贫、济困、扶老、助残、赈灾等，这是我国传统慈善事业的主要内容，一些地方性法规或者政府规章用的就是"小慈善"；另一种意见则主张使用广义的慈善也就是"大慈善"概念，除涵盖狭义慈善内容外，还包括促进教育、科学、文化、卫生、体育事业发展，保护生态环境等旨在维护社会公共利益的活动。

慈善法应当采纳哪种意见，关系我国慈善事业的基本制度，关系慈善事业的发展空间和方向，我们广泛听取各方面意见，对此进行了认真研究，最终采纳了"大慈善"概念，主要基于以下四点考虑。

一是与我国经济社会发展相适应。一个国家慈善概念的大小与其所处的经济、政治社会环境紧密相连。第二次世界大战结束后，随着各国经济的发展和人们生活水平的提高，人们越来越关注特殊群体、精神生活。随着社会全面发展和进步，各国慈善概念的范围也在不断扩大。我国改革开放以来，经济社会快速发展，物质基础更加坚实，人民群众生活水平显著提高，慈善事业发展迅猛，慈善意识更加普及，越来越多的个人、企业和社会组织有爱心、有能力参与慈善事业。我国在这样的社会背景下制定慈善法，起点较高，应当将慈善的概念定义得宽一些、开放一些。目前一些地方性法规和政府规章将慈善定义为"小慈善"，主要还是由于当时缺乏上位法依据和社会共识。

二是与实践发展同步。从多次座谈会、研讨会的情况看，多数意见认同"大慈善"的概念，希望将慈善的内涵定义得广一些。改革开放以来，我国慈善事业发展迅速，慈善活动已经从传统的以扶贫济困为重点逐步向教育、科学、文化、卫生、体育、环保等其他社会公益事业领域不断拓展，不少社会组织也早已不局限于传统的扶危济困，而是将促进教育、卫生、环保等作为开展活动的重点，"小慈善"的概念已不能适应我国慈善事业的发展现状，法律应当与实践发展保持同步。

三是与我国现行法律相衔接。在起草慈善法之前，我国已有公益事业捐赠法和信托法对公益领域相关活动进行了规范。公益事业捐赠法第三条规定的"公益事业"，包括救助灾害、救济贫困、扶助残疾人等社会特殊群体和个人的活动；教育、科学、文化、卫生、体育事业；环境保护、社会公共设施建设；促进社会发展和进步的其他社会公共和福利事业。信托法第六十条规定的"公益信托"是指为了下列公共利益目的设立的信托：救济贫困；救助灾民；扶助残疾人；发展教育、科技、文化、艺术、体育事业；发展医疗卫生事业；发展环境保护事业，维护生态环境；发展其他社会公益事业。"大慈善"的概念与这两部法律有关"公益"的规定相呼应，三部法律有效衔接，将有助于合力推动我国慈善公益事业的发展。

四是与国际接轨。英国、美国、日本、俄罗斯等尽管立法体制不同，但在慈善目的的认定上都采取了相对开放的态度，涵盖面较宽。以英国为例，其《2006年慈善法》规定，只有那些为公共利益服务的具备慈善目的的事业才能被认定为慈善。慈善目的具体有：(1) 预防或消灭贫穷；(2) 推进教育；(3) 推进信仰；(4) 增强健康或挽救生命；(5) 推进公民或社区进步；(6) 推进艺术、文化、遗产或科学的进步；(7) 推进业余运动的进步；(8) 推进人权、解决冲突或和解、促进宗教或种族的和谐或平等及多样性的进步；(9) 促进环境保护和改善；(10) 解决由于年幼、生病、残障、财政困难或者其他缺陷的需要；(11) 推进动物福利；(12) 促进王室武装力量的效率、警力的效率、火警及救生服务或者救护车服务；(13) 其他符合本法相关条款的事业。从促进慈善国际交流的角度，应当在传统慈善概念基础上适当扩大慈善的内涵。

二、慈善活动的要件

在理解慈善法第三条慈善活动的含义时，还需要把握以下四个要件（即慈善活动的基本特征）。

一是慈善活动的主体是自然人、法人和非法人组织。慈善不是富人和慈善组织的专利，而是人人可为。慈善组织是开展慈善活动的核心力量，是慈善法应当重点规范的慈善活动主体，但同时，慈善法也鼓励和支持个人和其他组织积极开展慈善活动，而且慈善法第一百条还规定，国家建立慈善表彰制度，对在慈善事业发展中做出突出贡献的自然人、法人和非法人组织，由县级以上人民政府或者有关部门予以表彰。

二是参与慈善活动，有捐赠财产、提供服务两种方式，简言之，"有钱出钱，有力出力"。长期以来，我们侧重强调通过捐赠财产的方式参与慈善，忽视服务型慈善，导致社会公众志愿服务参与意愿不足，参与程度低。慈善法明确将提供服务与捐赠财产并列为慈善活动的两种形式，将有助于慈善组织的多元化发展，也有助于激发公众参与志愿服务的积极性。慈善虽然包括捐赠财产和提供服务两种形式，但从国外慈善立法来看，普遍对慈善财产进行规定，很少涉及服务，而我国慈善法在着重规定慈善财产的筹集、使用和监督的同时，还设专章规定"慈善服务"，在国际上也是创制性立法。

三是强调慈善活动的"自愿性"与"公益性"。自愿和公益是慈善活动的重要特征。自愿是慈善主体自主意愿的体现，任何人都不应当强迫他人，尤其是不得借助公权力强迫他人从事慈善，这违背了慈善的本意。公益是社会的公共利益，是对不特定的大众有益的事情；慈善活动的目的不在于获得利润，而在于帮助他人、社会，这是慈善活动公益性的标志。如果一个人为了获取报酬而向他人提供财产或者劳务，这种行为属于市场交易行为，而非慈善。公益与私益相对，慈善的本质是利他，为自己以及与自己有利害关系的人谋利益，不是慈善；使团体自身成员受益的，如为自己单位职工发放钱财或者学会、协会、体育俱乐部等开展的活动，是互益性的，也不是公益，不属于慈善。自愿和公益是慈善的本质属性，贯穿慈善法全文，在具体制度中还会多次提及。

四是慈善概念具有包容性。尽管慈善法第三条列举了扶贫、济困、防治污染、改善生态环境等近20项具体事项，但限于社会发展程度和立法者认知的局限，无法涵盖慈善组织当前以及今后开展的所有活动，因此，特别在本条最后一项规定了"符合本法规定的其他公益活动"。这体现了我国慈善概念的开放性和包容性，为慈善事业的进一步发展预留空间。

第四条 慈善工作坚持中国共产党的领导。

开展慈善活动，应当遵循合法、自愿、诚信、非营利的原则，不得违背社会公德，不得危害国家安全、损害社会公共利益和他人合法权益。

◆ **解读与适用**

本条是关于慈善活动指导原则和基本原则的规定。

慈善法确立的原则，是慈善活动全过程应当始终遵循的基本规则。我国现行相关法律法规和政策文件，从不同角度规定了开展慈善活动的原则。例如，公益事业捐赠法第四条规定："捐赠应当是自愿和无偿的，禁止强行摊派或者变相摊派，不得以捐赠为名从事营利活动"；第六条规定："捐赠应当遵守法律、法规，不得违背社会公德，不得损害公共利益和其他公民的合法权益。"《基金会管理条例》第四条规定："基金会必须遵守宪法、法律、法规、规章和国家政策，不得危害国家安全、统一和民族团结，不得违背社会公德。"第五条规定："基金会依照章程从事公益活动，应当遵循公开、透明的原则。"《社会团体登记管理条例》第四条规定："社会团体必须遵守宪法、法律、法规和国家政策，不得反对宪法确定的基本原则，不得危害国家的统一、安全和民族的团结，不得损害国家利益、社会公共利益以及其他组织和公民的合法权益，不得违背社会道德风尚。社会团体不得从事营利性经营活动。"慈善法在归纳提炼现行相关法律法规和政策文件相关规定的基础上，对开展慈善活动的指定原则作了规定。

一、坚持党的领导

2018 年宪法修改将"中国共产党的领导是中国特色社会主义最本质的特征"写入宪法总纲。慈善事业是中国特色社会主义事业的重要组成部分，2023 年慈善法修改依据宪法也将"慈善工作坚持中国共产党的领导"写入总则，作为新时代发展慈善事业总的指导原则：一是慈善工作必须旗帜鲜明,坚持党的集中统一领导,坚持正确的政治方向。二是慈善工作要充分发挥党总揽全局、协调各方的领导核心作用。进入 21 世纪以来,党和国家高度重视慈善事业发展,历次党的中央全会不断深化慈善事业在国家治理体系中的定位,不断明确新阶段慈善事业发展的目标。从慈善发展实践来看,坚持党的领导也是慈善事业持续高质量发展的决定性因素。三是慈善工作要及时响应党的号召,主动服务国家战略。在全面建设社会主义现代化国家新征程中强化新担当、展现新作为。

二、合法原则

在法治社会,合法是所有活动的基本要求,慈善活动也不例外。慈善法是我国慈善领域的基础性法律,开展慈善活动首先要遵守慈善法的各项规定,同时,还要遵守其他法律法规的相关规定。例如,慈善信托首先要遵守慈善法的规定,慈善法没有规定的,还要遵守信托法的相关规定;县级以上人民政府作为受赠人的,还应当遵守公益事业捐赠法的相关规定;在教育、科学、文化、卫生、体育、环保等领域开展慈善活动时,还应当符合教育法、体育法、科学技术进步法、科学技术普及法、文物保护法、环境保护法等其他法律的规定。

三、自愿原则

慈善是一种发自内心、奉献爱心的善行,应当是自愿的,任何强制都违背了慈善的本意。任何人都有权按照自己的真实意愿独立自主地选择参与或者不参与慈善活动,其他人不得干涉。尤其是国家机关,不应当动用公权力干涉、强迫慈善活动参与者开展慈善活动。

四、诚信原则

诚信原则被视为民法中的"帝王条款",要求民事主体在行使民事权利、履行民事义务时,应当讲究信用,严守诺言,诚实不欺,不损害他人利益和社会公共利益。在彼此互助的善良社会中,诚信就是人们爱心最大的支柱,没有诚信,人人会自危,慈善就会变质、坍塌。当前,诚信危机是我国慈善领域存在的突出问题,慈善组织的公信力不高,捐赠人诺而不捐、慈善组织挪用善款，甚至有的组织和个人假借慈善名义骗取钱财的现象依然存在。慈善法将诚信作为慈善事业发展的基本原则，通过信息公开、赋予社会公众监督权利等一系列制度安排重塑公众对慈善的信心，推动慈善事业健康持续发展。

五、非营利原则

非营利，就是不以营利为目的。慈善活动的任何参与者，都不得以获取利润或者报酬为目的。非营利是慈善组织的基本特性之一，慈善组织不得以营利为目的开展慈善活动，但非营利不等于非盈利。强调慈善组织的非营利性，并不是说慈善组织不能有收益或者盈利，或者开展慈善活动必须是无偿的，而是说慈善组织的收益或者盈利必须继续用于慈善目的，不得进行分配。例如，办慈善性的学校、养老机构提供教育、养老服务，可以向受益人收取一定的学费或者生活费、住宿费等合理费用，但这些收入必须用于慈善事业而不得分配。

六、不得违背社会公德，不得危害国家安全、损害社会公共利益和他人合法权益

尊重社会公德，维护国家安全，不损害社会公共利益以及他人合法权益是人们在社会交往和公共生活中应该遵守的基本准则，对于维护社会秩序，促进社会和谐发展具有重要意义，这在慈善领域同样重要。当前，有的组织和个人在开展慈善活动过程中，不尊重受益人的民族习惯和当地风俗，不尊重受益人的人格尊严；有的慈善组织为了得到捐赠，接受捐赠人的不合理要求或者非法条件；一些境外非营利性组织借着慈善的名义从事危害我国国家安全的行为；等等。开展慈善活动只有守住不得违背社会公德，不得危害国家安全、损害社会公共利益以及他人合法权益的底线，才是真慈善，才能把好事办实办好，实现慈善目的。

第五条 国家鼓励和支持自然人、法人和非法人组织践行社会主义核心价值观，弘扬中华民族传统美德，依法开展慈善活动。

◆ 解读与适用

本条是关于国家对慈善事业基本态度的规定。

一、慈善是社会主义核心价值观的重要体现

慈善事业是一项关爱他人、奉献社会的崇高事业，完美地体现了个体爱心与社会责任的统一。党的十八大提出：倡导富强、民主、文明、和谐，倡导自由、平等、公正、法治，倡导爱国、敬业、诚信、友善，积极培育和践行社会主义核心价值观。社会主义核心价值观是社会主义核心价值体系的内核，体现社会主义核心价值体系的根本性质和基本特征，反映社会主义核心价值体系的丰富内涵和实践要求，是社会主义核心价值体系的高度凝练和集中表达。扶贫济困、乐善好施是中华民族的传统美德，也是践行"文明、和谐""诚信、友善"等社会主义核心价值观的重要体现。

二、党和国家高度重视发展慈善事业

党的十八大、十八届三中全会提出了"支持发展慈善事业""支持慈善事业发挥扶贫济困积极作用"的要求。十八届五中全会作出的《中共中央关于制定国民经济和社会发展第十三个五年规划的建议》明确指出："支持慈善事业发展，广泛动员社会力量开展社会救济和社会互助、志愿服务活动。完善鼓励回馈社会、扶贫济困的税收政策。"2014年出台的《国务院关于促进慈善事业健康发展的指导意见》指出，鼓励社会各界以各类社会救助对象为重点，广泛开展扶贫济困、赈灾救孤、扶老助残、助学助医等慈善活动。党政机关、事业单位要广泛动员干部职工积极参与各类慈善活动，发挥带头示范作用。工会、共青团、妇联等人民团体要充分发挥密切联系群众的优势，动员社会公众为慈善事业捐赠资金、物资和提供志愿服务等。各全国性社会团体在发挥自身优势、开展慈善活动时，要主动接受社会监督，在公开透明、规范管理、服务困难群众等方面作出表率。各类慈善组织要进一步面向困难群体开展符合其宗旨的慈善活动。倡导各类企业将慈善精神融入企业文化建设，把参与慈善作为履行社会责任的重要方面，通过捐赠、支持志愿服务、设立基金会等方式，开展形式多样的慈善

活动，在更广泛的领域为社会做出贡献。鼓励有条件的宗教团体和宗教活动场所依法依规开展各类慈善活动。提倡在单位内部、城乡社区开展群众性互助互济活动。充分发挥家庭、个人、志愿者在慈善活动中的积极作用。

三、慈善法从多方面明确了国家鼓励和支持自然人、法人和非法人组织依法开展慈善活动的措施

慈善人人可为。自然人、法人和非法人组织参与慈善，依法开展慈善活动，国家都给予鼓励和支持。慈善法除在总则表明国家的这一基本态度外，还在后边各章从多方面对贯彻这一基本态度作出具体规定，特别是专章规定了促进措施，明确政府及其部门和其他有关方面促进慈善事业发展的具体责任和措施。例如，规定县级以上人民政府应当根据经济社会发展情况，制定促进慈善事业发展的政策和措施；应当向慈善组织等提供慈善需求信息，为慈善活动提供指导和帮助。还规定了对慈善组织和捐赠人、受益人的税收优惠，对慈善事业的土地和金融支持，以及慈善文化培育、慈善表彰，等等。慈善法其他章的许多条款，也很好地体现了促进慈善事业发展的精神。例如，为了培育和发展慈善组织，慈善法明确了慈善组织的概念、条件和形式，简化了登记程序，降低了设立门槛；允许慈善组织为财产的保值、增值进行投资；为了鼓励慈善捐赠和慈善服务，慈善法分别规定了对捐赠人和志愿者的权益保障；为了激活慈善信托（公益信托），为公民、法人和其他组织提供简便、灵活的行善方式，慈善法明确了慈善信托主管部门，将信托法中设立公益信托的审批制改为慈善信托的备案制，等等。

慈善法关于"国家鼓励和支持自然人、法人和非法人组织践行社会主义核心价值观，弘扬中华民族传统美德，依法开展慈善活动"的规定以及后边各章一系列相关制度安排，必将为促进慈善事业健康发展提供强大动力。

第六条 县级以上人民政府应当统筹、协调、督促和指导有关部门在各自职责范围内做好慈善事业的扶持发展和规范管理工作。

国务院民政部门主管全国慈善工作,县级以上地方各级人民政府民政部门主管本行政区域内的慈善工作;县级以上人民政府有关部门依照本法和其他有关法律法规,在各自的职责范围内做好相关工作,加强对慈善活动的监督、管理和服务;慈善组织有业务主管单位的,业务主管单位应当对其进行指导、监督。

◆ **解读与适用**

本条是关于慈善工作管理体制的规定。

慈善事业是一项综合性的事业,涵盖诸多领域、行业,明确慈善工作的管理体制,明确各级政府及主管部门、有关部门的权责,是扶持发展和规范管理慈善事业中的重要问题。

一、县级以上人民政府负有统筹、协调、督促和指导职责

随着经济社会发展,慈善活动的范围领域、活动内容和方式、参与主体都日益呈现面广线长的特点:一是活动领域从最初的扶贫济困"小慈善"扩展到教育、医疗、文化、体育、环保等诸多方面,"大慈善"的格局已经形成。二是活动形式更加丰富,除了传统的捐赠款物外,股权、房产、无形资产、虚拟财产等非货币捐赠形式层出不穷,设立慈善信托方兴未艾,开展形式多样的志愿服务越发普遍。三是参与慈善活动的方式更加多样化,特别是伴随互联网等信息技术的进步,"互联网+慈善"已经成为社会公众参与慈善活动最显著的特征。四是涉外慈善、"宗教慈善"等现象日益增多。

范围更加广泛、形态更加复杂、参与主体更加多元的慈善活动必然涉及多个政府部门的管理领域。以活动监管为例,慈善组织之外的个人、企业、教育机构、宗教团体、境外非政府组织、政府间国际组织等主体开展慈善活动中出现违法违规现象时,民政部门的调查处理力度不够,需要公安、市场监管、网信、教育、商务、外交外事等部门联合参与。再以落实慈善法规定的促进措施为例,需要出台信息提供、活动指导、税费优惠、建设用地、金融政策、购买服务、人才培养、文化宣传等 10 多类法规政

策,绝大部分不是单个部门可以自行制定出台的,需要财政、税务、人社、金融、教育、国土等部门联合推进。因此,立法明确人民政府的统筹协调和督促指导职责,对于降低慈善工作决策成本、提升决策效率、破解工作难题、形成推进事业发展的合力具有十分重要的意义。2014年国务院出台的《国务院关于促进慈善事业健康发展的指导意见》明确提出"各有关部门要建立健全慈善工作组织协调机制,及时解决慈善事业发展中遇到的突出困难和问题"。

在慈善法起草和修正过程中,有部分意见建议借鉴英国等国家的做法,设立国家慈善委员会,或者在国务院设立议事协调机构,综合协调各职能部门,统一监管我国慈善工作。但也有很多意见认为,设立新的机构与我国现行的行政管理体制不相适应。慈善法从我国国情出发,保持长期以来的行政管理体制不变,由民政部门主管慈善工作,但进一步明确政府对有关部门的统筹协调和督促指导职责。

二、民政部门负有主管职责

长期以来,民政部门负责包括慈善组织在内的社会组织的登记管理,并制定慈善事业发展规划、规章和相关政策。1998年国务院制定的《社会团体登记管理条例》《民办非企业单位登记管理暂行条例》和2004年《基金会管理条例》都规定,国务院和县级以上地方人民政府民政部门是本级人民政府社会组织的登记管理机关。地方各级人民政府据此对地方各级民政部门的职责也作出了相应规定。2014年《国务院关于促进慈善事业健康发展的指导意见》进一步明确了民政部门主管慈善工作、促进慈善事业发展的角色定位,强调要加强对慈善工作的组织领导,建立健全组织协调机制,并规定了民政部门的一些监管职责:民政部门"要围绕慈善组织募捐活动、财产管理和使用、信息公开等内容,建立健全并落实日常监督检查制度、重大慈善项目专项检查制度、慈善组织及其负责人信用记录制度,并依法对违法违规行为进行处罚"。由此可见,监督管理和促进慈善事业发展的职责主要由民政部门承担。近年来,我国慈善事业发展迅速,慈善组织数量逐年增加,社会捐赠总额总体呈增长态势,总体来说,是富有成效的,这些成绩也说明民政部门的管理是好的、有效的。

在中央和县级以上地方政府主管部门上下级分工上，国务院民政部门主管全国慈善工作，县级以上地方各级人民政府民政部门主管本行政区域的慈善工作。各级人民政府民政部门要依照慈善法和其他法律有关规定，各司其职，做好本行政区域慈善事业的管理工作；对于跨行政区域内的慈善活动，根据需要和法定程序，可逐级上报共同的上级民政部门协调、监管。此外，慈善法还在监督管理一章详细规定了民政部门的具体监管职责和监管措施。

三、政府其他相关部门应当依法各尽其责

民政部门"主管"慈善工作，并不是说与慈善有关的所有工作，都由民政部门负责监督、管理和服务。如前所述，慈善法规定的"慈善"是"大慈善"，涵盖教育、科学、文化、卫生、体育、生态环境等多项社会公益事业，不同领域都有相应行业行政主管部门。慈善事业涉及部门众多，要形成监管合力，必须在明确主管职责的基础上，强调多部门的各尽其责、协同治理。鉴于此，慈善法第六条规定："……县级以上人民政府有关部门依照本法和其他有关法律法规，在各自的职责范围内做好相关工作，加强对慈善活动的监督、管理和服务；……"下面，笔者就慈善事业管理中涉及的"有关部门"及其主要职责作简要说明：

（1）财政、税务部门及其职责。发展慈善事业，离不开税收政策的支持。在发展慈善事业中，制定免税政策、确认慈善组织的免税资格、给予捐赠税收优惠、管理公益事业捐赠票据等与税收优惠有关的事项，主要是财政、税务部门的职责。负责税收减免工作的财政、税务部门，应当依法履行职责，及时办理相关手续，并依法对慈善组织、慈善信托的财务会计、享受税收优惠和使用公益事业捐赠统一票据等情况进行监督管理。

（2）审计部门及其职责。慈善财产无论来自何处，都属于社会公共财产，其使用应当公开透明，接受捐赠人、政府、社会等各方面的监督。根据审计法的规定，审计部门有权依法对通过政府资助或者购买服务获得财政资金的慈善组织或者慈善项目进行审计，对政府部门管理和其他单位受政府委托管理的社会捐赠资金的使用进行审计。

（3）其他业务主管部门的监督职责。慈善监管还涉及教育、科学、文

化、卫生、体育、环境保护、海关、公安等多个部门。例如，对境外捐赠用于慈善活动的物资，海关应当依法减征或者免征相应税收；对募捐活动涉嫌危害公共秩序、非法集资、诈骗的，公安机关有权查处；用慈善资金办学校、医院等，教育、卫生等有关部门依照职责分工有权监管。

需要指出的是，慈善法除在总则规定政府监管职责外，还在分则相关章对其他监督机制作了规定，建立起政府监管、社会监督、行业自律和慈善组织自治相结合的多层次监管体系。

四、业务主管单位履行指导和监督职责

慈善组织属于社会组织，目前我国社会组织管理的主要行政法规依据是国务院制定的《社会团体登记管理条例》《民办非企业单位登记管理暂行条例》《基金会管理条例》。按照三个条例的规定，申请成立社会组织应当经业务主管单位审查同意，登记管理机关和业务主管单位依照法规规定各自履行相应的监督管理职责，这是我国社会组织行政管理中具有特色的"双重管理"体制。根据社会组织登记层级的不同，业务主管单位可以是国务院或地方人民政府有关部门，也可以是国务院或地方人民政府授权的组织。随着改革的不断深化，"双重管理"体制也处在变化中。2013年十八届三中全会通过的《中共中央关于全面深化改革若干重大问题的决定》首次在重要中央文件中明确提出"重点培育和优先发展行业协会商会类、科技类、公益慈善类、城乡社区服务类社会组织，成立时直接依法申请登记"。此后，各地陆续出台四类组织直接登记的实施办法，但各地登记管理机关对可以直接登记的社会组织适用范围的理解不完全一致。目前，有的慈善组织有业务主管单位，有的慈善组织则是直接登记、没有业务主管单位。考虑到情况的复杂性，慈善法第六条规定，慈善组织有业务主管单位的，业务主管单位应当对其进行指导、监督。值得注意的是，业务主管单位指导监督慈善组织开展活动应当依照慈善法的具体要求。

第七条 每年9月5日为"中华慈善日"。

◆ **解读与适用**

本条是关于中华慈善日的规定。

设定慈善日，有利于每年定期相对集中地开展慈善宣传教育，在全国层面普及慈善法律法规，大力弘扬慈善文化，在全社会广泛开展爱心总动员，引导、鼓励人们义行善举，形成浓厚的慈善氛围。关于慈善日的具体日期，慈善法草案一审稿曾设在每年3月5日，全国人大常委会审议时，一些委员提出，3月5日与我国已有的学雷锋纪念日、中国青年志愿者服务日相重合，而且依照惯例，此日处在召开全国人民代表大会和全国政治协商会议期间，建议与国际慈善日接轨，于是将每年9月5日定为"中华慈善日"。

每年9月5日为国际慈善日，是2012年12月17日联合国大会第A/RES/67/105号决议决定的，"旨在客观认识并动员全世界人民、非政府组织和利益相关者通过志愿者和慈善活动帮助他人"。设立国际慈善日是为了纪念特蕾莎修女。诺贝尔和平奖获得者特蕾莎修女1910年出生于马其顿一个富裕家庭，12岁萌生做修女的愿望，18岁赴印度致力于帮助那里的穷人，1950年在加尔各答成立仁爱传教修女会，将毕生献给扶贫济困这一伟大事业。在超过45年的时间里，特蕾莎修女先后在印度及其他国家救助穷人、病人、孤儿及临终者，推动仁爱传教修女会不断壮大，享有"全世界穷人之母"的美誉，获得过多个国际性奖项，1979年被授予诺贝尔和平奖。特蕾莎修女逝世于1997年9月5日，享年87岁。

第二章 慈善组织

第八条 本法所称慈善组织，是指依法成立、符合本法规定，以面向社会开展慈善活动为宗旨的非营利性组织。

慈善组织可以采取基金会、社会团体、社会服务机构等组织形式。

◆ **解读与适用**

本条是关于慈善组织概念及其组织形式的规定。

慈善法第一次从法律层面明确了慈善组织的概念，确立了慈善组织的形式。在慈善法颁布之前，我国法律并没有对慈善组织这一概念加以界定。1999年制定的公益事业捐赠法第十条第二款规定："本法所称公益性社会团体是指依法成立的，以发展公益事业为宗旨的基金会、慈善组织等社会团体。"这里出现了"慈善组织"这个名称，但并没有解释什么是慈善组织，而且将慈善组织与基金会并列，与慈善法规定的慈善组织在外延上有很大区别。慈善法明确界定了慈善组织与营利性组织、其他非营利性组织的区别，确立了慈善组织的地位，具有十分重要的意义。

一、慈善组织的概念

根据本条第一款规定，慈善法所称慈善组织，就是指依法成立、符合本法规定，以面向社会开展慈善活动为宗旨的非营利性组织。据此，慈善组织须具备以下要件。

一是依法成立，即依照法律法规规定的条件和程序成立。这里所说的"法"，主要是指慈善法，也包括其他法律、行政法规有关设立慈善组织的规定，如《基金会管理条例》《社会团体登记管理条例》《民办非企业单位登记管理暂行条例》等。如果将来制定社会组织法，也包括该法在内。随着慈善法的出台，慈善组织要按照该法及相关配套的行政法规规定的条件和程序，向民政部门申请登记成立；未经民政部门登记的，不得以慈善组织名义进行活动。对于未经民政部门登记的城乡社区服务类社会组织以及虽经登记但不属于慈善组织的其他组织，法律并没有禁止其开展慈善活动，根据慈善法第一百二十三条的规定，慈善组织以外的其他组织可以开展力所能及的慈善活动。

二是符合慈善法规定。慈善法主要是调整慈善组织及其活动的规范，慈善组织必须遵守。包括不以营利为目的、有自己的名称和住所、有组织章程、有符合条件的组织机构和负责人、不得分配慈善财产、剩余财产按照"近似原则"处理等，慈善组织必须符合这些基本要求。

三是以慈善为目的，即以面向社会开展慈善活动为宗旨。慈善组织作为专门从事慈善活动的社会组织，必须以维护社会不特定公众利益为宗旨，以奉献社会、服务大众为使命，不以特定私人利益作为组织目的。所谓"面向社会"，是指慈善组织开展慈善活动，应当通过公开、公正、公平的选择程序，让所有符合条件的群体都有机会受益，而不是特定的个人或组织受益。为自己服务或者团体成员互助的组织，都不属于慈善组织。

四是独立承担民事责任。慈善组织是一种社会组织，从法人身份看，属于民法典规定的非营利法人，是独立的民事主体。为了切实履行慈善宗旨，慈善组织应当具备独立的民事主体的最基本条件，有自己的章程、财产、住所和负责人；还应当以章程为基础建立独立自主的内部治理结构和决策、执行、监督机制。

五是非营利性。所谓非营利性，核心要求就是不以营利为目的，利润不得用于分配。慈善组织不得像企业、公司那样，以营利为目的从事活动。需要指出的是，非营利性不是不能有盈利，法律允许慈善组织为实现财产保值、增值依法进行投资或者收取合理的服务费，但获得的全部收入必须用于慈善目的。

二、慈善组织非营利性的认定

非营利性，是慈善组织区别于其他组织的一个显著特征。如何认定慈善组织的非营利性，是一个十分重要的问题，这里重点加以阐述。国际上一般将政府以外的组织区分为以营利为目的的企业、公司等营利性组织和不以营利为目的的非营利性组织；非营利性组织又可以区分为以不特定社会公众利益为目的的慈善组织和以成员共同利益为目的的非慈善组织（互益组织）。按照国际通行的五要素定义法，非营利性组织的五个要素是组织性、民间性、利润不分配性、自治性、志愿性。慈善组织除需具备以上五个要素外，还需满足以下四个条件：一是以公共利益为宗旨，即慈善组织一定是以奉献社会、服务大众为唯一使命的组织。二是有特定的活动领域，各国对慈善组织活动领域的界定不尽一致，但普遍包括扶贫、济困、教育、科学、文化、医疗卫生、体育、环保及社会服务等。三是非传教性，指不能借助慈善，在宗教场所以外的地方进行传教、布道。四是非歧视性，指慈善组织在运行时不得有歧视行为，禁止歧视性条款。各国法律对慈善组织的定义基本涵盖了上述内容，且重点强调的是前两个条件。例如，英国要求慈善组织必须符合两个条件：一是为了慈善公益目的而设立；二是能够证明其运行能为公众带来利益。

按照民法典的分类，我国的法人类型主要包括企业法人、捐助法人、社会团体法人和机关、事业单位法人。其中，企业法人是典型的营利性组织，社会团体法人、捐助法人就是非营利性社会组织。

关于非营利性组织的认定标准，企业所得税法第二十六条及其实施条例第八十四条从税法角度作了明确规定。《中华人民共和国企业所得税法实施条例》第八十四条分两款规定："企业所得税法第二十六条第（四）项所称符合条件的非营利组织，是指同时符合下列条件的组织：（一）依法履行非营利组织登记手续；（二）从事公益性或者非营利性活动；（三）取得的收入除用于与该组织有关的、合理的支出外，全部用于登记核定或者章程规定的公益性或者非营利性事业；（四）财产及其孳息不用于分配；（五）按照登记核定或者章程规定，该组织注销后的剩余财产用于公益性或者非营利性目的，或者由登记管理机关转赠给与该组织性质、宗旨相同的组织，并向社会公告；（六）投入人对投入该组织的财产不保留或者享有任何财产权利；（七）工作人员工资福利开支控制在规定的比例内，不变相分配该组织的财产。前款规定的非营利组织的认定管理办法由国务院财政、税务主管部门会同国务院有关部门制定。"在新的非营利性组织认定标准出台之前，应把慈善法的相关规定、企业所得税法实施条例的规定以及国务院财税部门的规定结合起来，作为认定非营利性组织的标准。

三、慈善组织的形式

本条第二款规定，慈善组织可以采取基金会、社会团体、社会服务机构等组织形式。这一规定表明，慈善组织主要有三种组织形式，即基金会、社会团体和社会服务机构。这就厘清了慈善组织与社会组织现有的三种形式的关系，也表明慈善组织不是一种新类型的社会组织，而是社会组织的一种属性。

在现有的三类社会组织中，基金会是利用捐赠财产，以从事公益事业为目的的非营利性法人，总体上应当属于慈善组织，如中国青少年发展基金会、中国残疾人福利基金会、中华环境保护基金会、爱佑慈善基金会、安利公益基金会、北京大学教育基金会等。社会团体是指公民自愿组成，实现会员共同意愿的非营利性社会团体法人，主要类型有协会、学会、研究会、促进会、联合会、校友会等。社会团体中，以慈善即社会公共利益为宗旨，而不是服务于会员群体利益的属于慈善组织，如中华慈善总会、中华环保联合会、中国扶贫开发协会、中国社会工作联合会等；主要服务于团体会员的社会团体不属于慈善组织，如行业协会、商会等。社会服务机构此前被称为民办非企业单位，是指利用非国有资产举办，从事非营利性社会服务活动的社会组织，主要类型有非营利的民办教育机构、民办医疗机构、社工服务机构等。社会服务机构中面向广大公众、特殊群体提供慈善服务的属于慈善组织，如北京致诚农民工法律援助与研究中心、百年职校等。

据统计，截至2022年底，各级民政部门登记的社会组织共89.13万家，其中，基金会9319家，社会团体中有慈善会2000多家。慈善法施行后，民政部门要根据申请，对已经成立的基金会、社会团体和社会服务机构进行认定，符合条件的就是慈善法所称的慈善组织。新成立的社会团体、基金会和社会服务机构在成立时可以直接申请登记为慈善组织。

第九条　慈善组织应当符合下列条件：
（一）以开展慈善活动为宗旨；
（二）不以营利为目的；
（三）有自己的名称和住所；
（四）有组织章程；
（五）有必要的财产；
（六）有符合条件的组织机构和负责人；
（七）法律、行政法规规定的其他条件。

◆ 解读与适用

本条是关于慈善组织条件的规定。

对慈善组织规定上述条件，是基于慈善组织的基本特征，没有这些具体条件做支撑，就无法成立慈善组织。根据本条规定，慈善组织必须具备下列条件。

一、以开展慈善活动为宗旨

慈善组织是专门从事慈善活动的社会组织，从慈善业务领域来看，慈善法第三条规定的"大慈善"业务都可以成为慈善组织的具体服务宗旨。实践中，一个慈善组织的具体慈善宗旨不多，通常有1—3项，如以扶贫、孤儿教育或者救治白血病人等为具体宗旨。正是这种特定的慈善宗旨，使各个慈善组织更加容易区别开，满足大众日益多样化的需求。

二、不以营利为目的

这是慈善组织非营利性的核心，也是慈善组织区别于公司、企业的本质所在。慈善组织可以依法开展募捐和接受捐赠，可以通过提供慈善服务适当收取费用，可以为实现财产的保值、增值依法进行投资。开展这些活动的最终目的是实现慈善，而不是实现慈善组织及其管理人员的自身利益。

三、有自己的名称和住所

慈善组织的名称和住所必须是规范的、具体的、清晰的、可识别的。

2024年1月4日，民政部公布的《社会组织名称管理办法》（以下简称《办法》）明确规定，社会团体的名称应当与其业务范围、会员分布、活动地域相一致。基金会、民办非企业单位的名称应当与其业务范围、公益目的相一致。慈善组织作为社会组织的一种属性，也应遵从其规定，如中华慈善总会、四川省残疾人福利基金会等。该规定还要求，县级以上地方人民政府的登记管理机关登记的社会组织名称中含有"中国""全国""中华""国际""世界"等字词的，该字词应当是行（事）业领域限定语，并且符合国家有关规定。基金会、民办非企业单位名称以自然人姓名作为字号的，需经该自然人同意。使用已故名人的姓名作为字号的，该名人应当是在相关公益领域有重大贡献、在国内国际享有盛誉的杰出人物。这意味着慈善组织未经批准，不得随意使用"中国""中华""世界"等字样，不得随意使用自然人姓名、已故名人作为字号。

该办法还对社会组织的分支机构、代表机构的名称进行了明确规定，如社会团体、基金会依法设立的分支机构、代表机构名称，应当冠以其所从属社会组织名称的规范全称。社会团体分支机构名称应当以"分会""专业委员会""工作委员会""专家委员会""技术委员会"等准确体现其性质和业务领域的字样结束；基金会分支机构名称一般以"专项基金管理委员会"等字样结束。社会团体、基金会代表机构名称应当以"代表处""办事处""联络处"字样结束。社会团体、基金会的分支机构、代表机构名称，除冠以其所从属社会组织名称外，不得以法人组织名称命名；在名称中使用"中国""全国""中华"等字词的，仅限于作为行（事）业领域限定语。这说明，以社会团体、基金会形式认定的慈善组织在设立分支机构（专项基金）、代表机构时，必须考虑名称的规范性，不得以"××促进会××中国工作委员会""××基金会中华×××专项基金"等名称命名。

值得注意的是，该办法对于社会组织内部设立的办事机构名称进行了规范，要求社会组织内设部门应当以"部""处""室"等字样结束，不得以法人组织名称命名。此规定主要是为了避免部分社会组织通过在内部设立中心、学院、研究院等机构，如"中国××基金会××促进中心"等，以内设机构混淆法人名称，"拉大旗、扯虎皮"等行为。

慈善组织的住所指的是慈善组织的登记地址，也是主要工作的地点，是慈善组织设立的基本要素。《基金会管理条例》第八条规定，基金会应有固定的住所。第十五条规定，登记事项需要变更的，应当向登记管理机关申请变更登记。《社会组织信用信息管理办法》第十一条规定"通过登记的住所无法与社会组织取得联系的"将被登记管理机关列入活动异常名录。业务主管单位、登记管理机关对慈善组织进行监管管理，社会公众、媒体进行社会监督，捐赠人、受益人查询相关信息，司法机关递送法律文件等，都离不开慈善组织合法登记的住所。如果无法通过注册登记信息联系到慈善组织，不仅会引起社会质疑，还有可能受到行政处罚。因此，慈善组织应重视住所的登记变更，一是要和住所所有者签订协议，慈善组织的住所一般应有独立的所有权或使用权，不应与其他单位合署办公，因此租用办公场所的慈善组织应与所在场所签订协议，免费提供的也要签订无偿使用协议。二是如住所发生变更，应及时到登记管理机关进行住所变更，法人登记证书和相关证书也应一并变更。

四、有组织章程

章程，是社会组织经特定程序制定的关于组织规程和办事规则的规范性文书。组织章程，通常对本组织的性质、宗旨、任务、机构、人员构成、内部关系、职责范围、权利义务、活动规则、纪律措施等作出明确规定。章程是组织的基本纲领和行动准则，在一定时期内稳定地发挥其作用，如需更改或修订，应履行特定的程序与手续；章程一经通过、实施，就对组织内部产生约束力，全体成员必须共同遵守，具有一定的规范作用和约束力。

五、有必要的财产

这是对设立慈善组织的财产条件要求。现行《社会团体登记管理条例》规定，成立社会团体，应当有合法的资产和经费来源，全国性的社会团体有10万元以上活动资金、地方性的社会团体和跨行政区域的社会团体有3万元以上活动资金。现行《基金会管理条例》也对各类基金会的原始基金规定了最低限额。目前，社会组织登记条例等法规都在抓紧修改，待新条例出台后，按新的标准执行。

六、有符合条件的组织机构和负责人

一个健全的慈善组织通常要有决策、执行和监督机构及其负责人,这些机构和负责人要符合法律、行政法规规定的条件。决策机构一般是指会员大会(社会团体)、理事会(基金会、社会服务机构),监督机构一般是指监事或监事会,执行机构一般是指秘书处或者秘书处组成机构(各部、处、室);慈善组织负责人一般是指秘书长及其以上职务,如社会团体的会长、副会长、秘书长,基金会的理事长、副理事长、秘书长,社会服务机构的主任(院长)、副主任(副院长)等。慈善法第十二条规定,慈善组织应当建立健全内部治理结构,明确决策、执行、监督等方面的职责权限;第十六条规定了不得担任慈善组织负责人的四种情形。《基金会管理条例》第二十条明确了基金会理事会的理事人数和任职要求:基金会设理事会,理事为5人至25人,理事任期由章程规定,但每届任期不得超过5年。用私人财产设立的非公募基金会,相互间有近亲属关系的基金会理事,总数不得超过理事总人数的1/3;其他基金会,具有近亲属关系的不得同时在理事会任职。在基金会领取报酬的理事不得超过理事总人数的1/3。

七、法律、行政法规规定的其他条件

这是一个兜底条款,这些"其他条件"必须是法定的,而不是主管部门随意规定的。由于慈善组织有基金会、社会团体和社会服务机构三种形式,各个慈善组织从事的慈善业务所属行业领域也不相同,对不同形式、不同行业领域的慈善组织从事相关活动,我国有关法律、行政法规都相应地规定了具体条件,这些条件有的相同,也有不同。例如,行政法规对基金会、社会团体和社会服务机构在资金、人数等方面都有不同的成立条件要求,慈善法难以穷尽各种慈善组织的具体条件,只能对其中共同的条件作出原则性规定,其他条件要遵照其他法律、行政法规的规定。

需要指出的是,慈善法第九条侧重规定慈善组织的形式条件,但也有实质要件,即以开展慈善活动为宗旨、不以营利为目的。对于实质要件,慈善法在第五十三条、第六十条等条文中作了具体规定。这些实质要件,是构成慈善组织与其他组织的关键区别所在,也是享受国家税收优惠的必

备条件,慈善组织必须符合。

新修改的慈善法第十条,去掉了"本法公布前"的字句,意味着无论任何时候成立的社会组织,符合上述条件的,都可以向办理其登记的民政部门申请认定为慈善组织。2016年8月民政部通过《慈善组织认定办法》,对慈善法公布之前的内容也会随之调整,其中关于上年度业务活动成本和管理费用比例符合规定、申请认定慈善组织须经决策机构审议通过和业务主管单位批准等前置条件是否发生变化,还需要民政部进一步明确。

例如,该办法对慈善活动的年度支出和管理费用的规定,是政府部门鼓励慈善组织积极开展慈善活动,最大限度筹集资金,最高效率使用财产,最低成本实施项目采取的重要举措。2016年,民政部、财政部、国家税务总局发布《关于慈善组织开展慈善活动年度支出和管理费用的规定》,明确慈善组织中具有公开募捐资格的基金会年度慈善活动支出不得低于上年总收入的70%;年度管理费用不得高于当年总支出的10%。慈善组织中具有公开募捐资格的社会团体和社会服务机构年度慈善活动支出不得低于上年总收入的70%;年度管理费用不得高于当年总支出的13%。同时还对慈善组织中不具有公开募捐资格的基金会、社会团体和社会服务机构根据上年末净资产、年度管理费用制定了不同比例的慈善活动支出标准和管理费用标准。年度慈善活动支出和年度管理费用标准,是社会组织申请认定慈善组织的前提条件之一,也是进行年度报告、申请公开募捐资格、申请政府购买服务、申请税前扣除资格、接受审计巡视、接受政府监管、接受等级评估的重要依据。社会组织如申请认定为慈善组织,应尽早准备。

再如,《慈善组织认定办法》第四条第四项明确将"有健全的财务制度和合理的薪酬制度"作为慈善组织认定的基本条件之一。相对于其他类型的社会组织,慈善组织以募集财产为主要收入来源,以慈善活动为主要业务范围,需要更为专业的财务管理和工作团队。2016年6月民政部发布《关于加强和改进社会组织薪酬管理的指导意见》,明确要求社会组织薪酬管理应坚持注重效率与维护公平相协调,使社会组织从业人员既有平等参与机会又能充分发挥自身潜力,不断激发社会组织活力;坚持激励与约束相统一,按照社会组织从业人员承担的责任和履职的差异,做到薪酬水平同责任、风险和贡献相适应;坚持薪酬制度改革与相关改革配套进行,建立健全社会组织从业人员薪酬水平正常增长机制；坚持物质激励与精神激励相结合，提倡奉献精神，充分调动社会组织从业人员的积极性、主动性和创造性。社会组织应建立薪酬管理制度，并将其纳入会员（代表）大会或理事会决策事项中，一经确定，应由社会组织在适当范围内予以公布，接受民主监督。应根据薪酬管理制度编制工资总额预算，并严格按工资总额预算执行，不得超提、超发薪酬。因此，慈善组织的薪酬管理应该按照此文件精神，一是建立薪酬管理制度，并经理事会或会员大会审议通过；二是合理确定薪酬标准，一般不能超过同行业同类型组织平均工资的两倍，同时要合理拉开差距，做到能增能减、奖惩分明；三是社会力量可以通过捐赠的方式支持慈善组织的人力成本，为慈善组织开展慈善活动创造更为有利的发展环境。

第十条　设立慈善组织，应当向县级以上人民政府民政部门申请登记，民政部门应当自受理申请之日起三十日内作出决定。符合本法规定条件的，准予登记并向社会公告；不符合本法规定条件的，不予登记并书面说明理由。

已经设立的基金会、社会团体、社会服务机构等非营利性组织，可以向办理其登记的民政部门申请认定为慈善组织，民政部门应当自受理申请之日起二十日内作出决定。符合慈善组织条件的，予以认定并向社会公告；不符合慈善组织条件的，不予认定并书面说明理由。

有特殊情况需要延长登记或者认定期限的，报经国务院民政部门批准，可以适当延长，但延长的期限不得超过六十日。

◆ 解读与适用

本条是关于慈善组织登记和认定程序的规定。

党的十八届三中全会通过的《中共中央关于全面深化改革若干重大问题的决定》明确提出："重点培育和优先发展行业协会商会类、科技类、公益慈善类、城乡社区服务类社会组织，成立时直接依法申请登记。"在慈法颁布前，设立包括慈善组织在内的社会组织要经过业务主管部门和民政部门"双重审核"，使得许多民间草根组织难以获得合法身份。这次慈善立法，按照党的十八届三中全会决定要求，对我国社会组织登记制度进行了重大改革，即设立慈善组织直接依法申请登记（法律、行政法规另有规定的除外）。这项改革是一个重大突破，对培育慈善组织、发展慈善事业具有重要意义。

在工作实践中，慈善组织的登记认定既要依据慈善法的上述规定，又要依据慈善组织具体形式相应的行政法规，即《基金会管理条例》《社会团体登记管理条例》《民办非企业单位登记管理暂行条例》的具体规定。下面，分别对新设立慈善组织的登记和已经设立的社会组织申请认定为慈善组织作简要说明。

一、新设立慈善组织的登记程序

第一，申请人向县级以上人民政府民政部门提交成立基金会、社会团体或者社会服务机构的申请，在申请书和章程中应当明确载明申请成立的是慈善组织。申请应当符合慈善法第九条以及相应慈善组织形式对应的相关法律和行政法规的要求。例如，申请成立基金会，除了应当符合慈善法第九条规定外，还应当符合《基金会管理条例》的相关规定。《基金会管理条例》的规定与慈善法规定不一致的，按照慈善法的规定办理。

第二，民政部门自收到全部有效文件之日起 30 日内，按照法律法规规定的条件和程序进行审查，作出准予登记或者不予登记的决定；因特殊情况需要延长登记期限的，经国务院民政部门批准，可以适当延长，但延长期限不得超过 60 日。

第三，准予登记的，民政部门根据申请人的申请发给基金会、社会团体或者社会服务机构法人登记证书，登记证书上载明其组织属性为慈善组织，并向社会公告；不予登记的，登记管理机关应当向申请人书面说明理由。

二、已经设立的社会组织的认定程序

第一，基金会、社会团体、社会服务机构向原登记的民政部门提交认定为慈善组织的申请。因为其已经是经合法登记成立的社会组织，只是囿于当时的规定，不具有慈善组织的身份。其申请应当符合慈善法第九条规定的要求，明确以开展慈善活动为宗旨。

第二，民政部门自收到全部有效文件之日起 20 日内，作出准予或者不予认定为慈善组织的决定；因特殊情况需要延长认定期限的，经国务院民政部门批准，可以适当延长，但延长期限不得超过 60 日。

第三，准予认定的，换发新的基金会、社会团体或者社会服务机构法人登记证书，载明其组织属性为慈善组织，并向社会公告；不予认定的，应当书面说明理由。

三、需要说明的三个问题

一是根据《社会团体登记管理条例》《基金会管理条例》《民办非企业单位登记管理暂行条例》的规定，对于基金会、社会团体、社会服务机构这三类组织采取的是分级登记管理体制。县、设区的市、省级和国务院民政部门分别负责本级的社会组织登记和慈善组织认定。

二是除基金会、社会团体、社会服务机构三类社会组织外，事业单位可否认定为慈善组织，这要结合事业单位改革情况来定，目前还不能将其纳入慈善组织范畴。另外，未经登记的社区服务类社会组织以及其他非法人社会组织，由于不具备独立承担民事责任的主体资格，难以按照慈善法的规定建立健全内部治理结构和决策、执行、监督机制，难以完整地行使慈善法赋予慈善组织的权利并承担相关义务，所以，不宜认定为慈善组织。但这些组织依然可以开展力所能及的慈善活动，做出突出贡献的，同样可以受到慈善表彰。

三是登记和认定的审查期限是指工作日。根据行政许可法第八十二条规定，行政机关实施行政许可的期限以工作日计算，不含法定节假日。其第四十五条还规定："行政机关作出行政许可决定，依法需要听证、招标、拍卖、检验、检测、检疫、鉴定和专家评审的，所需时间不计算在本节规定的期限内。行政机关应当将所需时间书面告知申请人。"由于慈善组织涉及的领域广泛，专业性强且情况复杂，在审查慈善组织设立申请或认定申请时，有可能按照行政许可法规定举行听证、专家评审等。涉及上述规定的，民政部门也要及时将听证或专家评审所需时间书面告知申请人。

第十一条 慈善组织的章程，应当符合法律法规的规定，并载明下列事项：
（一）名称和住所；
（二）组织形式；
（三）宗旨和活动范围；
（四）财产来源及构成；
（五）决策、执行机构的组成及职责；
（六）内部监督机制；
（七）财产管理使用制度；
（八）项目管理制度；
（九）终止情形及终止后的清算办法；
（十）其他重要事项。

◆ **解读与适用**

本条是关于慈善组织章程的规定。

章程是慈善组织实现自治、自我管理最根本的制度，章程对于一个慈善组织的地位、作用，相当于宪法对于一个国家那样重要和必不可少。章程是慈善组织内部治理和开展活动的重要依据，也是政府和社会对慈善组织进行监督管理的依据之一。章程是确定慈善组织权利义务关系的基本法律文件，慈善组织依据章程享有各项权利，并承担各项义务。

慈善法第十一条对慈善组织章程的制定和内容进行了规范，主要提出了两个方面的要求。

一是明确了慈善组织的章程应当符合法律法规的规定。任何组织的内部制度都必须建立在国家法律法规的基础之上，不允许有超越或违背国家法律法规的内容出现。章程虽然是慈善组织自治意志的体现，但也必须遵守国家有关法律法规，否则将是无效的。

二是列举了慈善组织章程应当载明的十个重要事项。其中，设立宗旨及业务范围、决策、执行机构的组成及职责、内部监督机制、财产管理使用制度、项目管理制度是章程的核心内容，是决定慈善组织能否健康可持续发展的关键所在。此外，《社会团体登记管理条例》规定社会团体的章程应当包括：名称、住所；宗旨、业务范围和活动地域；会员资格及其权利、义务；民主的组织管理制度，执行机构的产生程序；负责人的条件和产生、罢免的程序；资产管理和使用的原则；章程的修改程序；终止程序和终止后资产的处理等。《基金会管理条例》规定基金会的章程应当包括：名称及住所；设立宗旨和公益活动的业务范围；原始基金数额；理事会的组成、职权和议事规则，理事的资格、产生程序和任期；法定代表人的职责；监事的职责、资格、产生程序和任期；财务会计报告的编制、审定制度；财产的管理、使用制度；基金会的终止条件、程序和终止后财产的处理。《民办非企业单位登记管理暂行条例》规定民办非企业单位（即本法所称社会服务机构）的章程应当包括：名称、住所；宗旨和业务范围；组织管理制度；法定代表人或者负责人的产生、罢免的程序；资产管理和使用的原则；章程的修改程序；终止程序和终止后资产的处理等。上述内容是不同形式的慈善组织章程应当包含的。

此外，在实际工作中，民政部还依据上述法律和行政法规的规定，分类制定了包括慈善组织在内的各类社会组织的章程示范文本，慈善组织在制定自己章程时可以参照。

第十二条 慈善组织应当根据法律法规以及章程的规定，建立健全内部治理结构，明确决策、执行、监督等方面的职责权限，开展慈善活动。

慈善组织应当执行国家统一的会计制度，依法进行会计核算，建立健全会计监督制度，并接受政府有关部门的监督管理。

◆ **解读与适用**

本条是关于慈善组织内部治理和会计制度的规定。

2016年8月，中共中央办公厅、国务院办公厅印发《关于改革社会组织管理制度促进社会组织健康有序发展的意见》指出，社会组织要依照法规政策和章程建立健全法人治理结构和运行机制以及党组织参与社会组织重大问题决策等制度安排，完善会员大会（会员代表大会）、理事会、监事会制度，落实民主选举、民主决策和民主管理，健全内部监督机制，成为权责明确、运转协调、制衡有效的法人主体，独立承担法律责任。该文件对社会组织法人治理提出了总体目标和要求。慈善组织也是社会组织，而且是社会组织中受社会关注度较高、专业程度较高、治理水平较高的组织，不仅要在内部治理上做到依法依规、职责明确、制度健全，在财务管理和会计制度上，也要更加规范、严格。

一、慈善组织的内部治理结构

慈善组织内部治理结构，是慈善组织内部按照分工要求形成的各个相互作用的组织结构，以求有效、合理地把内部各机构组织动员起来，为实现共同目标而协同努力。一个规范的慈善组织，通常需要有决策、执行、监督三个方面的内部治理机构。决策机构是承担本组织决策任务、行使决策权力的机构，如社会团体的成员大会等；执行机构是负责执行决策机构做出的决策、执行任务的机构；监督机构是负责监督执行决策任务的机构。决策机构、执行机构和监督机构各司其职，互相配合，共同完成慈善组织的使命。

我国《基金会管理条例》等有关社会组织的三部行政法规对基金会、社会团体和民办非企业单位（社会服务机构）内部治理均有明确规定。对目前的三类社会组织而言，内部治理机构既有共同之处，也有差异。社会团体的最高权力机构是会员大会（或会员代表大会），并由会员大会（或会员代表大会）选出理事会作为执行机构，根据会员大会（或会员代表大会）的授权在闭会期间领导社会团体开展日常工作。基金会和民办非企业单位的最高权力机构是理事会，基金会由秘书长领导内设机构负责日常管理，对理事会负责；民办非企业单位由院长（或校长、所长、主任等）领导内设机构负责日常管理，对理事会负责。

监事（会）是慈善组织内部监督体制的主要组成部分，是慈善组织法人治理不可或缺的一环。民法典第九十三条规定，捐助法人应当设监事会等监督机构。《基金会管理条例》《民办非企业单位章程示范文本》均规定了要设立监事。这意味着基金会、社会服务机构应当设立监事或监事会。社会团体，除脱钩后的行业协会商会外，没有明确规定必须设立监事（会），但依据此条，认定为慈善组织的社会团体也应设立监督机构。此外，民政部2016年8月出台的《慈善组织公开募捐管理办法》规定，在省级以上人民政府民政部门登记的慈善组织应有三名以上监事组成的监事会。慈善组织的监事或监事会，应按照章程履职：一是监事要列席理事会，一般不能缺席或者委托；二是监事要发挥作用，对慈善组织的内部治理、财务管理等方面的依法依规情况进行监督，并提出意见和建议；三是设立监事会的，应当有监事会的议事规则，并按照规则履职。

行政法规或章程范本等规范性文件，对于会员（代表）大会、理事会的构成及行为准则，如人数、会议召开的次数、表决的程序等，也有较为详细的规定。从国外相关立法来看，很多国家都重视慈善组织内部治理问题。例如，日本规定非营利性组织必须有理事，公益组织应设监事、评议员，应有专职的审计人员。俄罗斯《慈善活动和慈善组织法》专门对慈善组织的最高管理机关及其职权等事项作出详细规定。

在政府职能转换、国家治理结构转型和加强社会建设的背景下，包括慈善组织在内的社会组织的发展与治理，已经成为近年来理论界和管理层都十分关注的现实课题。改革开放以来，社会组织的发展空间得到极大的拓展，各种类型的慈善组织快速成长，它们在提供社会服务、参与社会治理、推动政府机构改革等方面发挥着越来越重要的作用。但这些慈善组织在成长过程中仍然面临诸多难题，一些组织自身还存在内部治理结构单一、管理制度不完善不透明、慈善活动运作不规范、社会公信力不高等问题，影响了慈善事业的健康发展。

二、慈善组织的运行机制

自治性是慈善组织建立独立法律主体地位的基本要求，也是接受政府监管和社会监督的基础。而要实现自治，慈善组织必须建立健全内部治理结构和相关管理制度。2014年《国务院关于促进慈善事业健康发展的指导意见》强调，要"切实加强慈善组织自我管理。慈善组织要建立健全内部治理结构，完善决策、执行、监督制度和决策机构议事规则，加强内部控制和内部审计，确保人员、财产、慈善活动按照组织章程有序运作"。慈善组织要实现有效的自我治理，应当主要注意以下三个方面：一是在职能、机构、人员、财产方面均实现独立自主。二是建立以章程为核心、以会员大会或理事会为最高权力机构的组织、议事、决策、监督机制，维护组织的权利；由于存在所有者缺位，还要充分考虑会员大会或理事会不能正常履职时的救济措施。三是在筹集财产、开展慈善活动、资产保值增值、信息公开等各个环节都遵守行为规范、建立内部控制机制，对自己的行为独立承担责任，对慈善财产承担全部责任。

三、慈善组织的会计制度

除内部治理结构、运行机制外，慈善组织还应当依照慈善法和其他法律、行政法规要求，建立健全各方面日常管理制度，包括劳动人事制度、工资报酬制度、财务管理制度等。由于慈善组织开展慈善活动涉及大量资金等财产，慈善法对其会计制度专门作出规定。在执行的会计制度方面，《民间非营利性组织会计制度》（以下简称《制度》）在会计要素、会计计量基础、净资产的核算和列报、收入确认、费用分类，以及会计报表构成等方面，均与一般常用的企业会计制度有较大区别：一是会计要素方面，《制度》没有设置企业会计中的所有者权益和利润会计要素，而采用了净资产，也没有设置预算会计中的支出会计要素，而是采用了费用。二是会计计量基础方面，捐赠、政府补助等是无偿取得，无法按实际成本原则确认和计量，因此引入了公允价值等计量基础。三是净资产的核算和列报方面，非营利性组织净资产主要来自捐赠，而捐赠经常有时间或用途的限定，为适应这个特点，《制度》将净资产分为限定性净资产和非限定性净资产两类进行核算和列报。四是收入确认方面，非营利性组织的收入既有捐赠、会费等非交换交易收入，又有提供服务收入、投资收益等交换交易收入，制度对此进行了区分。五是费用分类方面，适应评价非营利性组织经营绩效的要求，《制度》对费用的会计核算严格区分业务活动成本和期间费用。六是财务会计报告的内容及其组成方面，非营利性组织的财务会计报告至少应当包括资产负债表、业务活动表、现金流量表三张基本报表以及会计报表附注等内容,与企业有较大差别。

第十三条 慈善组织应当每年向办理其登记的民政部门报送年度工作报告和财务会计报告。报告应当包括年度开展募捐和接受捐赠、慈善财产的管理使用、慈善项目实施、募捐成本、慈善组织工作人员工资福利以及与境外组织或者个人开展合作等情况。

◆ 解读与适用

本条是关于慈善组织年度报告制度的规定。新修改的《慈善法》在此条中增加了"募捐成本"和"与境外组织或者个人开展合作"情况。

一、年度检查制度改为年度报告制度

多年来,年度检查是民政部门对慈善组织实施监督管理的重要方式。国务院《社会团体登记管理条例》《民办非企业单位登记管理暂行条例》《基金会管理条例》等行政法规都规定了慈善组织接受年度检查的义务。民政部《民办非企业单位年度检查办法》《基金会年度检查办法》等规章还对慈善组织年度检查作出了详细规定。不过,实践中,慈善组织年检制度存在不少问题,如民政部门因力量有限难以进行实质性检查从而导致年检流于形式,而慈善组织却为此要付出大量人力、物力,在一些地方,年检还给慈善组织申请税前扣除资格带来影响,等等。在慈善法起草过程中,慈善组织普遍希望改革年检制度。立法者根据社会各界的意见和实际情况,在法律中将年度检查改为年度报告。

慈善组织每年向民政部门提交年度报告,是主动接受民政部门监督检查的方式之一,也是民政部门确认慈善组织是否依法依规开展活动的重要依据。慈善组织经民政部门核准登记取得合法身份,仅仅是其活动的开始,更为重要的是要在今后的活动中不断规范自身行为,不断完善和发展。提交年度报告,接受民政部门的监管,是促进慈善组织健康有序发展的重要手段,也是民政部门不断完善相关政策,提高监管水平的有效途径。

二、年度报告包括年度工作报告和财务会计报告

根据本条的规定，慈善组织向民政主管部门报送的年度报告应当包括下列内容：一是年度筹资情况，即开展募捐和接受捐赠情况；二是慈善财产的管理使用情况，主要是财产的支出使用情况；三是慈善项目实施情况；四是慈善组织工作人员的工资福利情况，包括高管工资和普通职员工资情况。上述是法定的年报内容，实施中慈善组织还可以在年报中向主管部门报告其他重要事项。

根据慈善法规定，慈善组织在提交年度工作报告的同时，还要提交财务会计报告。财务会计报告必须按照会计法和《民间非营利性组织会计制度》进行编制，确保报告真实完整。

值得一提的是，在慈善法起草过程中，有些人曾提出建议：慈善组织提交的财务会计报告应当事先经过审计。只有这样，才能保证财务会计报告的真实性和规范性，方便监管。不过，许多慈善组织提出，如果每年都聘请会计师事务所对财务会计报告进行审计，对一些小微慈善组织来说，年度支出可能只有几千元，但审计费用却要上千元，负担过重，而且实际意义不大，因此建议不搞"一刀切"。立法者采纳了这一建议，并未要求所有慈善组织提交的财务会计报告都要事前经过审计。根据慈善法第七十八条的规定，具有公开募捐资格的慈善组织的财务会计报告须经审计。另外，民政部门也可以委托会计师事务所对慈善组织提交的财务会计报告进行抽查审计。

慈善法同时对不依法报送年度工作报告的慈善组织规定了法律责任。依据慈善法第一百一十条的规定，慈善组织未依法报送年度工作报告和财务会计报告的，由民政部门责令限期改正，予以警告，并没收违法所得；逾期不改正的，限期停止活动并进行整改；经依法处理后一年内再次出现上述情形或有其他情节严重情形的，吊销登记证书。

三、募捐成本

2016年8月，民政部发布的《慈善组织公开募捐管理办法》第十条规定，开展公开募捐活动，应当依法制定募捐方案。募捐方案包括募捐目的、

起止时间和地域、活动负责人姓名和办公地址、接受捐赠方式、银行账户、受益人、募得款物用途、募捐成本、剩余财产的处理等。募捐成本目前还没有明确的定义。慈善组织开展募捐活动，特别是公开募捐活动，有时会投放广告、举办筹款活动、印刷宣传品等，会产生相关费用。近年来，随着互联网等新型募捐方式的兴起，个别慈善组织在互联网上大量购买流量，组织高档次的筹款活动，将大量人员工资计入筹资成本，导致募捐成本过高，甚至出现成本大于募捐收入的情况，使得一些来自企业和社会的慈善捐赠难以完全实现公益目的，受益人难以真正受益，也出现了一些慈善财产流失的情况。因此，本次慈善法修改，对慈善组织的募捐成本提出了更高要求：一是必须在年报中体现，二是坚持募捐成本最必要原则，三是民政部门、财税部门应制定相应标准。慈善法的新要求：一是可以起到警示的作用，提醒慈善组织精准设计项目，规范开展募捐，审慎使用资金，提升慈善财产使用效率；二是可以更好地加强监管，通过募捐成本标准要求，让募捐成本最低化，社会效益最大化，避免慈善财产流失；三是可以促进公开透明，让社会公众更好地监督慈善组织的财产使用，提升慈善事业的公信力。

四、与境外组织或个人开展合作情况

新修改的慈善法将"与境外组织或者个人开展合作"情况作为年度报告的内容。这里的境外组织，不仅指境外非政府组织，也包括境外政府部门、企业和非法人组织。境外组织类别、数量繁多，鱼龙混杂。2017年1月《中华人民共和国境外非政府组织境内活动管理法》正式实施，明确要求境外非政府组织在中国境内开展活动，应当依法登记设立代表机构；未登记设立代表机构需要在中国境内开展临时活动的，应当依法备案。同时规定了境外非政府组织不得在境内开展募捐，不得发展会员等内容。中国境内的慈善组织依据此法与境外非政府组织合作，接受慈善捐赠、合作开展活动的，应按规定办理相关手续，业务主管单位、公安部门应进行审核把关，以有效规避风险。关于慈善组织与境外非政府组织之外的组织合作，如接受境外企业捐赠、邀请境外人士参会等，还需要民政部门会同其他有关部门出台实施细则。从实践来看，部分业务主管单位、地方民政部门已经制定了社会组织重大事项报告制度。涉外事项属于重大事项，需要社会组织提前报批或者备案、告知，在业务主管单位指导下开展涉外活动。

第十四条 慈善组织的发起人、主要捐赠人以及管理人员，不得利用其关联关系损害慈善组织、受益人的利益和社会公共利益。

慈善组织的发起人、主要捐赠人以及管理人员与慈善组织发生交易行为的，不得参与慈善组织有关该交易行为的决策，有关交易情况应当向社会公开。

◆ **解读与适用**

本条是关于慈善组织关联交易的规定。

根据财政部 2006 年颁布的《企业会计准则第 36 号——关联方披露》的规定，在企业财务和经营决策中，如果一方控制、共同控制另一方或对另一方施加重大影响，以及两方或两方以上同受一方控制、共同控制或重大影响的，构成关联方。凡以上关联方之间发生转移资源或义务的事项，不论是否收取价款，均被视为关联交易。在市场经济条件下，从有利的方面讲，交易双方因存在关联关系，可以节约大量商业谈判等方面的交易成本，并可运用行政的力量保证商业合同的优先执行，从而提高交易效率；从不利的方面讲，由于关联交易方可以运用行政力量撮合交易的进行，从而有可能使交易的价格、方式等在非竞争的条件下出现不公正情况，形成对慈善组织或者其他权利人权益的侵犯。

根据财政部发布的《〈民间非营利组织会计制度〉若干问题的解释》，社会组织的关联方，是指一方控制、共同控制另一方或对另一方施加重大影响，以及两方或两方以上同受一方控制、共同控制或重大影响的相关各方。上述定义与企业会计准则基本相同，社会组织的关联方主要包括：(1) 该民间非营利性组织的设立人及其所属企业集团的其他成员单位。(2) 该民间非营利性组织控制、共同控制或施加重大影响的企业。(3) 该民间非营利性组织设立的其他民间非营利性组织。(4) 由该民间非营利性组织的设立人及其所属企业集团的其他成员单位共同控制或施加重大影响的企业。(5) 由该民间非营利性组织的设立人及其所属企业集团的其他成员单位设立的其他民间非营利性组织。(6) 该民间非营利性组织的关键管理人员及与其关系密切的家庭成员。关键管理人员,是指有权力并负责计划、指挥和控制民间非营利性组织活动的人员。与关键管理人员关系密切的家庭成员,是指在处理与该组织的交易时可能影响该个人或受该个人影响的家庭成员。关键管理人员一般包括民间非营利性组织负责人、理事、监事、分支(代表)机构负责人等。(7) 该民间非营利性组织的关键管理人员或与其关系密切的家庭成员控制、共同控制或施加重大影响的企业。(8) 该民间非营利性组织的关键管理人员或与其关系密切的家庭成员设立的其他民间非营利性组织。此外,以面向社会开展慈善活动为宗旨的民间非营利性组织(包括社会团体、基金会、社会服务机构等)与慈善法所规定的主要捐赠人也构成关联方。

由此可见,关联交易原本是企业经营领域的概念,慈善法之所以引入此概念,并对有关交易行为加以规范,是因为从某种意义上来说,慈善组织与其发起人、主要捐赠人以及管理人等之间也存在类似的控制或重大影响的关联关系,也可能发生类似的关联交易。

一、关联交易的概念

慈善法所说的关联交易,是指慈善组织与在本组织直接或间接享有权益、存在利害关系的关联方之间所进行的交易,是关联方之间转移资源、劳务或义务的行为,而不论是否收取价款。关联方包括自然人、法人和其他组织,主要是慈善组织的发起人、主要捐赠人及行政管理人员等。关联方与慈善组织发生的交易行为,一般包括以下九种类型:(1) 购买或销售商品及其他资产。(2) 提供或接受劳务。(3) 提供或接受捐赠。(4) 提供资金。(5) 租赁。(6) 代理。(7) 许可协议。(8) 代表民间非营利性组织或由民间非营利性组织代表另一方进行债务结算。(9) 关键管理人员薪酬。

在实际工作中,慈善组织需要注意以下三点:一是接受理事、理事来源单位的捐赠是关联交易。此类情形较为多见,例如,慈善组织的理事是主要捐赠人,或者是主要捐赠单位的负责人,部分不具有公开募捐资格的基金会如私人财产发起的基金会、企业发起的基金会。二是购买理事、监事及其来源单位、主要捐赠人的产品和服务属于关联交易，但要注意和主要捐赠人的捐赠目的有所区别，在关联方采购产品和服务时，一定要履行有关程序并保证公允价值，不建议将主要捐赠人同时作为项目的执行方。三是支付理事、分支（代表）机构负责人报酬属于关联交易，监事一般不能领取薪酬，理事领取薪酬也受到比例限制。

二、关联交易的规则

慈善法并未禁止关联交易，而要求慈善组织的关联方不得利用其关联关系，损害慈善组织、受益人的利益和社会公共利益。这是因为慈善组织与关联方的交易也有可能是有利于慈善组织发展和社会公共利益的，不应当一律禁止。但是，从保障各方利益出发，慈善法也作了两条防范性规定：一是当慈善组织的发起人、主要捐赠人以及管理人员与慈善组织发生交易行为时，由于他们在慈善组织进行决策时可能会对其他人员的决策产生重要影响，为避免他们通过影响其他人员决策而使其个人获益，从而确保决策的客观公正，要求其不得参与慈善组织有关该交易行为的决策。二是要求有关交易情况应当向社会公开。民政部 2018 年 8 月发布的《慈善组织信息公开办法》明确规定，慈善组织发起人、主要捐赠人、管理人员、被投资方以及与慈善组织存在控制、共同控制或者重大影响关系的个人或者组织为重要关联方；慈善组织在下列关联交易等行为发生后 30 日内，应当在统一信息平台向社会公开具体内容和金额：（1）接受重要关联方捐赠；（2）对重要关联方进行资助；（3）与重要关联方共同投资；（4）委托重要关联方开展投资活动；（5）与重要关联方发生交易；（6）与重要关联方发生资金往来。由此可见，并不是所有的关联交易都要公开，而是与上述重要关联方发生上述交易才需要公开。

由社会公众监督交易是否符合慈善组织、受益人利益和社会公共利益，也与《企业会计准则第 36 号——关联方披露》的精神相一致，即将关联交易的信息披露放在十分重要的位置。如果社会公众发现慈善组织关联交易有违法情形的，可以向民政部门、其他有关部门或者慈善行业组织投诉、举报。

第十五条 慈善组织不得从事、资助危害国家安全和社会公共利益的活动，不得接受附加违反法律法规和违背社会公德条件的捐赠，不得对受益人附加违反法律法规和违背社会公德的条件。

◆ **解读与适用**

本条是关于慈善组织禁止事项的规定。

根据国家安全法第二条的规定，国家安全是指国家政权、主权、统一和领土完整、人民福祉、经济社会可持续发展和国家其他重大利益相对处于没有危险和不受内外威胁的状态，以及保障持续安全状态的能力。当代国家安全包括国土安全、主权安全、政治安全、军事安全、经济安全、金融安全、文化安全、社会安全、科技安全、网络安全、粮食安全、生态安全、资源安全、核安全、海外利益安全、太空安全、深海安全、极地安全、生物安全、人工智能安全、数据安全等。所谓社会公共利益，是指社会大多数成员的利益，而不是哪一个单位、部门或者集团的利益，更不是某个个人的利益。社会公共利益具有广泛性和群众性，该利益的维护将有利于公众的生活、生产、学习和工作。社会公德，是指社会全体成员普遍认同、遵循的道德准则，是维护社会成员之间最基本的社会关系秩序、保证社会和谐稳定的最起码的道德要求。国家安全、社会公共利益和法律法规、社会公德，关系到国家、社会全体成员的利益，任何个人、组织都不得有任何危害国家安全、损害社会公共利益、破坏社会公共秩序的行为，不得违反法律法规和社会公德。我国许多法律都明确规定禁止从事危害国家安全、社会公共利益和违反法律法规、违背社会公德的行为，并对违反该禁止性规定的行为予以惩处。例如，公司法第二百六十二条规定："利用公司名义从事危害国家安全、社会公共利益的严重违法行为的，吊销营业执照。"

慈善组织是一种特定形式的社会公益组织，其活动的领域很广泛，涉及社会生活的许多方面，并且有众多的公民、法人及其他组织参与到慈善组织所倡导和开展的慈善活动当中，因此，慈善组织对社会生活的影响是十分广泛和深刻的。事实表明，绝大多数慈善组织是依法行善、弘扬正能量的，但也有少数组织从事违反社会公德甚至违法犯罪的活动。例如，有的慈善组织在募集资金时对捐赠人提出的不合法不合理要求不加拒绝，接受附加违反法律法规或者违背社会公德条件的捐赠；有的慈善组织在为受益人提供财产救助或者服务时，对受益人提出不合理要求，附加违法或者违背社会公德的条件，使受益人虽然获得了该帮助，但其人格尊严和其他合法权益受到侵害。再如，有的利用慈善组织从事非法经营活动，偷逃税款等；有的借慈善组织名义，虚构事实或者隐瞒真相，骗取公私财物；有的甚至为危害国家安全做组织和经济掩护。近年来，个别慈善组织的这些违反社会公德甚至违法犯罪行为时有发生，应当引起注意。

针对存在的问题，慈善法第十五条明确规定，慈善组织不得从事、资助危害国家安全和社会公共利益的活动，不得接受附加违反法律法规和违反社会公德条件的捐赠，不得对受益人附加违反法律法规和违背社会公德的条件。而且，在法律责任一章，对慈善组织违反上述禁止性规定的行为，明确了相应的法律责任。

第十六条 有下列情形之一的，不得担任慈善组织的负责人：

（一）无民事行为能力或者限制民事行为能力的；

（二）因故意犯罪被判处刑罚，自刑罚执行完毕之日起未逾五年的；

（三）在被吊销登记证书或者被取缔的组织担任负责人，自该组织被吊销登记证书或者被取缔之日起未逾五年的；

（四）法律、行政法规规定的其他情形。

◆ 解读与适用

本条是关于不得担任慈善组织负责人情形的规定。

慈善组织负责人是指在慈善组织中担任秘书长以上职务的人员，具体包括在基金会中担任理事长、副理事长、秘书长，在社会团体中担任理事长（会长）、副理事长（副会长）、秘书长，在社会服务机构中担任理事长、副理事长、执行机构负责人（院长或校长、所长、主任等）等职务的人员。慈善组织具有较强的公益性、公共性和非营利性，应当具备一定的社会公信力。负责人作为慈善组织日常事务的决策者和执行者，也应当具备良好的个人信誉和相应的工作能力，其基本素质和能力将直接影响到慈善组织的健康发展，影响到慈善活动参与人及公共利益的实现。

慈善事业本身就是一项献爱心的高尚事业，需要有高尚道德情操的人来做。慈善法第十六条对慈善组织负责人的任职资格作了排除性规定，有下列情形之一的，不得担任慈善组织的负责人：

（1）无民事行为能力或者限制民事行为能力的。民事行为能力是指能够以自己的行为依法行使权利、承担义务，从而使法律行为发生、变更或消灭的资格。慈善组织作为独立的法人主体，其负责人应当具备完全民事行为能力，以保障慈善组织的权益和开展正常的慈善活动。因此，无民事行为能力人或者限制民事行为能力人，不得担任慈善组织的负责人。

（2）因故意犯罪被判处刑罚，自刑罚执行完毕之日起未逾五年的。这是因为因故意犯罪被判处刑罚的人，其违法行为达到了触犯刑律、受到刑罚处罚的严重程度，且其犯罪行为具有主观上的故意，也就是具有主观恶性，其信誉无法得到保障，所以，在一定期间内不得担任慈善组织的负责人。需要指出的是，因过失犯罪被判处刑罚的人不受此限制。这主要是考虑到故意犯罪和过失犯罪在主观意识上具有本质区别。

（3）在被吊销登记证书或者被取缔的组织担任负责人，自该组织被吊销登记证书或者被取缔之日起未逾五年的。这是因为担任过被吊销登记证书或者被取缔的组织负责人的人，对该组织被吊销登记证书或者被取缔负有个人责任，其再次担任慈善组织负责人的能力及个人信誉会受到质疑。因此，这类人在一定时期内，也不得担任慈善组织的负责人。

（4）法律、行政法规规定的其他情形。这里主要是指在慈善法之外，其他法律、行政法规对基金会、社会团体、社会服务机构等非营利性组织负责人的任职上的限制性规定。例如，《基金会管理条例》第二十三条第一款规定："基金会理事长、副理事长和秘书长不得由现职国家工作人员兼任。基金会的法定代表人，不得同时担任其他组织的法定代表人。公募基金会和原始基金来自中国内地的非公募基金会的法定代表人，应当由内地居民担任。"《社会团体登记管理条例》第十二条第三款规定："社会团体的法定代表人，不得同时担任其他社会团体的法定代表人。"另外，也有在某一特殊领域，相关法律、行政法规对慈善组织负责人的特殊任职规定等。

第十七条 慈善组织有下列情形之一的，应当终止：
（一）出现章程规定的终止情形的；
（二）因分立、合并需要终止的；
（三）连续二年未从事慈善活动的；
（四）依法被撤销登记或者吊销登记证书的；
（五）法律、行政法规规定应当终止的其他情形。

◆ **解读与适用**

本条是关于慈善组织终止的规定。

慈善组织终止，是指慈善组织根据法定程序彻底结束慈善活动并使慈善组织的法人资格归于消灭的事实状态和法律结果。根据慈善法第十七条的规定，慈善组织终止的法定条件有五种：

（1）出现章程规定的终止情形的。章程是慈善组织的根本性规章制度，是慈善组织赖以存续和运作的"根本大法"。慈善组织在章程中规定了终止条件，而且这种终止条件已经出现的，就应当终止。例如，某基金会在章程中规定自己的宗旨是进行一项为期10年的公益资助。在基金会设立并开展公益资助满10年后，就达到了基金会的终止条件。再如，某慈善组织在章程中规定自己的宗旨是对患有某种特殊疾病的人士实施救助，当某种特定疾病被彻底消除，再没有患该病的人，就达到了该慈善组织的终止条件。

（2）因分立、合并需要终止的。慈善组织分立是指原有的一个慈善组织分成两个或两个以上独立慈善组织的法律行为，可分为存续分立和解散分立两种形式。存续分立是指一个慈善组织分立成两个以上慈善组织，本慈善组织继续存在并设立一个以上新的慈善组织；解散分立是指一个慈善组织因解散而不再存续，同时设立两个以上新的慈善组织的情况。在解散分立的情形下，就出现了需要慈善组织终止的情形。慈善组织合并是指两个或两个以上慈善组织共同组成一个慈善组织的法律行为，包括吸收合并和新设合并两种形式。吸收合并是指将一个或一个以上的慈善组织并入另一个慈善组织，并入的慈善组织需要终止，其法人资格消失，接受合并的慈善组织继续存在。新设合并是指两个或两个以上的慈善组织以终止各自的法人资格为前提合并组成一个新的慈善组织，在这种情形下，原有慈善组织均需要终止。

（3）连续二年未从事慈善活动的。慈善组织是以开展慈善活动为宗旨的非营利性组织，善款应当被合理使用，实现捐赠人期望的目的，而不是躺在慈善组织的账户中"睡觉"，这也正是慈善法规定慈善组织的年度支出比例的原因。如果慈善组织连续二年没有按照章程规定的宗旨从事慈善活动，慈善组织也就失去了存在的意义，因而应当终止。

（4）依法被撤销登记或者吊销登记证书的。撤销登记和吊销登记证书，是登记管理机关在社会组织监督管理实践中常见的行政行为。撤销登记是行政管理机关依据行政许可法的规定，对已作出的行政许可的撤回或者撤销，其法律后果是社会组织已经取得的行政许可被撤回或者撤销，法人主体资格也随之消灭。吊销登记证书属于行政处罚措施，实施这种行政处罚的原因是依法成立的社会组织存在比较严重的违法行为，其后果是丧失已经获得的登记证书，依法进行清算后终止。

（5）法律、行政法规规定应当终止的其他情形。这是慈善组织终止情形的兜底条款，除慈善法规定的上述四个方面的法定情形外，其他法律、行政法规规定慈善组织终止条件的，如不可抗力、战时动员、特殊法令等，也将导致慈善组织终止的法律后果。

第十八条 慈善组织终止，应当进行清算。

慈善组织的决策机构应当在本法第十七条规定的终止情形出现之日起三十日内成立清算组进行清算，并向社会公告。不成立清算组或者清算组不履行职责的，办理其登记的民政部门可以申请人民法院指定有关人员组成清算组进行清算。

慈善组织清算后的剩余财产，应当按照慈善组织章程的规定转给宗旨相同或者相近的慈善组织；章程未规定的，由办理其登记的民政部门主持转给宗旨相同或者相近的慈善组织，并向社会公告。

慈善组织清算结束后，应当向办理其登记的民政部门办理注销登记，并由民政部门向社会公告。

◆ **解读与适用**

本条是关于慈善组织清算的规定。

慈善组织清算是终结慈善组织的法律关系、消灭慈善组织法人资格的程序。根据此条规定，慈善组织终止清算应当遵循以下要求：

第一，清算程序的启动时间是法定终止情形出现之日起三十日内。慈善法第十七条规定了慈善组织应当终止的五种情形：出现章程规定的终止情形的；因分立、合并需要终止的；连续二年未从事慈善活动的；依法被撤销登记或者吊销登记证书的；法律、行政法规规定应当终止的其他情形。慈善组织出现上述任一情形之日起三十日内，应当主动启动终止清算程序，并向社会公告。不主动启动清算程序的，民政部门可以申请人民法院指定有关人员启动清算程序。

第二，清算的主体为清算组。清算组由慈善组织的决策机构（一般为慈善组织的理事会、常务理事会、会员大会或会员代表大会等）成立。慈善组织的决策机构不成立清算组或者清算组不履行职责的，民政部门可以申请人民法院指定有关人员组成清算组。

第三，清算组成立后，慈善组织原来的决策机构和其他机构即丧失权力，由清算组取而代之。清算中，慈善组织不能开展清算以外的活动。清算组的职责是清算慈善组织财产、通知或公告债权人、处理慈善组织未了结的业务、清缴所欠税款、清理债权债务、处理慈善组织清偿债务后的剩余财产、代表慈善组织参与民事诉讼活动等。

第四，慈善组织清算后的剩余财产，按照慈善组织章程的规定处理；章程未规定的，由民政部门主持转给宗旨相同或者相近的慈善组织，并向社会公告。这是由慈善组织的性质和活动特点决定的。慈善组织的财产来源于自然人、法人或者其他组织的捐赠，并应当按照章程规定的宗旨和慈善活动的业务范围将财产用于慈善目的。同时慈善法还规定，慈善组织的财产应当根据章程和捐赠协议全部用于慈善目的，不得在发起人、捐赠人以及慈善组织成员中分配。任何组织和个人不得私分、挪用或者侵占慈善财产。因此，慈善组织剩余财产的用途不能因终止清算而改变，而应当在登记管理机关监督下，按照原慈善组织章程的规定用于慈善目的。章程未作规定或者无法按其规定操作的，同样应当遵循不改变慈善组织财产用于慈善目的的原则，由登记管理机关主持转赠给与原慈善组织性质、宗旨相同或者相近的慈善组织，并将有关情况向社会公告。

第五，慈善组织清算结束后，应当办理注销登记，并由民政部门向社会公告。根据《基金会管理条例》《社会团体登记管理条例》《民办非企业单位登记管理暂行条例》的规定，慈善组织应当自清算结束之日起十五日内向登记管理机关办理注销登记。登记管理机关准予注销登记的，发给注销证明文件，收缴登记证书、印章和财务凭证。

第十九条 慈善组织依法成立行业组织。

慈善行业组织应当反映行业诉求，推动行业交流，提高慈善行业公信力，促进慈善事业发展。

◆ **解读与适用**

本条是关于慈善行业组织的规定。

一、慈善行业组织的概念和特征

慈善行业组织是指由慈善领域的组织或个人组成，通过沟通慈善组织、慈善从业者与政府的关系，协调慈善行业的利益，规范慈善行为，提供慈善行业服务，反映慈善行业诉求，保护和增进全体成员合法权益的非营利性社会组织。

慈善行业组织的主要特征有：（1）公共性。与其他行业协会一样，慈善行业组织成立的宗旨是为从事慈善事业的会员提供服务，以维护会员的利益为基本出发点，但是由于慈善行业组织的会员一般是慈善组织和其他慈善活动参与主体，因此，慈善行业组织维护会员利益带有较强的非营利性和公共性。(2) 自治性。即慈善行业组织应当是经过正式登记注册的社会团体，是由会员组成的独立的法人主体，不从属或隶属于任何组织和个人。(3) 中介性。慈善行业组织可以作为政府与慈善组织、慈善事业参与者之间的重要桥梁和纽带，在促进慈善事业发展中具有"传送带"和"上挂下联"的重要功能。(4) 民间性。慈善行业组织由慈善领域的组织或个人自发、自愿组成，是在慈善事业一定范围内的自律性组织，除非经过法律或政府授权、委托，否则不具有公共权力。

目前在全国和地方层面已经依法成立了一些行业组织。在全国层面，2013年4月19日，正式成立了中国慈善联合会。中国慈善联合会是由国务院批准、民政部登记注册，由致力于中国慈善事业的社会组织、企事业单位等有关机构和个人自愿结成的联合性、枢纽型、全国性社会组织，具有社会团体法人资格。在地方层面则有三种情况：一是成立慈善联合会并独立开展活动，如陕西、贵州、广州、成都、深圳等，一般以慈善联合会、公益慈善联合会等命名；二是成立慈善联合会与地方慈善总会合署办公，如北京、宁波等；三是地方慈善总会更名为慈善联合总会，承担起行业组织职责，如河南、四川等。上述行业组织，虽然成立时间、发挥作用各不相同，但基本都开展了慈善法要求的职责，取得了较好的行业效果。

二、慈善行业组织的基本职责

慈善法第十九条第二款规定的慈善行业组织基本职责主要有：(1) 反映行业诉求。慈善行业组织应当代表会员组织和个人，代表慈善事业发展力量，向政府和社会表达会员和慈善行业的诉求，维护慈善组织和其他慈善活动参与主体的合法权益，对公共政策产生影响。(2) 推动行业交流，提供慈善服务。慈善行业组织应当积极为会员提供信息交流、教育培训、调查统计、政策咨询等服务，促进行业交流和健康发展。同时，也可以接受委托或者购买服务，向政府和社会提供相应的服务。(3) 加强教育，提高慈善行业公信力。慈善行业组织应对其成员进行教育，建立健全行业规范，在会员和行业中开展行风建设和监督，引导会员规范行为，遵纪守法，纠正行业不正之风，不断提高慈善行业的公信力。(4) 促进慈善事业发展。慈善行业组织开展一切工作，都要围绕促进慈善事业发展这一目的进行。

需要指出的是，慈善法在第九十六条、第九十七条还对慈善行业组织其他一些具体职责作了规定。除上述职责外，随着行政改革的推进和政府职能进一步转变，慈善行业组织可以受民政部门委托或者授权，协助做一些其他方面的与慈善有关的工作。

第二十条 慈善组织的组织形式、登记管理的具体办法由国务院制定。

◆ **解读与适用**

本条是关于授权国务院制定具体办法的规定。

有关慈善组织的组织形式、设立条件和程序、内部治理结构和管理制度、运作机制、终止及清算等具体事项十分复杂，慈善法作为慈善事业的基础性法律，不可能对这些问题一一作出具体规定，而只能规定其中一些基本制度。有关具体事项，慈善法授权国务院制定。

事实上，由于我国目前还没有统一的关于社会组织登记管理的专门法律，有关社会组织的登记管理事项，主要由《社会团体登记管理条例》《基金会管理条例》《民办非企业单位登记管理暂行条例》三部行政法规调整。新出台的慈善法，根据我国当前社会建设领域面临的新形势、新问题，对慈善组织管理规定了不少新制度，突破了上述三部行政法规规定。根据上位法优于下位法的原则，三部行政法规应当根据慈善法的精神以及加强和创新社会治理，培育、发展和规范包括慈善组织在内的社会组织的实际需要，抓紧修改完善。这也是贯彻落实慈善法的迫切要求。鉴于此，慈善法授权国务院制定相关的配套行政法规。

根据慈善法的规定，慈善组织在组织形式上，采用基金会、社会团体、社会服务机构三种社会组织形式，而不是在现有社会组织类型之外再增加一种新的组织类型。本法所称的"社会服务机构"，就是现行《民办非企业单位登记管理暂行条例》所称的"民办非企业单位"。

长期以来，以《社会团体登记管理条例》《基金会管理条例》《民办非企业单位登记管理暂行条例》等行政法规为依据，我国形成了"归口登记、双重管理、分级负责"的社会组织登记管理体制。社会组织按照行政层级由县以上各级民政部门分级负责登记，全国性的社会组织由民政部登记。在登记程序上，所有社会组织按照其类别分别适用上述三个条例的有关规定。慈善法公布前已经成立的社会组织可以向其登记的民政部门申请认定为慈善组织；新成立的慈善组织应当在申请成立登记的同时明确其慈善组织属性。民政部门进行慈善组织登记、认定，应当遵守慈善法规定的条件、程序和时限。按照"谁审批、谁监管"的原则，对慈善组织进行登记和认定的民政部门是该组织的登记管理机关，对该组织履行监管职责，对发生的违法行为依法进行处罚。这一安排充分尊重了现行社会组织登记管理体制中的合理部分，保留了分级登记管理体制。同时，为了落实党的十八届三中全会关于"激发社会组织活力""重点培育和优先发展行业协会商会类、科技类、公益慈善类、城乡社区服务类社会组织，成立时直接依法申请登记"的要求，慈善法确立直接登记制度，新设立慈善组织依法直接向各级民政部门申请登记。

现行《社会团体登记管理条例》《基金会管理条例》《民办非企业单位登记管理暂行条例》要按照慈善法的有关规定进行修订，形成法律和行政法规的有效衔接。除登记认定外，慈善法还明确规定"慈善组织应当每年向办理其登记的民政部门报送年度工作报告和财务会计报告"，改变了现行的社会组织年检制度，明确了慈善组织信息公开、民政部门和有关部门对慈善活动进行监督检查、建立慈善组织评估制度、慈善组织及其负责人社会信用记录制度等规范，既延续了我国社会组织登记管理的一些规定，又有新的变化，三个条例的修订和慈善法其他配套制度的制定，要按照这些延续和变化来构建新的慈善组织登记管理制度。

第三章　慈善募捐

第二十一条　本法所称慈善募捐，是指慈善组织基于慈善宗旨募集财产的活动。

慈善募捐，包括面向社会公众的公开募捐和面向特定对象的定向募捐。

◆ **解读与适用**

本条是关于慈善募捐概念的规定。

一、慈善募捐的概念

慈善募捐是慈善组织筹集善款的重要手段，是慈善组织赖以生存、慈善事业持续发展的基础。改革开放以来，特别是2008年四川汶川特大地震、2010年青海玉树地震发生后，全社会的捐赠热情激增，慈善募捐也得到了较快发展。本条第一款规定："本法所称慈善募捐，是指慈善组织基于慈善宗旨募集财产的活动。"理解慈善募捐的概念，应当把握以下两点。

一是慈善募捐的主体是慈善组织。慈善法第二条规定："自然人、法人和非法人组织开展慈善活动以及与慈善有关的活动，适用本法。其他法律有特别规定的，依照其规定。"这意味着，慈善组织以外的自然人、法人和其他组织，都可以开展慈善活动；为何将慈善募捐的主体资格限制为慈善组织呢？一般而言，做慈善有两种形态：一种是用自己的钱做慈善，如某人定期向希望小学捐赠财产、某个组织每天向流浪人员施粥等，一般不会出现问题，也不是本法规范的重点；另一种是用别人的钱做慈善，向他人募集财产后用于慈善，这就是慈善组织的主要运作方式，这个过程容易出现侵占善款等一系列问题，也正是监管机构监管的重点。慈善组织是依法成立，以开展慈善活动为宗旨的非营利性组织，民政部门通过年报、调查违法行为、现场检查、信用记录制度等多种手段对慈善组织包括募捐行为在内的各种行为进行监督管理。而慈善组织以外的自然人、法人和其他组织，因其不以慈善为活动宗旨，脱离了民政部门的监管范围，募集到的财产如何使用，难以受到有效监管，不利于保护捐赠人的合法权益。因此，本法将慈善募捐的主体限于慈善组织，个人、企业不得自行开展慈善募捐。

二是募捐行为基于慈善宗旨展开。慈善组织以开展慈善活动为唯一宗旨，其开展募捐行为也应是基于慈善宗旨，这是慈善募捐区别于个人求助、商业众筹等其他募捐行为的重要特征。慈善宗旨，是指善款应当用于慈善法第三条规定的慈善活动：（1）扶贫、济困；（2）扶老、救孤、恤病、助残、优抚；（3）救助自然灾害、事故灾难和公共卫生事件等突发事件造成的损害；（4）促进教育、科学、文化、卫生、体育等事业的发展；（5）防治污染和其他公害，保护和改善生态环境；（6）符合本法规定的其他公益活动。

二、慈善募捐的分类

根据募集财产的对象不同，本条第二款将慈善募捐分为面向社会公众的公开募捐和面向特定对象的定向募捐。区分这两种募捐形式的意义在于，定向募捐类似证券投资基金中的私募，对象特定；公开募捐面向不特定的社会公众，影响范围广，要求发起公开募捐活动的慈善组织有较高的公信力，因此慈善法对慈善组织公开募捐资格规定了较为严格的条件。

三、慈善募捐与个人求助的区别

2015年10月，慈善法草案公开向社会征求意见，慈善法是否禁止个人求助的问题，引起了社会公众的广泛热议，有人以"《慈善法》禁止个人求助"为题，从宪法和社会伦理的角度批评慈善法草案禁止个人求助。2016年"两会"审议讨论慈善法草案时，这一问题又引发了与会代表和委员的关注。个人求助指的是某个自然人为了解决自己或者家庭的困难，向社会公众请求帮助。而本章开宗明义地点明了慈善募捐是指慈善组织基于慈善宗旨募集财产的活动。具体而言，个人求助与慈善募捐至少存在四点不同。

一是主体不同。个人求助的主体是自然人，乞丐在街道上乞讨、网友发帖寻求帮助等，都属于个人求助。慈善募捐的主体是慈善组织，根据慈善法规定，只有慈善组织才能发起慈善募捐。

二是目的不同。个人求助的目的是解决自身或者家庭存在的困难，如患有重大疾病、家庭经济困难、失业、求学等，法律法规对此没有作出限制性规定。慈善募捐的用途已经在慈善法中规定得很清楚，只能用于慈善目的，也就是说必须符合慈善法第三条的规定。

三是依据不同。我国宪法第四十五条规定，中华人民共和国公民在年老、疾病或者丧失劳动能力的情况下，有从国家和社会获得物质帮助的权利。个人求助是公民与生俱来的权利，在符合法律规定的条件时既可以向国家请求帮助，也可以向社会请求帮助。慈善募捐是慈善组织基于慈善宗旨募集财产的活动，应当符合慈善法以及相关法律法规的规定。

四是剩余财产的处理不同。在个人求助中，赠与人将财产赠与受赠人后，财产的所有权也就随之转移给了受赠人，如果双方没有签订书面协议约定赠与财产的用途，剩余财产如何处理，一直是实践中争议很大的问题，学者对此意见也不统一，目前还没有明确的处理办法。而在慈善募捐中，慈善法第五十八条明确规定，慈善项目终止后捐赠财产有剩余的，按照募捐方案或者捐赠协议处理；募捐方案未规定或者捐赠协议未约定的，慈善组织应当将剩余财产用于目的相同或者相近的其他慈善项目，并向社会公开。

综合以上分析，不难看出，个人求助与慈善募捐存在很大不同，个人求助不属于慈善活动，不受慈善法调整。所以说，慈善法并没有禁止个人求助，禁止的是不具有公开募捐资格的组织或者个人开展慈善募捐。

四、慈善组织可否为个人募捐

慈善组织可否为确实遇到了自身难以克服的困难、需要社会帮助的特定个人募捐？这是慈善法公布以来业界比较关心而又有争议的问题。慈善组织是以面向社会公众开展慈善活动为宗旨的非营利性组织，通常情况下，其开展慈善活动的受益人不会是特定的某一个人。但是，如果某具有公开募捐资格的慈善组织以扶贫、济困、恤病、助医为宗旨，当它得知一个贫困家庭的儿童患了白血病无钱医治、正向社会求助，该慈善组织就不能以此为由发起募捐、给这个孩子帮助吗？我们的回答是否定的。正确认识这一问题，关键是要正确理解慈善法第三条中的"公益"二字。"公益"，简言之，就是"公共利益"，这是一般性的概念。慈善法第三条所列六项慈善活动，都是符合社会公共利益的，而慈善组织开展这些活动又都是具体的。以扶贫济困为例，每次活动的受益者都是个人或者家庭，只要这些个人或家庭不是慈善组织刻意指定或者预先内定的，就是慈善活动，就是符合社会公共利益的。慈善立法的重要理念就是开放、务实，实事求是。我们也要以这种理念来理解慈善法，贯彻慈善法。当然，慈善组织在这种情况下开展募捐，也要遵循慈善法的相关规定：一是要核实情况真伪，二是要制定并公示募捐方案，三是要履行信息公开义务，四是剩余财产要按照"近似原则"处理，等等。

第二十二条 慈善组织开展公开募捐，应当取得公开募捐资格。依法登记满一年的慈善组织，可以向办理其登记的民政部门申请公开募捐资格。民政部门应当自受理申请之日起二十日内作出决定。慈善组织符合内部治理结构健全、运作规范的条件的，发给公开募捐资格证书；不符合条件的，不发给公开募捐资格证书并书面说明理由。

其他法律、行政法规规定可以公开募捐的非营利性组织，由县级以上人民政府民政部门直接发给公开募捐资格证书。

◆ **解读与适用**

本条是关于公开募捐资格的规定。

一、关于公开募捐资格问题的研究

在慈善法起草过程中，什么样的慈善组织可以公开募捐，一直是争议较大的问题之一。慈善法通过前，仅红十字会法规定红十字会为开展救助工作，可以进行募捐活动，《基金会管理条例》规定公募基金会可以面向公众募捐，但没有一部法律法规统一规范各类社会团体、基金会、民办非企业单位等非营利性组织的募捐行为。各地进行了一定的探索，做法也不一致，差别很大，如江苏、湖南、长沙等地方采许可制，规定公益性社会团体和非营利事业单位开展慈善募捐活动，必须事先取得慈善募捐活动许可证。上海、宁波等地方采备案制，规定募捐组织开展募捐活动，应当制定募捐方案，并在募捐活动开始前向募捐活动所在地的民政部门办理备案手续。广州等地方采许可兼备案制，规定红十字会、慈善会和公募基金会应当在募捐活动开始前将募捐方案报送民政部门备案，其他公益性社会团体、民办非企业单位和非营利的事业单位开展募捐活动，应当向民政部门申请募捐许可。学者建议稿在这一问题上意见也不一致，如中国公益研究院起草的建议稿采备案制，中山大学起草的建议稿则采许可制。

笔者对这一问题进行了深入调研，听取了地方人大、民政部门、部分慈善组织等单位和全国人大代表的意见。实践中，基金会等慈善组织募捐行为不规范，利用慈善名义敛财、挪用或转移募得款物，违规关联交易，虚列公益支出，向捐赠人提供捐赠回扣等违法违规行为屡见不鲜，我国目前慈善组织数量不少，但良莠不齐，运作规范、具有较高社会公信力的慈善组织还不多，采取许可制更符合我国国情。

二、慈善法规定的取得公开募捐资格的途径

新修改的慈善法将慈善组织申请公开募捐资格的登记年限从两年调整为一年，降低了获得公开募捐资格的门槛，同时释放了鼓励慈善组织开展公开募捐的信号。公开募捐活动是社会公众参与慈善，奉献爱心的直接途径，也是慈善组织募集社会资源，获取社会信任的主要方式。2016年9月慈善法正式实施，民政部在2016年8月公布了《慈善组织公开募捐管理办法》，但公开募捐资格申请、获取情况进展较为缓慢。究其原因，一是公开募捐，特别是基于互联网的公开募捐，对慈善组织的筹资能力、治理水平、资金人力投入、互联网使用能力等要求较高，部分慈善组织缺乏经验、资金和专业人才，部分公益性社团、社会服务机构开展公开募捐较为谨慎；二是国家对具有公开募捐资格的慈善组织的公益支出比例和管理费用比例有明确的规定，部分非公募基金会申请公开募捐资格动力不足；三是民政

部门对于公开募捐资格的审批较为谨慎,相关程序较为繁琐,要求较高。新修改的慈善法对公开募捐活动宽严相济,既有促进措施,又有严格监管,目的是支持慈善组织规范开展公开募捐活动。因此,成立满一年的不具有公开募捐资格的慈善组织,可以依据新修改的慈善法,积极申请公开募捐资格,根据自身业务范围和活动区域,更好地集中社会慈善资源,为慈善组织的长期可持续发展开辟新路,同时可以更加规范地提升机构治理水平,提高公信力,规范有序开展慈善活动。

申请取得公开募捐资格的程序。本条第一款规定:"慈善组织开展公开募捐,应当取得公开募捐资格。依法登记满一年的慈善组织,可以向办理其登记的民政部门申请公开募捐资格。民政部门应当自受理申请之日起二十日内作出决定。慈善组织符合内部治理结构健全、运作规范的条件的,发给公开募捐资格证书;不符合条件的,不发给公开募捐资格证书并书面说明理由。"根据这一规定,慈善组织开展公开募捐,必须事先取得公开募捐资格,取得这一资格需要满足以下三个条件:(1)依法登记满一年。慈善组织从登记之日起就可以开展定向募捐,但不得面向社会公众开展公开募捐。这样规定,主要是考虑到慈善法通过后,设立慈善组织较为便捷。相比定向募捐,公开募捐要求慈善组织的信誉度更高,一旦发生违法募捐行为,影响范围更广。在过渡期,民政部门和社会公众可以对慈善组织的内部运作、慈善项目的开展情况等进行监督。(2)内部治理结构健全、运作规范。慈善法规定,只有内部治理结构健全、运作规范的慈善组织,在经过一年的过渡期后才能取得公开募捐资格。慈善组织应当切实加强自我管理,建立健全内部治理结构,完善决策、执行、监督制度和决策机构议事规则,加强内部控制和内部审计,确保人员、财产、慈善活动按照组织章程有序运作。执行国家统一的会计制度,依法进行会计核算,建立健全会计监督制度,并接受政府有关部门的监督管理。涉及关联交易的,决策程序应当公开透明,确保没有利用关联关系,损害慈善组织、受益人的利益和社会公共利益。确保没有因违反慈善法以及相关法律法规受到行政处罚。(3)向民政部门提出申请。公开募捐资格不是自动获得的,应当由慈善组织向办理其登记的民政部门提出申请。民政部门在受理慈善组织的申请后,应当在二十日内作出决定,符合条件的,发给公开募捐资格证书,不符合条件的，不发公开募捐资格证书并书面说明理由。

《慈善组织公开募捐管理办法》对慈善组织申请公开募捐资格的条件、材料和程序作了明确规定，如理事会成员来自同一组织以及相互间存在关联关系组织的不超过 1/3，相互间具有近亲属关系的没有同时在理事会任职；秘书长为专职，理事长（会长）、秘书长不得由同一人兼任；在省级以上人民政府民政部门登记的慈善组织有 3 名以上监事组成的监事会；按照规定参加社会组织评估，评估结果为 3A 及以上；申请时未纳入异常名录，并要求慈善组织提供注册会计师出具的财务审计报告，包括年度慈善活动支出和年度管理费用的专项审计，经业务主管单位同意的证明材料等，并对互联网公开募捐、公开募捐备案，急难救助公开募捐等作了较为明确的规定。

直接赋予公开募捐资格。新修改的慈善法将本条修改为"其他法律、行政法规规定可以公开募捐的非营利性组织（原为：法律、行政法规规定自登记之日起可以公开募捐的基金会和社会团体），由县级以上人民政府民政部门直接发给公开募捐资格证书"。本条将部分在三类社会组织之外的募捐主体纳入慈善法，如红十字会、免予登记的群团组织如中国宋庆龄基金会等。红十字会法规定红十字会为开展救助工作可以进行募捐。慈善法颁布实施之前，这些组织根据法律和行政法规的规定已经在开展公开募捐活动，为了不影响这些组织在慈善法颁布实施之后继续开展募捐活动，特别规定由民政部门直接发给公开募捐资格证书。2017 年 9 月，民政部、中国红十字会发布《关于红十字会开展公开募捐有关问题的通知》，明确要求，红十字会开展公开募捐，应当向同级民政部门申领公开募捐资格证书，民政部门直接向红十字会发放公开募捐资格证书；红十字会开展公开募捐活动前，应当依法制定募捐方案，并按照有关规定报同级民政部门备案；红十字会通过互联网开展公开募捐活动，应当在民政部统一或者指定的信息平台发布募捐信息；红十字会应当定期在民政部统一的信息平台发布公开募捐及其使用情况，每年向同级民政部门报送社会捐赠及其使用情况并及时向社会公开。红十字会虽然不是慈善组织，但可以依据慈善法开展公开募捐，并接受民政部门的监督管理，按要求进行公开募捐备案，发布募捐信息，并在"慈善中国"上进行信息公开。

慈善法第二十二条的规定，打破了原本只有公募基金会才能享受公开募捐资格的格局，其他如私募基金会、社会团体、民办非企业单位等社会组织都不具备公开募捐资格，一些地方对此进行了探索，但一直没有上位法依据。根据这一规定，所有依法登记的慈善组织，只要符合本条规定的条件，就可以向办理其登记的民政部门申请公开募捐资格，这对于中小慈善组织持续健康发展，意义重大。

第二十三条 开展公开募捐，可以采取下列方式：

（一）在公共场所设置募捐箱；

（二）举办面向社会公众的义演、义赛、义卖、义展、义拍、慈善晚会等；

（三）通过广播、电视、报刊、互联网等媒体发布募捐信息；

（四）其他公开募捐方式。

慈善组织采取前款第一项、第二项规定的方式开展公开募捐的，应当在办理其登记的民政部门管辖区域内进行，确有必要在办理其登记的民政部门管辖区域外进行的，应当报其开展募捐活动所在地的县级以上人民政府民政部门备案。捐赠人的捐赠行为不受地域限制。

◆ **解读与适用**

本条是关于公开募捐方式和地域管理的规定。

一、公开募捐的方式

本条第一款规定："开展公开募捐，可以采取下列方式：（一）在公共场所设置募捐箱；（二）举办面向社会公众的义演、义赛、义卖、义展、义拍、慈善晚会等；（三）通过广播、电视、报刊、互联网等媒体发布募捐信息；（四）其他公开募捐方式。"根据这一规定，慈善组织开展公开募捐可以采取下列四种方式：

一是在公共场所设置募捐箱。在银行、商场、超市等地方设置固定募捐箱，或者在公园、市政广场等人流量较为密集的公共场所设置流动募捐箱，都是较为常见的募捐方式。需要注意的是，在公共场所设置募捐箱，除了需要事先取得公开募捐资格证书，还需要取得公共场所管理者的同意和城市市容市政等部门的许可。在公共场所开展募捐是公开募捐行为，必须由具有公开募捐资格的慈善组织发起，个别企业、个人、社会组织不具有公开募捐资格，但在社区、学校等开展义卖义拍、展览展示等活动并筹款的，是违反慈善法的行为，严重的将会被没收所得并受到行政处罚。

值得注意的是，有些企业和不具有公开募捐资格的社会组织在社区以公益为名开展旧衣回收项目，也属于违反慈善法的公开募捐行为，民政部慈善事业促进和社会工作司为此发布了《关于禁止不具有公开募捐资格的组织或者个人以慈善名义开展废旧衣物回收的提示》，提示社会公众参加废旧衣物捐赠活动之前，先核实活动举办方的合法身份和是否具有公开募捐资格。因此，不具备公开募捐资格的企业、个人、社会组织如开展此类项目，应当与具有公开募捐资格的慈善组织合作，并及时备案，谨慎、规范开展项目，确保其公益性、合规性。

二是举办面向社会公众的义演、义赛、义卖、义展、义拍、慈善晚会等。义演、义赛、义卖、义展、义拍，是指慈善组织通过组织表演、比赛、买卖、展览、拍卖会等向参加者募集财产的活动。扣除合理成本后的全部收入，即为募捐所得。慈善晚会，是指慈善组织通过邀请不特定多数人参加晚会的形式，向参加者募集财产的活动。这些形式已经被广泛运用在募捐活动中，并且取得了很好的效果，既宣传了慈善理念，又收获了爱心。

三是通过广播、电视、报刊、互联网等媒体发布募捐信息。慈善组织开展公开募捐的效果取决于募捐信息的传播速度和范围。当前，通过广播、电视、报刊、互联网等媒体发布募捐信息已经屡见不鲜，其能够使更多的人知悉募捐活动，慈善法肯定了这些做法。

四是其他公开募捐方式。上述三种募捐方式并没有穷尽目前慈善组织能够采用的所有方式，生活中比较常见的还有上门募捐、电话募捐、短信募捐等。而且随着信息技术的不断发展，出现新的信息传播途径，募捐方式也必将不断创新，慈善法无法一一穷尽，也没有必要因此频繁地修改慈善法。所以，这一规定为今后募捐方式的创新和发展留下了空间。

二、公开募捐的地域管理

本条第二款规定："慈善组织采取前款第一项、第二项规定的方式开展公开募捐的,应当在办理其登记的民政部门管辖区域内进行,确有必要在其登记的民政部门管辖区域外进行的,应当报其开展募捐活动所在地的县级以上人民政府民政部门备案。捐赠人的捐赠行为不受地域限制。"原则上,慈善组织采取前述第一种、第二种方式公开募捐的,应当在登记的民政部门管辖区域内进行,当前我国慈善组织管理制度仍然采用分级属地管辖,这样规定主要是与我国的这种慈善组织管理制度相适应,便于登记地民政部门监督管理。同时,考虑到我国幅员辽阔,各地经济发展水平不平衡,相应地,各地慈善资源也严重不平衡,如果将慈善组织的募捐限制在登记地,将会导致很多中西部地区慈善组织"无米下炊",但又要避免欠发达地区的慈善组织"一窝蜂"地跑到发达地区募捐,过于集中,所以,慈善法要求在其登记的民政部门管辖区域外进行的,应当报其开展募捐活动所在地的县级以上人民政府民政部门备案,便于当地民政部门协调和监督管理。《慈善组织公开募捐管理办法》进一步规定,慈善组织在其登记的民政部门管辖区域外,以慈善法第二十三条第一款第一项、第二项方式开展公开募捐活动的,除向其登记的民政部门备案外,还应当在开展公开募捐活动十日前,向其开展募捐活动所在地的县级人民政府民政部门备案,提交募捐方案、公开募捐资格证书复印件、确有必要在当地开展公开募捐活动的情况说明。另外,由于募捐信息的传播并不受地域限制,任何知悉募捐活动信息的人都可以捐赠,所以,慈善法特别作出规定,捐赠人的捐赠行为不受地域限制。

第二十四条 开展公开募捐,应当制定募捐方案。募捐方案包括募捐目的、起止时间和地域、活动负责人姓名和办公地址、接受捐赠方式、银行账户、受益人、募得款物用途、募捐成本、剩余财产的处理等。

募捐方案应当在开展募捐活动前报慈善组织登记的民政部门备案。

◆ 解读与适用

本条是关于募捐方案的规定。

一、制定募捐方案

慈善组织开展公开募捐，首先应当制定募捐方案。根据本条第一款的规定，募捐方案至少应当包括以下七个方面。

一是募捐目的。募捐目的是募捐方案的核心，是捐赠人决定是否捐赠时考虑的关键因素，募捐方案中的募捐目的应当尽可能明确具体，而且必须符合慈善法第三条的规定。

二是起止时间和地域。慈善组织开展慈善服务多采用项目制，每个慈善项目都有一定的期限，相应地，公开募捐也有一定的起止时间。根据慈善法第二十三条的规定，慈善组织如果采取在公共场所设置募捐箱、举办义演等活动筹集善款，应当在募捐方案中注明开展这些活动的地域范围，以符合监管要求。

三是活动负责人姓名和办公地址。

四是接受捐赠方式、银行账户。接受捐赠方式主要有通过银行、邮局汇款捐赠，现场捐赠，网络捐赠等，应当注明不同接受捐赠方式所需要的信息，如银行账户、办公地址等。

五是受益人、募得款物用途。这里的"受益人"并非指受益人的姓名等具体信息，而是指受益人的范围和条件。

六是募捐成本。社会上不少人认为慈善组织的运行应当是零成本，慈善组织工作人员应当是低工资甚至是无偿的，这种看法是不符合实际的。和企业营销一样，募捐也是有成本的，但慈善组织在制定募捐方案时，应当合理评估，努力降低募捐成本，使更多的善款用于慈善目的。

七是剩余财产的处理。慈善项目终止后剩余财产如何处理，也是捐赠人较为关心的问题，慈善组织应当在募捐方式中明确剩余财产的处理方式，如退还捐赠人、转移至相同或者相近的其他慈善项目等。

二、募捐方案的备案

根据本条第二款的规定，募捐方案应当在开展募捐活动前报慈善组织登记的民政部门备案。对于是否要求慈善组织将募捐方案报民政部门备案，慈善法起草过程中进行了反复讨论和研究。有意见认为，有些慈善组织规模较大，每年会同时开展数十个乃至上百个慈善募捐，对应不同的慈善项目，都要求报民政部门备案，会增加这些慈善组织的运作成本。也有意见认为，有些地方民政部门在理解和执行这一规定时可能将"备案"变为实质上的"许可"。还有意见认为，民政部门负有监督管理募捐活动的职责，通过备案才能了解这些慈善组织的募捐活动，才能依法履行监督职能。综合以上意见，要求慈善组织将募捐方案报民政部门备案，是为了让民政部门掌握慈善组织募捐活动的具体情况，便于民政部门受理投诉举报和开展监督检查。同时，为了保障慈善组织的正当权益，在实际操作中要杜绝将"备案"变相执行为"许可"的做法。

第二十五条 开展公开募捐，应当在募捐活动现场或者募捐活动载体的显著位置，公布募捐组织名称、公开募捐资格证书、募捐方案、联系方式、募捐信息查询方法等。

◆ **解读与适用**

本条是关于公开募捐信息的规定。

慈善组织开展公开募捐活动，应当履行信息公开义务。慈善组织的公信力主要来自公开透明，公开透明度不够是目前慈善行业存在的主要问题。这一规定要求慈善组织在公开募捐活动现场公开相应信息，就是要促使慈善组织履行信息公开义务，让社会公众切实了解善款将用到何处，也便于社会公众行使监督权利，一旦发现募捐活动或者善款使用与募捐方案不符，可以向民政等有关部门举报投诉。取得公开募捐资格证书是慈善组织开展公开募捐活动的前提，慈善组织应当在显著位置公示这一信息，捐赠人也应当在捐赠前了解该慈善组织是否具有公开募捐资格。这里的"募捐信息查询方法"主要是给社会公众一个指引，告诉捐赠人如何行使本法第四十二条规定的有关查询复制其捐赠财产管理使用有关资料的权利，方便捐赠人监督。此外，慈善法在信息公开一章对慈善组织公开募捐信息作了进一步规定，慈善组织应该严格遵守。

第二十六条 不具有公开募捐资格的组织或者个人基于慈善目的，可以与具有公开募捐资格的慈善组织合作，由该慈善组织开展公开募捐，合作方不得以任何形式自行开展公开募捐。具有公开募捐资格的慈善组织应当对合作方进行评估，依法签订书面协议，在募捐方案中载明合作方的相关信息，并对合作方的相关行为进行指导和监督。

具有公开募捐资格的慈善组织负责对合作募得的款物进行管理和会计核算，将全部收支纳入其账户。

◆ **解读与适用**

本条是关于合作募捐的规定。

在慈善法起草过程中，考虑到没有取得公开募捐资格的慈善组织以及其他组织或者个人，确实存在基于慈善目的开展募捐的需要，因此本条特别作出规定，不具有公开募捐资格的组织或者个人基于慈善目的，可以与具有公开募捐资格的慈善组织合作，由该慈善组织开展公开募捐并管理募得款物。这样规定，既不会扰乱慈善募捐秩序，也为满足这些组织和个人的合理愿望提供了途径。

不具有公开募捐资格的组织或者个人，首先是指不具有公开募捐资格的慈善组织。这又分为两种情况，第一种是成立时间不足一年尚在过渡期的慈善组织，这类慈善组织成立时间不久，尚未建立自己的信誉，定向募捐资源可能不足，创始资金又不足以维持长期发展，亟须吸纳慈善财产。第二种是成立时间虽然超过一年，但不愿意申请取得公开募捐资格或者不符合申请条件的慈善组织，这类慈善组织有时需要与具有公开募捐资格的慈善组织合作募集慈善财产。其次是非慈善组织。开展慈善活动并非为慈善组织所垄断，本法第一百二十三条规定，慈善组织以外的其他组织可以开展力所能及的慈善活动，这些组织在开展慈善活动过程中，也可能需要向社会公众寻求帮助。最后是个人。我们经常在网络、报刊上看到个人为他人寻求帮助的事例，这样的求助很容易发生纠纷，最典型的就是善款是否用于慈善目的以及剩余善款如何处理，有些纠纷甚至进入了司法程序。如果为他人寻求帮助的个人选择与具有公开募捐资格的慈善组织合作开展募捐，由该慈善组织对善款的募集、使用、最终处理等全过程进行监督管理，很大程度上可以避免出现这些纠纷，既满足了求助人的合理需求，又保护了捐赠人的权益与爱心。合作募捐的名义募捐人是具有公开募捐资格的慈善组织，该慈善组织应当在募捐方案中明确所募款物由谁真正使用。募得款物进入该慈善组织的账户后，由其管理，并根据合作协议的约定向合作方拨付，该慈善组织应当担负起监督管理募得款物的职责，一旦出现违法违规情形，不仅自身信誉会受到影响，也应当承担相应的法律责任。

近年来，随着网络慈善的兴起，各类互联网公开募捐项目备受关注，慈善资源点滴汇聚，品牌项目层出不穷。但繁荣背后亦暗流涌动，少数社会组织和不法分子利用合作开展公开募捐的名义行私益之实，违法违规、违背公序良俗的事件时有发生，引发社会质疑，不断冲击慈善事业的社会公信力。新修改的慈善法针对目前公开募捐活动存在的问题有力地给予了回应。

1. 对合作方进行评估。具有公开募捐资格的慈善组织开展公开募捐，无论是自主发起，还是与其他组织、个人合作，都必须履行主体责任，承担相应风险，对公开募捐活动进行全过程监督。首先就是对合作方进行评估。公募组织对合作方不能"只要筹款、不问出处"，要制定合作方的遴选标准和程序，建立公开募捐合作方事前评估制度，对合作方的背景、资质、信用、能力等进行全面审核，从源头上避免别有用心的合作方借慈善名义牟利，避免公开募捐可能产生的风险。

2. 签订合作协议。双方签订书面协议是对合作开展公开募捐双方权益的保护。具有公开募捐的慈善组织可以在协议中明确依法监管的权利、监管方式，开展公开募捐的要求、范围、时限、项目实施方案、预算、信息公开等要求，不具有公开募捐资格的合作方可以明确公募组织应提供的服务、支持、配合义务等，对双方进行约束。

3. 加强过程监督。在合作过程中，具有公开募捐资格的慈善组织是承担法律责任的主体，必须对合作方进行严格监督管理。慈善组织应建立、完善合作公开募捐管理制度，明确对公开募捐合作方和合作项目的监管方式。除对合作方进行尽职调查外，还应对合作方负责人信用情况、资质情况和违法违规、涉及法律诉讼情况进行跟踪监督，一旦发现问题及时依据协议终止合作；在项目监督方面，对于合作方的项目执行进度、业务活动成本、受益人情况、项目效果、依法依规情况、信息公开情况等方面进行全过程监管，同时做好项目档案，妥善留存备查。

4. 严格资金管理。具有公开募捐资格的慈善组织对合作募得的款物全部收支纳入其账户管理。慈善组织应完善财务管理制度，建立公开募捐项目财务管理制度，从接收款物、募捐成本、拨付资金、善款使用情况等方面对公开募捐款物进行全链条监管，坚决防止募捐款物被拖用、挪用、滥用。

第二十七条 慈善组织通过互联网开展公开募捐的，应当在国务院民政部门指定的互联网公开募捐服务平台进行，并可以同时在其网站进行。

国务院民政部门指定的互联网公开募捐服务平台，提供公开募捐信息展示、捐赠支付、捐赠财产使用情况查询等服务；无正当理由不得拒绝为具有公开募捐资格的慈善组织提供服务，不得向其收费，不得在公开募捐信息页面插入商业广告和商业活动链接。

◆ **解读与适用**

本条是关于开展互联网公开募捐的规定。

近年来，基于互联网的公开募捐发展迅速。相比设置募捐箱、举办慈善晚会等传统募捐方式，互联网募捐具有传播快、受众面广、影响大、成本低、效率高等特点，已经成为慈善组织开展公开募捐活动的首选。依据慈善法，民政部自 2016 年起，评审、指定、发布了三批次共 29 家互联网公开募捐信息平台，包括腾讯公益平台、支付宝公益平台、阿里巴巴公益平台、中银公益平台、帮帮公益平台、哔哩哔哩公益平台等，并发布了《慈善组织互联网公开募捐信息平台基本技术规范》《慈善组织互联网公开募捐信息平台基本管理规范》两项行业标准。

目前，29家公益平台大致分为三类：一是互联网企业发起，如腾讯公司、蚂蚁集团、字节跳动集团、公益宝平台等；二是慈善组织发起，如上海联劝公益基金会发起的联劝网、中国青少年发展基金会发起的亲青公益平台、广州慈善会等发起的广益联募平台；三是金融等大型企业发起，如中国移动公益平台、中国工商银行"融E购"公益平台、中银公益平台等。在民政部的指导、管理下，截至2022年9月，29家互联网公开募捐信息平台累计带动超过510亿人次网民参与，累计募集善款350亿元。其中腾讯公益平台2022年募款近56亿元，支付宝公益达9.35亿元，字节跳动公益平台达6.5亿元，阿里巴巴公益、公益宝、帮帮公益也达上亿元的筹款量。

慈善法出台前，我国对互联网募捐还缺少相关法律法规予以规范，在互联网上发起募捐的既有具有公募资格的基金会，也有不具有公募资格的基金会以及其他"草根组织"，甚至还有个人。互联网上的信息是海量的，由于信息不对称，公众难以辨别真伪，导致大量虚假、失真甚至诈骗信息混杂其中。相关的事例不胜枚举。中国青年报社会调查中心在2015年7月做过一次关于网络募捐的抽样调查显示：36.6%的被调查者对网络募捐的信任度一般，22.7%不太信任，5.2%不信任，只有3.9%选择非常信任；普遍认为网络募捐存在三大问题：网络捐款中存在诈捐、骗捐的风险；捐款平台的资质难以认定；善款中剩余款项的所有权不明。近几年，不少公募基金会和互联网公司都在尝试开发募捐平台，不少公募基金会建立了自己的网站，发布募捐信息，开通网络捐款功能；新浪、腾讯开通了新浪微公益、腾讯公益平台，为慈善组织、个人求助、慈善拍卖等提供平台支持；阿里通过支持慈善组织在淘宝和天猫开设慈善网店等方式为慈善组织募捐提供支持；很多第三方支付平台如财付通、支付宝都开通了公益捐款模块。互联网募捐具有其他方式无法比拟的便捷和高效的优势，必将成为今后慈善组织开展公开募捐最主要的方式之一，占所有募捐方式所募款物的比重也将越来越大。同时这也给政府部门如何监管带来了难题，慈善法对此应当作出必要的规范。一是互联网募捐的主体应当是慈善组织。互联网募捐是慈善募捐的一种方式，与其他募捐方式一样，其主体也应当是慈善组织。个人可以通过互联网为自己或者朋友等特定对象发布求助信息，但前面已经分析过，这不属于慈善募捐。二是应当在统一或者指定的平台以及自己的网站发布募捐信息。慈善组织通过互联网开展公开募捐，有两个渠道可以发布募捐信息：（1）国务院民政部门统一或者指定的慈善信息平台。建立慈善信息平台，是慈善法践行慈善公开原则的重大举措，有利于整合慈善信息的发布渠道，有利于社会公众及时了解最权威的慈善信息，有利于降低中小型慈善组织的运作成本。发布募捐信息的慈善信息平台，既可以由民政部自行建设，也可以从目前在全国或者部分地域比较有影响力的慈善信息平台中指定，可以是一个，也可以是多个。（2）慈善组织自己的网站。慈善组织可以建立自己的网站并发布募捐信息，此类渠道能够保证信息的真实性，可信度较高，目前不少大型慈善组织已经建立了自己的官方网站。

本次慈善法修改，将互联网公开募捐信息平台改为"互联网公开募捐服务平台"，明确了互联网公开募捐服务平台的基础法律概念，意味着互联网公开募捐平台不仅是信息发布的渠道，而且是慈善组织、社会公众的募捐服务载体，同时进一步明确了互联网公开募捐服务平台的基本服务内容和服务要求。

首先是明确了基本服务内容。互联网募捐服务平台是链接捐赠人、慈善组织、受益人的枢纽，其要为多方提供服务，帮助多方建立起便捷、高效的信任关系。一是信息展示功能，向全社会展示慈善组织基本信息，包括发起方和合作方的成立时间、联系方式、业务范围、资质情况、主要成绩等基本信息，以及慈善项目的基本信息，如发起时间、服务对象、受益人标准和选择程序、筹款目标、项目进度、受益人情况改善等；二是支付功能，公开募捐服务平台不接受捐赠，但应提供互联网支付端口，如微信、支付宝、银行卡等，便捷社会公众的捐赠支付，实现如网上购物的便捷体验；三是查询功能，捐赠人支付以及受益人得到服务之后，平台应要求项目发起方、执行方及时提交项目进度和受益人情况，通过平台发布供社会公众查询，还应通过技术手段及时向捐赠人推送、报告相关情况进展。

其次是明确了服务要求。平台是一种资质，作为服务中介应当具有公信力并承担相应责任。一是"无正当理由不得拒绝提供服务"，具有公开募捐资格的慈善组织发起项目，只要具备基本条件如认定为慈善组织、具有公开募捐资格、无严重违法记录，未进入异常活动名录，未列入失信名单等，不应再设项目上线的门槛，为慈善组织依法开展公开募捐提供了平等准入，有序竞争的端口；二是"不得向其收费，不得插入商业广告和链接"，对平台的公益属性进行了严格限定，意味着平台不得向上线的慈善组织收取费用，不能开展商业经营活动，体现了法律对于维护公开募捐活动公益性和公平公正，维护慈善组织募捐主体权益的坚决态度。这一条款对募捐平台的发起方提出了更高要求，没有充足的资金、人员和技术保障，很难获得平台资格，现有的平台也将实现优胜劣汰，未来的互联网公开募捐平台将保持在一定的数量之内。

最后是优化捐赠体验。新修改的慈善法第九十五条提出，国家鼓励在慈善领域应用现代信息技术。互联网公开募捐平台作为重要的慈善主体，理应对上线的慈善组织、捐赠人提供更为优质的服务，如互联网公开募捐场景的开发：腾讯公益平台开展的99公益日、地方乡村振兴专场、步数捐赠；支付宝公益平台的蚂蚁森林、蚂蚁庄园；美团公益平台的青山公益等，通过社交、互动、游戏等方式吸引捐赠人关注、参与慈善。同时，互联网公开募捐平台可通过区块链、人工智能等新技术的运用，不断创造有趣、便捷的募捐和捐赠场景，打通"捐款人—公益组织—受益人"链条，让更多的个人、企业、商户参与慈善，形成独具中国特色的互联网公开募捐模式。

第二十八条 广播、电视、报刊以及网络服务提供者、电信运营商，应当对利用其平台开展公开募捐的慈善组织的登记证书、公开募捐资格证书进行验证。

◆ 解读与适用

本条是关于广播、电视、报刊以及网络服务提供者验证义务的规定。

慈善法第二十三条规定了慈善组织开展公开募捐的方式，其中之一便是通过广播、电视、报刊、互联网等媒体发布募捐信息，与"在公共场所设置募捐箱""举办面向社会公众的义演、义赛、义卖、义展、义拍、慈善晚会等"不同的是，发布募捐信息需要通过第三方，也就是本条规定的广播、电视、报刊以及网络服务提供者、电信运营者。从运作方式看，广播、电视、报刊与网络服务提供者、电信运营商在发布募捐信息上也存在差异。广播、电视、报刊是传统公共媒体，在公共媒体上发布募捐信息需要经媒体经营者的审核和同意，未经其同意，无法发布。

尽管我们已经进入互联网时代，但是传统媒体仍然在我们社会生活中占据非常重要的地位，其传播范围、受众对象都非常广泛，特别是在互联网还没有普及的地区，社会公众特别信赖广播、电视、报刊所刊载的内容。如今，经由互联网传播的信息量十分巨大，良莠杂陈，非专业人士难以辨识真伪，很多人难以从中甄别出真实有效的信息，而广播、电视、报刊由于有后台审核，社会公信力较高。发布募捐信息与发布广告具有相同的效果，从这个意义上说，广播、电视、报刊经营者应当比照审核广告发布来审核募捐信息发布。正是基于这些考虑，本条特别规定，广播、电视、报刊应当对慈善组织的登记证书、公开募捐资格证书进行验证，从形式上保证慈善募捐信息的真实可靠。

网络服务提供者、电信运营商与传统媒体的不同之处在于通过网络平台、手机平台进行的信息传递是交互式的，网络服务提供者与电信运营商既可以像传统媒体那样通过平台向用户发布信息，用户也可以经由网络或者短信等方式直接向其他用户发送信息，无须经过网络服务提供者与电信运营商的审核。网络服务提供者与电信运营商提供的平台作为发布互联网募捐的重要载体，应当严把入口关，对利用该平台开展公开募捐的慈善组织的登记证书、公开募捐资格证书进行验证，确保慈善组织真实合法、具有公开募捐资格。没有履行慈善法规定的验证义务的，应当根据慈善法第一百一十四条第三款的规定承担相应法律责任。理解网络服务提供者、电信运营商的验证义务需要准确把握"平台"的含义。尽管慈善法规定有公开募捐资格的慈善组织应当在国务院民政部门统一或者指定的信息平台上发布募捐信息，但不可避免地会有一些不具有公开募捐资格的组织或者个人，在前述信息平台以外的微博、微信、论坛、贴吧等网络空间发布违法募捐信息或者通过短信群发的方式发布违法募捐信息，也不可避免地会有网友将前述信息平台上发布的募捐信息转发到这些网络空间或者通过短信方式发送给用户，因为诸如此类信息是海量的，而且与前述信息平台不同，并不需要后台审核即可发布和发送，网络服务提供者和电信运营商难以辨识所发布信息的真伪，也就无法在事前对相关主体资格进行验证。当然，如果其发现或者经用户投诉后发现某些募捐信息违反法律规定，应当及时采取必要措施。所以说，网络服务提供者和电信运营商的验证义务主要存在于前述信息平台中，对其他存在形式的海量信息，只有在具有故意或者重大过失的情形下才需要承担法律责任。

2016年9月，民政部、工业和信息化部、国家新闻出版广电总局、国家互联网信息办公室印发了《公开募捐平台服务管理办法》的通知，对本条进行了更为详细的规定：一是明确了公开募捐平台的定义，除民政部门指定的互联网公开募捐平台外，广播、电视、报刊、电信运营商等都可以提供公开募捐平台服务。二是明确了公开募捐服务平台需要遵守的法律法规，如《广播电视管理条例》《出版管理条例》《中华人民共和国电信条例》《互联网信息服务管理办法》等。三是明确了公开募捐服务平台的监管责任，如查验慈善组织的登记证书和公开募捐资格证书，不得代为接受慈善捐赠财产；应当签订协议，明确双方在公开募捐信息发布、募捐事项的真实性等方面的权利和义务；协助民政部门调查非法违规行为等。

第二十九条 慈善组织自登记之日起可以开展定向募捐。

慈善组织开展定向募捐，应当在发起人、理事会成员和会员等特定对象的范围内进行，并向募捐对象说明募捐目的、募得款物用途等事项。

◆ 解读与适用

本条是关于定向募捐的规定。

定向募捐是指面向特定对象的募捐，只能在发起人、理事会成员和会员等特定对象的范围内进行。根据本条第一款的规定，与公开募捐不同，慈善组织自登记之日起就可以开展定向募捐，可谓慈善组织与生俱来的权利。募捐之于慈善组织的意义，是不言而喻的。慈善组织实施慈善项目，离不开必要的人力、物力、财力，人力一部分可以通过志愿者来补充，物力、财力则要求慈善组织必须拥有相应的慈善财产。而对于大部分慈善组织来说，创立之初是最困难的时期，缺乏维持慈善组织持续发展的资金来源，有必要赋予其募捐资格。但考虑到慈善组织刚刚登记成立，尚没有建立较好的社会信誉，社会公众对其也并不了解，允许其公开募捐，有可能出现骗捐、诈捐、违规使用慈善财产等违法行为，影响整个慈善行业的声誉和捐赠人的信心。在立法过程中，为平衡慈善组织持续发展的需求和社会公众对慈善事业的信心，最终，慈善法作出本条第一款的规定，允许慈善组织自登记之日起开展定向募捐。

根据本条第二款的规定，慈善组织开展定向募捐，应当符合以下三个方面的要求。

一是限定在特定对象范围内。公开募捐与定向募捐最大的区别就在于募捐对象是否特定。对象特定并没有数量的要求，而是指募捐对象的范围是可控的，限制在一定范围内，即慈善组织的发起人、理事会成员和会员等。

二是向募捐对象说明募捐目的。每次募捐活动都应当有明确的目的，募捐目的是吸引募捐对象捐赠财物的重要依据，慈善组织应当作出详细阐释。至于募捐目的具体为何，慈善法没有限制，只要符合慈善法第三条规定以及慈善组织章程规定的慈善宗旨即可。

三是向募捐对象说明募得款物用途等。定向募捐结束后，慈善组织有义务及时向募捐对象公开相应信息，包括但不限于募捐情况、募得款物用途、慈善项目开展情况、项目评估情况等。慈善组织没有及时向募捐对象公开这些信息的，募捐对象有权利要求其作出说明。

第三十条 开展定向募捐，不得采取或者变相采取本法第二十三条规定的方式。

◆ 解读与适用

本条是关于定向募捐的禁止性规定。

慈善法将慈善募捐分为公开募捐和定向募捐，二者的最大差异在于募捐对象是否特定，这一点又决定了募捐方式上的不同。慈善法第二十三条规定的募捐方式包括：在公共场所设置募捐箱；举办面向社会公众的义演、义赛、义卖、义展、义拍、慈善晚会；通过广播、电视、报刊、互联网等媒体发布募捐信息。这些募捐方式的受众都是不特定的社会公众，只有具有公开募捐资格的慈善组织才能采取这种方式。慈善组织开展定向募捐，若采用这些面向社会公众的募捐方式，则完全抹杀了两种募捐形式的差别，违背了慈善法赋予慈善组织定向募捐权利的立法本意。

第三十一条 开展募捐活动，应当尊重和维护募捐对象的合法权益，保障募捐对象的知情权，不得通过虚构事实等方式欺骗、诱导募捐对象实施捐赠。

◆ 解读与适用

本条是关于开展募捐活动应当尊重和维护募捐对象合法权益的规定。

慈善组织开展募捐活动，应当遵守一定的规范，处理好与募捐对象的关系。根据本条规定，至少应当做到以下三个方面。

一是尊重和维护募捐对象的合法权益。本法第四条规定，开展慈善活动，应当遵循合法、自愿、诚信、非营利的原则。募捐对象的合法权益受法律保护，捐赠人要求慈善组织对其个人信息予以保密的，除法律另有规定外，慈善组织应当尊重捐赠人的意愿；捐赠人要求签订书面捐赠协议的，慈善组织应当签订。

二是保障募捐对象的知情权。知情权的本质是获取信息，以帮助募捐对象决定是否进行捐赠。捐赠人在捐赠前，有权了解慈善组织的基本信息、是否取得公开募捐资格证书、慈善项目的受益人、募得款物用途、募捐成本等相关信息，慈善组织应当提供。慈善组织信息提供得越充分，越能体现对募捐对象的尊重，越能建立与募捐对象的信任关系，越能帮助募捐对象很好地决策，对募捐活动也将大有裨益。

三是不得欺骗、诱导募捐对象。慈善活动的基本要义是自愿，任何违反自愿原则强迫、欺骗他人从事捐赠的行为，都是违法的，必将危及慈善事业的长期发展。采取欺骗、诱导等手段骗取捐赠，是典型的一锤子买卖，破坏了慈善发展所需要的信任基础。这要求慈善组织的信息公开应当做到真实、完整、及时，不得以虚构或者隐瞒事实的方式欺骗募捐对象，不得以夸大慈善项目实施效果、允诺不正当回报等方式诱导募捐对象实施捐赠。

慈善组织要发展，慈善事业要发展，都必须从募捐市场获得持续稳定的慈善资源，必须依法依规地维护好与募捐对象之间的良好关系，以实际行动赢得募捐对象的信任，这将有利于提高慈善组织的公信力，促进慈善事业持续健康发展。

第三十二条 开展募捐活动，不得摊派或者变相摊派，不得妨碍公共秩序、企业生产经营和居民生活。

◆ **解读与适用**

本条是关于开展募捐活动禁止性的规定。

改革开放以来，我国慈善事业取得长足发展，近年来社会捐赠总额总体稳步增长，但我国募捐市场发展还不成熟，摊派、变相摊派、劝捐、索捐等现象屡屡发生，一些有官方背景的慈善组织依靠行政权力强行索捐，有些地方以政府红头文件、内部通知的形式下达捐款指标，要求辖区内企业、公务员、教师捐款，有些单位按照行政职级硬性规定捐款数额，有的单位直接从工资中划扣等，有些慈善组织未经公共场所管理者的同意擅自开展募捐活动，有的频繁拨打居民电话劝其捐赠，不一而足。从短期看，这些手段确实增加了捐赠数额，表面上繁荣了募捐市场，但从长期看，破坏了募捐市场的秩序，损害了慈善组织的公信力，必将严重阻碍慈善事业健康持续发展。据此，本条对慈善组织开展募捐活动作出了禁止性规定，即不得摊派或者变相摊派，不得妨碍公共秩序、企业生产经营和居民生活。

摊派或者变相摊派等索捐行为违反开展慈善活动必须遵循的自愿原则。不少文章已经从哲学、社会学等角度对自愿与慈善发展的关系进行了阐述，认为慈善捐赠的最本质特征就是自愿性。在法学语境中，"自愿"就是在不违反法律规定的前提下，凭借主体的内心自由决定从事或者不从事某种行为。这一原则在募捐与捐赠活动中至少表现在"捐不捐""向谁捐""捐多少"三个方面，都应当由捐赠人自主决定。决定是否捐赠、捐赠金额的因素有很多，如捐赠人的慈善观、慈善项目是否符合捐赠人的慈善理念、慈善组织的公信力、捐赠人的经济能力等。因此，任何以行政权力、道德绑架为手段的摊派或者变相摊派，都是严重违背自愿原则的。

培育和繁荣募捐市场是一个长期发展的过程，不是一蹴而就的，慈善组织应当着力提高行业公信力，加强信息公开，努力把每一个慈善项目做好做精；政府部门应当加强对慈善事业的监督管理，严肃处理每一起违法违规行为，创造条件引导社会公众参与慈善，培育公民慈善理念。行政机关应当从自我做起，从根本上杜绝摊派或者变相摊派的违法行为。

第三十三条 禁止任何组织或者个人假借慈善名义或者假冒慈善组织开展募捐活动，骗取财产。

◆ 解读与适用

本条是关于禁止假借慈善名义或者假冒慈善组织开展募捐的规定。

我们身处一个信息爆炸的时代，信息传播的速度之快给我们的生活带来了便捷，但同时大量信息真伪难辨，在慈善领域也是如此。我们每天浏览网页、报纸，打开手机，都能看到各种求助信息，在各种网络平台中，随意输入"求助捐款"关键词，满屏都是求助信息，其中夹杂着不少虚假信息，有些信息甚至经过网络推手的精心包装，假借慈善名义骗取钱财，一般公众难以识破，近年来这样的事例不胜枚举。

社会公众对骗子骗取钱财深恶痛绝，对打着慈善名号或者假冒慈善组织骗取财产的行为更是无法容忍，因为其不仅骗取了钱财，更是亵渎了公众的爱心。因此，本条特别规定："禁止任何组织或者个人假借慈善名义或者假冒慈善组织开展募捐活动，骗取财产。"相应地，本法第一百一十三条规定了法律责任："自然人、法人或者非法人组织假借慈善名义或者假冒慈善组织骗取财产的，由公安机关依法查处。"可见立法者对打击诈捐行为的态度和决心。

第四章 慈善捐赠

第三十四条 本法所称慈善捐赠，是指自然人、法人和非法人组织基于慈善目的，自愿、无偿赠与财产的活动。

◆ **解读与适用**

本条是关于慈善捐赠含义的规定。

一、慈善捐赠的概念和特征

根据本条的规定，慈善捐赠是指自然人、法人和非法人组织基于慈善目的，自愿、无偿赠与财产的活动。其特性有三：一是自愿性，慈善捐赠是一种高尚的道德行为，对于慈善捐赠不能采取强制措施和义务导向。政府可以号召、鼓励、引导，但是不能硬性摊派，如果运用行政权力去推动捐赠，就会破坏慈善生态。有些地方在开展"慈善一日捐"时，通过红头文件规定捐赠标准，对公职人员提出了所谓"建议捐赠的最低标准"，是违反慈善本意的，也违反了慈善法的要求。二是无偿性，慈善捐赠是无对价的，这和买卖、销售行为形成了鲜明对比。当然，无偿性并不意味着捐赠者没有任何动机和要求。三是捐赠财物必须用于慈善事业，这是慈善捐赠与一般的民事赠与行为的本质区别。根据学术界关于"三次分配"的说法，慈善捐赠作为社会资源的第三次分配形式，有利于优化资源配置、调节贫富分化程度、促进社会良性运行与整体和谐，具有市场机制和政府调节所无法取代的功能。

需要提及的是，在法律起草过程中，也有人主张将为了慈善无偿提供劳务的行为视作慈善捐赠，因为劳务本身也是有价值有成本的，一般情况下可以合理价值换算或者统计。但是，考虑到捐赠劳务与捐赠财产存在较大区别，慈善法对捐赠劳务的行为另行作了规定，对慈善捐赠从狭义上作了界定，仅指自愿、无偿赠与财产的行为。

二、慈善捐赠与民事赠与的区别

慈善捐赠与民事赠与有诸多相似之处，但也存在明显区别。我们一般从民法典关于赠与合同的规定来理解民事赠与。民法典第六百五十七条规定："赠与合同是赠与人将自己的财产无偿给予受赠人，受赠人表示接受赠与的合同。"从慈善法关于慈善捐赠的规定和民法典关于赠与合同的规定可以看出，民事赠与与慈善捐赠存在以下区别：（1）民事赠与的受赠人一般就是受益人，而慈善捐赠未必。慈善捐赠可能仅仅是将财产捐赠给某一慈善组织，在捐赠时，甚至不知谁是最终的受益人。（2）目的和用途不同。慈善捐赠的财物必须用于慈善事业，也就是说，用途应当符合慈善法第三条规定。但民事赠与可能完全用于私人目的，而非公益事业。（3）在受赠人方面，慈善捐赠者对受益人不负有法定救助义务，而民事赠与没有这一要求。（4）在优惠政策方面，慈善捐赠者一般可以依法享受税收等方面的优惠政策，在其遇到困难时还可以获得优先帮助，而民事赠与者一般不享受税收等方面的优惠政策。

第三十五条 捐赠人可以通过慈善组织捐赠，也可以直接向受益人捐赠。

◆ **解读与适用**

本条是关于慈善捐赠方式的规定。

依据本条规定，是否通过慈善组织捐赠财产，不是判定慈善捐赠的标准，只要是基于慈善目的，并符合法律规定的其他条件，无论是通过慈善组织捐赠财物，还是直接向受益人捐赠财物，都是慈善捐赠。

在法律起草过程中，一些实务部门的同志曾经提出，直接向受益人的捐赠，实践中难以进行科学统计，也难以依法进行监管，因此，慈善法中规定的"慈善捐赠"，最好限于向慈善组织的捐赠，对于直接向受益人捐赠财物的行为，实践中可以依照民法典来调整，慈善法可不作规定。不过，许多人对此持不同意见，认为慈善捐赠并不需要多么"高大上"，不一定非要经由慈善组织，只要是基于慈善目的，自愿、无偿赠与财产的行为都应当被视为慈善捐赠。实践中大量慈善捐赠直接指向了受益人，如果将这些行为排除在法律之外，将不利于鼓励公众基于慈善目的捐赠财产，不利于慈善事业发展壮大。立法者在统筹考虑各方意见的基础上，将直接向受益人实施的捐赠纳入慈善法，赋予其法律地位，扩大了"慈善捐赠"的内涵和外延，对于促进慈善事业发展是有积极意义的。

不过，由于直接受益人可能无法获得财政部门印制的正式捐赠票据，因此，向他们的捐赠可能无法获得税收优惠，受益人如果不按捐赠人意愿来处置捐赠财物，更多的需要依照民法典等法律来调整。这一点也需要引起注意。

第三十六条 捐赠人捐赠的财产应当是其有权处分的合法财产。捐赠财产包括货币、实物、房屋、有价证券、股权、知识产权等有形和无形财产。

捐赠人捐赠的实物应当具有使用价值，符合安全、卫生、环保等标准。

捐赠人捐赠本企业产品的，应当依法承担产品质量责任和义务。

◆ **解读与适用**

本条是关于捐赠财产要求的规定。

法律从四个方面对捐赠人捐赠的财产提出了要求。

第一，应当是其有权处分的财产。也就是说，捐赠人对捐赠的财产有处分权。这就意味着，如果没有处分权，其捐赠是无效的。例如，张某出国学习两年，将其一辆轿车临时给其朋友李某使用，李某在经张某同意前，不能将其使用的这辆轿车捐赠。又如，王某是一家股份公司的执行总经理，按公司章程，对公司财产的处分需要经过董事会成员半数以上同意，在经董事会同意前，王某无权决定将公司财物捐赠。再如，杨某在路上捡到一块手表，他也无权直接将手表捐赠，因为他不具有处分权。

第二，捐赠的财产必须是合法财产。这就意味着，将以非法方式取得的财产捐赠需由捐赠者承担。

第三，捐赠的实物应当具有使用价值，符合安全、卫生、环保等标准。没有使用价值的财产，不能捐赠，对于有国家标准或者行业标准的，不符合相应标准的物品也不能捐赠。例如，目前药品捐赠量较大，但如果捐赠的药品不符合国家强制性标准或者不符合相应的规范，是不能捐赠的。

第四，如果捐赠人捐赠本企业产品，应当依法承担产品质量责任和义务。这就意味着，捐赠人需要对捐赠的产品质量负责。依据产品质量安全法，销售或者捐赠的产品质量应当检验合格，不得以不合格产品冒充合格产品。对于可能危及人体健康和人身、财产安全的工业产品，必须符合保障人体健康和人身、财产安全的国家标准、行业标准；未制定国家标准、行业标准的，必须符合保障人体健康和人身、财产安全的要求。依据法律规定，禁止生产、销售不符合保障人体健康和人身、财产安全的标准和要求的工业产品，也不允许捐赠不符合保障人体健康和人身、财产安全的标准和要求的工业产品。如果捐赠的是农产品，还应当依据农产品质量安全法的要求，按照规定应当包装或者附加标识的，须经包装或者附加标识后方可捐赠。包装物或者标识上应当按照规定标明产品的品名、产地、生产者、生产日期、保质期、产品质量等级等内容；使用添加剂的，还应当按照规定标明添加剂的名称。

值得关注的是，在草案二审稿中，此项要求曾表述为"如果捐赠人捐赠本企业产品，应当提供产品合格证书或者质量检验证书"。在提交审议时，有人提出，产品合格证书或者质量检验证书难以起到保证产品质量的作用，建议进一步明确责任，因为实践中，有的企业"提供了产品合格证书或者质量检验证书"，却仍然不能从根本上保证捐赠产品的质量。只有让捐赠者"依法承担产品质量责任和义务"，才会避免出现少数不良商家捐赠即将过期产品、效果不佳产品等现象。这一建议最终被采纳。

本条同时对捐赠财产的形式作出了规定。根据本条的规定，捐赠人捐赠的财产形式是多样的，可以是货币，也可以是实物，还可以是有价证券、股权、知识产权等；可以是有形财产，也可以是无形财产。从近年来国内捐赠的情况看，现金和有价证券捐赠仍占较大比例。

第三十七条 自然人、法人和非法人组织开展演出、比赛、销售、拍卖等经营性活动，承诺将全部或者部分所得用于慈善目的的，应当在举办活动前与慈善组织或者其他接受捐赠的人签订捐赠协议，活动结束后按照捐赠协议履行捐赠义务，并将捐赠情况向社会公开。

◆ 解读与适用

本条是关于经营性活动捐赠的规定。

在实践中，经常有在经营性活动中承诺捐赠的行为，即自然人、法人和非法人组织在开展演出、比赛、销售、拍卖等经营性活动时，承诺将全部或部分所得捐赠出来，用于慈善事业。这种行为一方面可以视为一种促销行为，因为借助慈善的品牌和名义，可以提高经营性活动的效果；另一方面也可以增加慈善活动的资金，对发展慈善事业有益。因此，如果此类活动规范有序，依法依规而行，可以成为"双赢"的事情。例如，2001年，某企业和北京奥申委联合推出第一个"一分钱"行动："再小的力量也是一种支持。从现在起，买一份产品，你就为申奥捐出一分钱。"伴随着在电视台播放的"一分钱"广告中运动员那颇具亲和力的笑脸，以及某企业倡导的这种"聚沙成塔"的宣传理念，全民支持申奥的主题进一步深入人心。最后，该企业共捐出了500万元人民币，不仅支持了奥运会申办，而且取得了良好的社会效益，该事件还被评为2001年十大成功营销案例。该企业后来推出的"一分钱"阳光工程、支持中国贫困地区学校基础体育建设、支持中国体育事业等慈善活动，也都取得了较好的社会效果。

但是，经营性活动中的捐赠行为也存在诸多问题，在慈善法起草过程中，如何鼓励和支持捐赠，同时又避免假借慈善名义搞推销，成为立法者重点关注的问题之一。依据慈善法的规定，自然人、法人和非法人组织在开展演出、比赛、销售、拍卖等经营性活动时，承诺将全部或部分所得捐赠出来，用于慈善活动的，需要遵循以下三个要求。

第一，应当在活动前与慈善组织或者其他接受捐赠的人签订捐赠协议。在演出、比赛、销售、拍卖等经营性活动开展前，捐赠人要和接受捐赠者签订捐赠协议。接受捐赠的可以是慈善组织，也可以是非法人组织或者自然人。但如果不是慈善组织或者其他符合条件的组织，捐赠者可能无法获得捐赠票据，也因此无法享受税收等方面的优惠。

第二，活动结束后要按照捐赠协议实施捐赠。在演出、比赛、销售、拍卖等经营性活动结束后，捐赠者应当按照事前签订的捐赠协议，在规定的时间内，将承诺捐赠的所得或者收入捐赠给有关的慈善组织或者受赠人。

第三，捐赠情况要向社会公开。捐赠活动结束后，捐赠人应当将捐赠情况向社会公开，社会公众也可以查询具体的捐赠结果，对于符合法律规定的查询要求，捐赠者和接受捐赠者都有义务公开。

慈善法的这一条规定，既鼓励和支持以多种方式捐赠慈善事业，又从法律上堵塞了经营性活动中可能出现虚捐、假捐、诈捐的"旁门左道"，减少了经营性捐赠中可能出现的争议，有着重要的现实意义。

第三十八条 慈善组织接受捐赠，应当向捐赠人开具由财政部门统一监（印）制的捐赠票据。捐赠票据应当载明捐赠人、捐赠财产的种类及数量、慈善组织名称和经办人姓名、票据日期等。捐赠人匿名或者放弃接受捐赠票据的，慈善组织应当做好相关记录。

◆ **解读与适用**

本条是关于慈善组织接受捐赠时开具捐赠票据的规定。

在许多地方，慈善组织都是接受慈善捐赠的最主要的主体，慈善法对慈善组织接受捐赠的一项重要的要求，就是应当向捐赠人开具由财政部门统一监（印）制的捐赠票据。

2024年1月，财政部印发的《公益事业捐赠票据使用管理办法》规定

(以下简称《办法》），根据该办法，捐赠票据是指县级以上人民政府及其部门、公益性事业单位、公益性社会组织（以下统称公益性单位）按照自愿、无偿原则，依法接受用于公益事业的捐赠财物时，向提供捐赠的自然人、法人和其他组织开具的凭证。捐赠票据是会计核算的原始凭证，包括电子和纸质两种形式，也可作为捐赠人对外捐赠并根据国家有关规定申请捐赠款项税前扣除的有效凭证。

1. 关于电子捐赠票据。该办法要求各级财政部门积极推广运用公益事业捐赠电子票据，实现电子开票、自动核销、全程跟踪、源头控制。近年来，随着网络捐赠的兴起，开具发票的需求量也变得越来越多，而以往开具捐赠票据需要捐赠人向慈善组织提出申请，慈善组织财务人员进行审核，再将纸质票据邮寄给捐赠人，对于小额捐赠，其票据成本、邮寄成本、人力成本经常难以覆盖捐赠金额，而且效率低下，过程漫长，捐赠人体验不佳，慈善组织负担较重。随着各地财政部门信息化建设不断的深入，部分地区的非税收入管理平台已经实现了和公益性社会组织、公益性事业单位的对接，可以在线开具公益事业捐赠统一票据（电子），实现了无纸化票据，捐赠人可以在完成捐赠支付后，第一时间获得电子捐赠票据。同时，捐赠人可以在个人所得税综合所得年度汇算时，通过"个人所得税"应用程序（APP）填写票据凭证号等相关信息，在线完成税前扣除申报，以获得个税抵扣。

2. 捐赠票据的适用范围。下列按照自愿和无偿原则依法接受捐赠的行为，应当开具公益事业捐赠票据：一是县级以上人民政府及其部门在发生自然灾害时或者应捐赠人要求接受的捐赠。人民政府及其部门不是慈善募捐主体，不能开展公开募捐，但可以在发生自然灾害或捐赠人主动捐赠时接受慈善财产并开具捐赠票据。二是公益性事业单位如公立医院、公立学校、公立养老机构、公立博物馆等，接受用于公益事业的捐赠。三是公益性社会组织，包括依法设立或登记并按规定条件和程序取得公益性捐赠税前扣除资格的慈善组织、其他社会组织和群众团体，接受用于公益事业的捐赠；四是兜底条款，指财政部门认定的其他可以使用公益事业捐赠票据的行为。同时该办法明确了公益性单位以捐赠名义从事营利活动或与出资人利益相关的行为，以及集资、摊派、筹资、赞助等行为，不得使用公益事业捐赠票据。意味着慈善组织接受捐赠开具票据，如被财政部门认定为存在逼捐、摊派情形，存在商业营利行为，存在与捐赠人的利益关系，财政部门将不予核准。

3. 捐赠票据的领用。由财政部或省、自治区、直辖市人民政府财政部门统一印制，并套印全国统一式样的财政票据监制章。只有独立核算、会计制度健全的公益性单位才可以向同级财政部门领购。依据慈善法的规定，慈善组织向捐赠人开具的捐赠票据必须是从财政部门领取的统一监（印）制的捐赠票据，不能以本组织的收据和其他票据代替。捐赠票据应当载明捐赠人、捐赠财产的种类及数量、慈善组织名称和经办人姓名、票据日期等。捐赠人匿名或者放弃接受捐赠票据的，慈善组织还应当做好相关记录，对接受捐的日期、捐赠财产的数量、经办人等详细记载，以备查询。

该办法还对捐赠票据的使用管理、核销、销毁、监督检查等作出了规定，如公益性单位接受用于公益事业的捐赠财物时，应当向捐赠人开具公益事业捐赠票据，如果捐赠人提出不需要票据，或者金额过小难以逐一开具票据，慈善组织也要开出票据或者合并开出票据留存。再如，"公益性单位应当妥善保管已开具的公益事业捐赠纸质票据存根，票据存根保存期限一般为5年"，明确了纸质票据的保存期限。慈善组织应当根据慈善法和该办法，建立、完善捐赠票据管理制度，设置管理台账，设立专人管理，便于慈善组织内部治理，社会公众查询，以及主管部门、登记机关和财政部门监督管理。

第三十九条 慈善组织接受捐赠，捐赠人要求签订书面捐赠协议的，慈善组织应当与捐赠人签订书面捐赠协议。

书面捐赠协议包括捐赠人和慈善组织名称，捐赠财产的种类、数量、质量、用途、交付时间等内容。

◆ 解读与适用

本条是关于慈善组织接受捐赠时签订书面捐赠协议的规定。

依照本条要求，捐赠人要求签订书面捐赠协议的，慈善组织应当与捐赠人签订书面捐赠协议。这是法律对慈善组织提出的一项义务。同时，也是法律赋予捐赠人的权利，捐赠人有权要求与慈善组织签订书面捐赠协议，而不论其捐赠数额大小。此条规定对于保护捐赠人的捐赠热情，保障捐赠人合法权益，方便捐赠人监督慈善组织管理使用捐赠财产，增强慈善组织管好用好慈善财产的责任感，都具有积极意义。

在法律起草过程中，许多人曾建议，法律应当对数额较大的捐赠作出强制性签订捐赠协议的规定，数额较小的捐赠，如果当事人提出要求，也需要签订捐赠协议。比如，草案二审稿就曾规定："慈善组织接受数额较大的捐赠，应当与捐赠人签订书面捐赠协议，但捐赠人表示不签订的除外；慈善组织接受数额较小的捐赠，捐赠人要求签订书面捐赠协议的，慈善组织应当与捐赠人签订书面捐赠协议。"不过，在征求意见和审议过程中，也有不少人提出，关于何谓"数额较大的捐赠"和"数额较小的捐赠"，对不同地区、不同的慈善组织来说，可能会有不同认识，也难以制定统一的标准，甚至有的捐赠物品的价值在实践中难以准确估价，因而建议将是否签订书面协议的权利完全交由捐赠人，最后采纳了这一建议。

依据慈善法的规定，慈善组织与捐赠人签订的书面捐赠协议，要包括捐赠人和慈善组织名称，捐赠财产的种类、数量、质量、用途、交付时间等内容。除此之外，捐赠协议还可以包括双方协商一致的其他内容，如争议解决办法、免责条款、违约责任等。

第四十条 捐赠人与慈善组织约定捐赠财产的用途和受益人时，不得指定或者变相指定捐赠人的利害关系人作为受益人。

任何组织和个人不得利用慈善捐赠违反法律规定宣传烟草制品，不得利用慈善捐赠以任何方式宣传法律禁止宣传的产品和事项。

◆ 解读与适用

本条是关于捐赠人义务的规定。

为了保证慈善捐赠的公益属性，避免捐赠人假借慈善名义牟取私利，慈善法在本条中对捐赠人提出了两项具体要求：一是不得指定或者变相指定捐赠人的利害关系人作为受益人；二是不得利用慈善捐赠违反法律规定宣传烟草制品，不得利用慈善捐赠以任何方式宣传法律禁止宣传的产品和事项。

我们在调研中曾发现，在许多地方，慈善组织接受的捐赠中，超过80%的捐赠都是定向捐赠，即捐赠者在捐赠时就已明确了受益对象或者捐赠款物使用方向。原则上，法律对此是不禁止的。但是，实践中也存在一些非正常现象，比如，某企业向当地红十字会捐款50万元，但要求将这50万元定向用于救助本企业的困难职工及其家属；某企业老板向慈善组织捐赠一批医疗设备，但要求慈善组织将这批设备转赠给自己亲属经营的民营医院。对于此类捐赠，有的慈善组织感觉不好把握，不知是否应当接受捐赠，慈善法对此给出了明确的答案。捐赠人与慈善组织约定捐赠财产的用途和受益人时，不得指定或者变相指定捐赠人的利害关系人作为受益人。捐赠人违反这一规定的，慈善组织有权拒绝。

法律之所以规定不得指定或者变相指定捐赠人的利害关系人作为受益人，主要基于两个方面的考虑：第一，慈善捐赠本身应当是一种公益活动，而指定与自己有利害关系的人作为受益人，实际上就成为"私益"行为了，这和慈善的公益属性相悖。第二，依据我国法律法规，公益性的捐赠可以依法享受税收等方面的优惠政策，如果某一捐赠既享受了国家的税收优惠政策，又使其利害关系人受益，就可能形成事实上的骗税行为。

新修正的慈善法在本条增加了不得"变相指定捐赠人的利害关系人作为受益人"，这一变动是为了杜绝个别捐赠人通过慈善捐赠，利用关联交易或者间接的利害关系牟取私利情形的发生。常见的"变相指定"一般有三种情形：一是利用执行方变相指定，捐赠企业与慈善组织签订捐赠协议，没有指定执行方和受益人，但通过所谓"捐赠人意愿"影响慈善组织，将项目委托给与其有关联的企业或社会组织执行，使其指定的受益人受益。比如，某医疗器械企业捐赠给慈善组织开展医疗研究项目，要求慈善组织重点在某地区的某医院开展项目，但该医院和捐赠企业有长期合作关系。二是通过参与制定受益人选择标准和程序变相指定，捐赠人与慈善组织共同制定受益人选择标准，通过捐赠人的影响力将受益人选择标准按照指定受益人的情况"量身定制",从而实现目的。比如,某基金会接受企业捐赠,开展快递员大病救助项目,在制定受益人选择标准时,捐赠企业对于快递员的基本情况进行了严格限定,使最终受益人多数为与本企业签约的快递员。三是通过复杂的关联关系变相指定。例如,甲基金会捐赠给乙基金会开展课题研究,乙基金会将课题委托给自己发起的一家社会服务机构,该社会服务机构再委托给某高校研究团队,高校研究团队聘用专家,其中有若干甲基金会的工作人员。此类"变相指定"较为复杂,有一定的隐蔽性,需要慈善组织秉持公益性原则,一方面参照本条以及其他有关法律法规建立"接收捐赠管理制度",结合慈善组织自身情况对接收捐赠的基本原则,捐赠人"利害关系人"概念,接收捐赠的审核方式、审核程序、接收流程、具体要求、法律责任等,从制度上避免漏洞;另一方面应加强捐赠伦理以及法律法规的学习,提升员工的规范意识,对于另有目的的捐赠人加以规劝、引导,如发现确实违背慈善法、违反公益性的情形,应拒绝该笔慈善捐赠。

为落实我国的控烟目标,避免利用慈善捐赠将烟草营销宣传合法化,慈善法对利用慈善捐赠违反法律规定宣传烟草制品事项作出了专门规定。慈善法作出这一规定,主要目的在于落实联合国《烟草控制框架公约》的规定。对烟草的广告宣传早已为我国法律所禁止,广告法规定,禁止在大众传播媒介或者公共场所、公共交通工具、户外发布烟草广告;禁止向未成年人发送任何形式的烟草广告;禁止利用其他商品或者服务的广告、公益广告,宣传烟草制品名称、商标、包装、装潢以及类似内容。广告法还要求,烟草制品生产者或者销售者发布的迁址、更名、招聘等启事中,不得含有烟草制品名称、商标、包装、装潢以及类似内容。慈善法明确禁止利用慈善捐赠,违反法律规定宣传烟草制品,是对广告法有关规定的衔接和补充,也是积极履行《烟草控制框架公约》规定义务的体现。

《烟草控制框架公约》确定的两项重要原则是:禁止在公共场所、公共交通工具、室内工作场所、教育机构、卫生保健设施、向儿童提供服务的场所吸烟;全面禁止烟草广告、促销和赞助。《烟草控制框架公约》在我国生效已近10年,国际社会一直以来督促我国全面履约,要求我们在制定和修订相关法律时将公约的有关规定转化为国内法。因此,社会各界不断呼吁，法律中应当明确规定，不仅要全面禁止所有的烟草广告，而且要禁止促销和赞助，这样有利于保护青少年身心健康。需要说明的是，《烟草控制框架公约》禁止的"烟草赞助"是指，目的、效果或可能的效果在于直接或间接地推销烟草制品或促进烟草使用的，对任何事件、活动或个人的任何形式的捐助。这一定义并没有绝对禁止烟草赞助，而是禁止烟草制品的生产者和销售者打着赞助的名义推销烟草制品。换句话说，如果不禁止烟草制品在慈善捐赠过程中的宣传，慈善捐赠将可能成为烟草及其制品宣传的重要渠道，这不仅不利于我国控烟工作的开展，也可能对《烟草控制框架公约》在我国的实施产生负面影响。

在立法过程中，有人主张应当全面禁止烟草捐赠和赞助行为。但是，各方未能就此达成共识，而且禁止烟草行业履行一些社会责任，也并非国际通行做法。因此，慈善法没有禁止烟草制品的生产者和销售者进行慈善捐赠，但明确规定"任何组织和个人不得利用慈善捐赠违反法律规定宣传烟草制品"。

另外，慈善法第四十条第二款还规定，任何组织和个人不得利用慈善捐赠以任何方式宣传法律禁止宣传的产品和事项。这意味着，不仅烟草制品，其他法律禁止宣传的产品和事项，也不能利用慈善捐赠进行宣传。

第四十一条 捐赠人应当按照捐赠协议履行捐赠义务。捐赠人违反捐赠协议逾期未交付捐赠财产，有下列情形之一的，慈善组织或者其他接受捐赠的人可以要求交付；捐赠人拒不交付的，慈善组织和其他接受捐赠的人可以依法向人民法院申请支付令或者提起诉讼：

（一）捐赠人通过广播、电视、报刊、互联网等媒体公开承诺捐赠的；

（二）捐赠财产用于本法第三条第一项至第三项规定的慈善活动，并签订书面捐赠协议的。

捐赠人公开承诺捐赠或者签订书面捐赠协议后经济状况显著恶化，严重影响其生产经营或者家庭生活的，经向公开承诺捐赠地或者书面捐赠协议签订地的县级以上人民政府民政部门报告并向社会公开说明情况后，可以不再履行捐赠义务。

◆ **解读与适用**

本条是关于捐赠人履行捐赠承诺的规定。

最近几年，诺而不捐的现象在一些地方时有发生，比如，有的企业在慈善晚会上公开宣布将向灾区捐款1000万元，有的企业老板宣布为灾区援建多所学校，但时隔一年多都没有任何具体行动，这引发了社会各界广泛质疑，也给慈善事业发展造成了负面影响。为了避免类似情况发生，本条第一款规定："捐赠人应当按照捐赠协议履行捐赠义务。捐赠人违反捐赠协议逾期未交付捐赠财产，有下列情形之一的，慈善组织或者其他接受捐赠的人可以要求交付；捐赠人拒不交付的，慈善组织和其他接受捐赠的人可以依法向人民法院申请支付令或者提起诉讼：（一）捐赠人通过广播、电视、报刊、互联网等媒体公开承诺捐赠的；（二）捐赠财产用于本法第三条第一项至第三项规定的慈善活动，并签订书面捐赠协议的。"慈善法第三条第一项至第三项规定的慈善活动包括：扶贫、济困；扶老、救孤、恤病、助残、优抚；救助自然灾害、事故灾难和公共卫生事件等突发事件造成的损害。

"捐赠人应当按照捐赠协议履行捐赠义务"，这是对捐赠人的一项原则性要求。诚信是慈善法第四条规定的开展慈善活动应当遵循的四项原则之一。捐赠人既然已经通过媒体公开承诺捐赠或者签订了捐赠协议，就应当言而有信，履行捐赠义务，不能随意变更、撤销，诺而不捐。捐赠人违反捐赠协议逾期未交付捐赠财产，有本条第一款规定的两种情形之一的，慈善组织或者其他接受捐赠的人有权要求交付；捐赠人拒不交付的，慈善组织或者其他接受捐赠的人可以依法向人民法院申请支付令或者提起诉讼。

对于强制履行捐赠义务的规定，在立法过程中是有争议的：有的人提出，捐赠行为是单方法律行为，法律关系以物的交付为成立要件，物在交付之前，法律关系都不成立，强制要求承诺捐赠者履行义务与民法基本原理不符，建议对承诺后不履行的情况，通过当初公布于众的方式再向社会公开，把原来获得的美誉"擦拭"掉就可以。但也有人持完全相反的意见，认为需要进一步扩大强制履行捐赠义务的范围，避免有人钻空子，打着慈善旗号为自己谋私利。这一争议贯穿立法工作始终。

立法者综合考虑各方面意见，本着既要讲诚信，又要从实际出发的精神，一方面，将"按照捐赠协议履行捐赠义务"作为对捐赠人的原则要求；另一方面，又充分考虑到现实中确有承诺捐赠以后经济状况显著恶化的情况，作出例外的规定。本条第二款规定："捐赠人公开承诺捐赠或者签订书面捐赠协议后经济状况显著恶化，严重影响其生产经营或者家庭生活的，经向公开承诺捐赠地或者书面捐赠协议签订地的县级以上人民政府民政部门报告并向社会公开说明情况后，可以不再履行捐赠义务。"这样规定很好地体现了实事求是的原则，更加"人性化"，从长远看，也有利于鼓励人们积极捐赠，投身慈善事业。

第四十二条 捐赠人有权查询、复制其捐赠财产管理使用的有关资料，慈善组织应当及时主动向捐赠人反馈有关情况。

慈善组织违反捐赠协议约定的用途，滥用捐赠财产的，捐赠人有权要求其改正；拒不改正的，捐赠人可以向县级以上人民政府民政部门投诉、举报或者向人民法院提起诉讼。

◆ 解读与适用

本条是关于捐赠人监督权利的规定。

对慈善事业的促进和激励，很大程度上是通过对捐赠人权利的保护来实现的。为确保捐赠人的爱心不被伤害和滥用，慈善法明确赋予了捐赠人对捐赠财产的监督权利。根据本条的规定，捐赠人对其捐赠财产，主要享有以下两个方面的监督权利：

第一是知情权。这是法律赋予捐赠人最重要的权利。捐赠人有权查询、复制其捐赠财产管理使用的有关资料。也就是说，捐赠人对其捐赠的财产，有权向接受捐赠的慈善组织了解管理使用情况；直接捐赠给受益人的，也可以直接向受益人了解管理使用情况。如果接受捐赠方是慈善组织，其还应当及时主动地向捐赠人反馈有关情况。慈善组织可以通过完善相关的追溯机制，如建立相关的台账或者信息跟踪系统，将有关信息主动发布，让所有捐赠人可以随时进入特定系统查询相关的最新信息，从而履行好法律规定的这一义务。

对捐赠人知情权的保障，也是对慈善组织款物使用情况进行监督的一种重要机制。比如，某位演员曾以普通捐赠者的身份向某基金会查询相关信息，发现了"报表时间穿越""信息更新不及时""捐款数目变少""孩子出院后仍然募捐"等诸多问题，倒逼某基金会进一步完善信息公开和追溯机制，也给其他慈善组织提了个醒。

第二是要求改正和投诉、起诉的权利。慈善组织违反捐赠协议约定的用途，未按捐赠协议约定管理使用捐赠财产的，捐赠人有权要求其改正，严格按照捐赠协议约定管理使用捐赠财产。对于拒不改正的，捐赠人可以向民政部门投诉、举报或者向人民法院提起诉讼。

需要指出的是，在慈善组织违约的情况下，慈善法的处理方式和民法典合同编是略有不同的：在民法典合同编中，法律赋予了当事人撤销权；而在慈善法中，法律并未赋予捐赠人撤销权，这一点区别值得关注。依照本条规定，对于捐赠人要求改正但慈善组织拒不改正的，捐赠人可以向民政部门投诉、举报，投诉、举报一般应当向该慈善组织的原登记机关提出，民政部门调查后认为投诉、举报属实的，可以依法责令相关的慈善组织按捐赠协议履行义务。当然，捐赠人也可以直接向人民法院提起诉讼，起诉一般按照民事诉讼法规定的管辖权限和程序提起。民政部门或者人民法院可以将捐赠财产转移给宗旨相同或者相近的慈善组织，以确保捐赠目的的实现，但不能变更捐赠财产的性质和用途，更不能撤销捐赠而向捐赠人返还财产。

第四十三条 国有企业实施慈善捐赠应当遵守有关国有资产管理的规定，履行批准和备案程序。

◆ 解读与适用

本条是关于国有企业慈善捐赠的特别规定。

慈善捐赠是包括国有企业在内的市场主体履行社会责任的重要形式。

与其他企业一样，国有企业合理、适度的慈善捐赠也会产生广告效应，给企业带来荣誉、声望和良好的公共关系，还可以改善企业形象，改善与顾客的关系，引发更多的社会关注，进而为企业的生产经营创造良好环境。因此，我们对国有企业的适度慈善捐赠应当持积极肯定的态度。

但是，国有企业毕竟不同于民营企业，国有企业捐赠要考虑到其产权的特殊属性，不仅需要考量并平衡多种利益诉求，更需要严格遵守国有资产的相关管理规定，坚决避免企业领导人随意处置国有资产，造成国有资产流失。其中，首先要遵守《中华人民共和国企业国有资产法》《企业国有资产监督管理暂行条例》《国务院办公厅关于加强和改进企业国有资产监督防止国有资产流失的意见》等法律、法规和规范性文件的要求。另外，实践中，不同管理部门、不同地方对国有企业捐赠可能会提出不同的要求，也需要捐赠者认真执行。比如，中央企业在捐赠时除了需要遵守国家法律法规外，还要遵守国务院国有资产监督管理委员会《关于加强中央企业对外捐赠管理有关事项的通知》要求。根据该通知，各中央企业集团总部负责制定和完善对外捐赠管理制度，对集团所属各级子企业对外捐赠行为实行统一管理，企业每年安排的对外捐赠预算支出应当经过企业董事会或类似决策机构批准同意；对外捐赠行为由集团总部统一管理，所属各级子企业未经集团总部批准或备案不得擅自对外捐赠。再比如，江苏省国资委发布的《关于加强省属企业对外捐赠管理有关事项的通知》要求，除向省委、省政府明确的定点援助地区、定点扶贫地区的捐赠事项外，省属企业及所属全资、控股子企业其他对外捐赠项目单笔超过30万元（含30万元）、年度预算累计超过60万元（含60万元），省属企业包括所属全资、控股子企业年度预算累计超过100万元（含100万元），以及对同一捐赠对象年度预算累计超过30万元（含30万元）的，应当报省国资委备案同意后才可以实施。

第五章　慈善信托

第四十四条　本法所称慈善信托属于公益信托，是指委托人基于慈善目的，依法将其财产委托给受托人，由受托人按照委托人意愿以受托人名义进行管理和处分，开展慈善活动的行为。

◆ 解读与适用

本条是关于慈善信托概念的规定。

慈善信托最早起源于13世纪英国的慈善用益制度。1601年英国颁布的《慈善用益法》是现代慈善信托的雏形。英国《2000年受托人法》第三十九条规定，慈善信托是为慈善目的而持有财产的信托。美国法律学会编纂的《信托法重述（第二版）》第三百四十八条将慈善信托定义为关于财产的信义关系，产生于一种设立信托的意图，使个人持有财产并享有衡平法上的义务，为慈善目的处分财产。从国外立法实践来看，慈善信托往往作为慈善法律制度架构中的一项重要制度而被纳入慈善法典或相应的成文法中予以规定。慈善信托通常具有设立更简便、结构更简单、运作更灵活、财产更安全等特点。

2001年颁布实施的《中华人民共和国信托法》中设有公益信托一章，对相关法律制度作了规定。但在实践中，基于制度和现实等多方面原因，公益信托的优势没有得到充分发挥。随着中国公益慈善事业的发展，发展慈善（公益）信托的土壤已经具备，社会呼声也越来越高。因此，我国慈善法将慈善信托纳入其中并单设一章，旨在在信托法规定基础上，对慈善信托制度作出进一步规定，推动慈善信托发展。

对于慈善信托设立的要求，主要体现在以下三个方面：

第一，慈善信托的设立应当基于慈善目的。那么，慈善目的应当包含哪些内容？慈善法第三条规定："本法所称慈善活动，是指自然人、法人和非法人组织以捐赠财产或者提供服务等方式，自愿开展的下列公益活动：（一）扶贫、济困；（二）扶老、救孤、恤病、助残、优抚；（三）救助自然灾害、事故灾难和公共卫生事件等突发事件造成的损害；（四）促进教育、科学、文化、卫生、体育等事业的发展；（五）防治污染和其他公害，保护和改善生态环境；（六）符合本法规定的其他公益活动。"据此，慈善信托在开展活动时应基于以上慈善目的，任何组织和个人均不得对慈善信托财产私分、截留、侵占或挪用于其他用途。而信托法第六十条规定："为了下列公共利益目的之一而设立的信托，属于公益信托：（一）救济贫困；（二）救助灾民；（三）扶助残疾人；（四）发展教育、科技、文化、艺术、体育事业；（五）发展医疗卫生事业；（六）发展环境保护事业，维护生态环境；（七）发展其他社会公益事业。"可见，慈善法第三条所列六项涉及的范围与信托法第六十条的规定基本一致，慈善法规定的慈善目的与信托法规定的公益目的也是基本一致的，慈善信托应当属于公益信托。基于慈善信托的公益慈善属性，符合条件的慈善信托，根据相应税收法律法规规定，依法享受税收优惠。

第二，慈善信托应当符合信托的基本特征。首先，信托关系中的当事人有三个，即委托人、受托人和受益人，信托的定义充分体现了委托人基于对受托人的信任而委托，受托人基于信赖、为了受益人的利益而进行管理。其次，信托财产的财产权结构与民法上的一般财产权结构不同，一般财产所有权人可以对财产进行占有、使用、处分和收益。而信托财产权的法律性质较为特殊，信托有效设立后，信托财产即从委托人的其他自有财产中分离出来，成为一项独立运作的财产，仅服务于信托目的。对委托人来说，丧失了对信托财产的权利，该信托财产不再属于其自有财产。对受托人来说，可以对信托财产进行占有、处分，但是不享有收益。对受益人来说，则取得了对信托收益的请求权。若委托人或受托机构解散、被撤销或破产，信托财产不属于其清算或破产的财产，这样就能保障受益人不因委托人、受托人破产或发生债务而失去其对该信托财产享有的权利。

第三，慈善信托的受益人是非特定的，这是慈善信托区别于私益信托的一个重要特征。通常，私益信托在设立时必须确定具体的受益人。而慈善信托的受益人则是不特定的，信托文件仅载明受益人的资格条件，由受托人或者其他信托文件授权的人根据信托文件确定的条件选择确定，而不是由委托人在信托文件中具体指定。例如，某人设立一项慈善信托，目的是资助本地区低保家庭的学生，虽然受益人的范围是确定的，但最终获得信托利益的学生并非指定的。这样规定的目的主要是防止利益输送。当然，尽管受益人是不特定的，但委托人依然可以规定或者限定受益人的人数，甚至受益人享受的信托利益的数量。

总的来说，慈善法规定的慈善信托，既不同于捐赠、财产使用等一般的慈善行为，也不同于具有法人组织形态的慈善组织。相较而言，慈善信托具有其他慈善组织形式难以比拟的制度优势。首先，慈善信托无须申请法人登记，也不需要专门的办公场所和独立的工作团队，运营成本低。其次，慈善信托财产独立性强，具有更多专业化的财产保值增值方式，更能实现捐赠人的意愿。我国的慈善事业还处于发展初始阶段，需要鼓励更多的民间力量，特别是先富群体参与进来。慈善信托会鼓励和吸引越来越多的富人做慈善。因此，在设计制度时，既设置完善、严格的慈善法人组织，又设置简便、灵活的慈善信托，就能使其各自发挥自身优势，更好地推动慈善事业发展。

慈善法实施以来，我国慈善信托从无到有，稳步发展。根据《2023年度中国慈善信托发展报告》（以下简称《报告》），截至2023年12月31日，我国慈善信托累计备案数量达1655单，累计备案规模达65.20亿元。其中，2023年新增备案454单，比2022年多增62单；新增备案规模12.77亿元，较2022年增加1.37亿元。《报告》显示，2023年我国慈善信托继续向好发展，主要表现在四个方面：

一是慈善信托发展环境不断优化。2023年3月20日，原银保监会印发的《关于规范信托公司信托业务分类的通知》为公益慈善信托的发展提供了有力支持。根据该通知，信托业务被分为公益慈善信托、资产服务信托、资产管理信托三大类。2023年12月29日，第十四届全国人民代表大会常务委员会第七次会议表决通过《关于修改〈中华人民共和国慈善法〉的决定》。慈善法的修改对社会关切的问题做出回应，就慈善信托的纯公益性、年度支出和管理费用标准、税收优惠、信息公开、监督管理等方面作了补充完善规定，将为慈善信托健康规范发展提供更加有力的法治保障。

二是慈善信托财产种类与模式取得突破。在慈善信托种类方面，2023年，非货币财产设立慈善信托取得突破性进展。2023年落地了全国首单不动产慈善信托，并进行了我国首单不动产慈善信托财产登记；同时，出现了我国首个以著作权收益权作为慈善信托财产追加进入慈善信托的创新实践。

在慈善信托模式方面，基于捐赠人建议基金（DAF）模式的慈善信托在国内实现了突破创新，国内首个基于DAF模式的慈善信托发布。中国慈善联合会慈善信托委员会负责人称，该模式的创新点之一在于捐赠人可自主在慈善项目库中筛选慈善项目，更好地体现其捐赠意愿，进一步提高公益慈善的透明度，有效提升捐赠人的参与度和积极性。

三是慈善信托目的更趋多元。2023年，慈善信托关注的慈善领域进一步拓展，首次覆盖了一些特定的细分领域和群体，主要包括：一是关注现代社区建设和发展，2023年共成立了8单此类慈善信托。二是关注单亲妈妈群体，如"中航信托·大爱悦心慈善信托"是我国首单聚焦单亲妈妈群体的慈善信托。三是关注骑手群体。2023年7月3日，"快先森骑手爱心互助慈善信托"完成备案，面向遭遇意外、疾病身故以及重大伤残、重大疾病的骑手提供资助，同时设立"骑手见义勇为奖"和"骑手安全知识学堂"。此外，2023年设立的慈善信托还关注防范非法金融风险，通过设立慈善信托，汇集社会更多资源和力量支持"防非处非"工作，助力增强公众防范非法集资意识。

四是慈善信托的社会影响显著提升。慈善信托积极开展慈善项目的资助和运作，通过因地制宜的资助方式和长期持续的项目运营，最大限度地发挥慈善信托财产的社会价值，在服务国家战略、助力乡村振兴方面取得显著成果并越发受到社会各界的关注和认可。

第四十五条 设立慈善信托、确定受托人和监察人，应当采取书面形式。受托人应当在慈善信托文件签订之日起七日内，将相关文件向受托人所在地县级以上人民政府民政部门备案。

未按照前款规定将相关文件报民政部门备案的，不享受税收优惠。

◆ 解读与适用

本条是关于慈善信托设立的规定。

一、签订信托文件

根据慈善法第四十五条第一款的规定，设立慈善信托，首先要签订信托文件。设立信托的方式主要包括合同和遗嘱。目前设立慈善信托主要采取合同的方式。委托人通过合同设立慈善信托的，应先由委托人向其信赖的受托人提出信托意向，双方达成初步合意后，签订书面的信托文件。信托文件应载明下列事项：信托目的；委托人、受托人的姓名或者名称、住所；受益人的范围或者确定受益人的方式；信托财产的范围、种类及状况；受益人取得信托利益的形式、方法。委托人根据需要确定了监察人的，也应在文件中载明。除前款所列事项外，信托文件还可以明确信托期限、信托财产的管理方法、受托人的报酬、新受托人的选任方式、信托终止事由等事项。

目前我国慈善相关法律对以遗嘱方式设立慈善信托的规范不够充分，通过遗嘱设立慈善信托会面临比较多的操作难题。

例如，在贺某与李某3等继承纠纷案[①]中，法院指出："被继承人李某5以订立遗嘱方式设定相应权利义务，并就公益基金的成立和慈善事业的投入等意愿和基本方案进行了说明，其间还提及部分需要资助的人员及方式，亦指定了相关执行人……考虑到被继承人李某5所表达的自身对于公益事业的热忱和对部分亲友的照顾关怀之意愿，案涉遗嘱内容中对遗产所作出的处理指示，实质上更符合遗嘱信托之性质。"法院认定本案成立遗嘱信托。

慈善法中没有特别提及遗嘱慈善信托。《民政部、中国银行业监督管理委员会关于做好慈善信托备案有关工作的通知》第二条、《慈善信托管理办法》第十三条和《北京市慈善信托管理办法》第七条虽然都提及了遗嘱信

---

① 北京市高级人民法院（2021）京民申5415号民事裁定书，载中国裁判文书网，https：//wenshu.court.gov.cn/website/wenshu/181107ANFZ0BXSK4/index.html?docId=4bV1bKvr1EGKThnYjhC1pOyvdhk540T7UoXXmA7EeKY9ItSiRtL0zPUKq3u+IEo4w4OaGAbnG2A8A8lfcm2NXSN05NRB6QgWvb77MR4zDn7q6TINDuWiwwXzjXoU9G6B，2024年5月10日访问。

托，但是这些法律规范都以合同方式设立信托为中心，就设立遗嘱慈善信托所要面临的特殊问题没有作出规定。

遗嘱信托不同于合同信托。委托人不需要和受托人磋商，所以缺乏委托人和受托人的磋商过程；遗嘱信托生效之时委托人已经死亡，缺乏执行信托、将信托财产转让给受托人的委托人，更缺乏委托人对受托人的监督。

遗嘱慈善信托更不同于私益信托，不存在特定的受益人，所以，信托法所规定的需要受益人参加的选任、变更和监督受托人的规则，以及追究受托人责任的规则，就根本不具有可操作性。这些因素都导致遗嘱慈善信托的设立和执行面临重重障碍。所以，在上面的案例中，虽然法院承认了遗嘱慈善信托的设立，但该遗嘱慈善信托因欠缺可操作性而一直无法落地。这需要以后在制定慈善信托相关配套规定时加以研究并作出规定。

二、履行备案程序

与其他信托相比，慈善信托的设立有特殊要求，即要履行备案程序。

备案要求是2016年的慈善法确定的新规则，此前信托法要求公益信托的设立和确定其受托人，应当经有关公益事业的管理机构批准。慈善法做这样的制度设计，主要是考虑到充分发挥慈善信托设立简便、机制灵活的特点，不再采用批准设立这种较为严格的设立程序，并将慈善信托的管理机构明确为民政部门。通过简化程序，鼓励更多社会力量利用慈善信托这种形式参与慈善事业。

根据《民政部、中国银行业监督管理委员关于做好慈善信托备案有关工作的通知》和《慈善信托管理办法》的规定，慈善信托设立备案的具体程序如下：

（一）备案时间要求和备案管辖

完成信托文件的签订以后，受托人应当在慈善信托文件签订之日起七日内，将相关文件向受托人所在地县级以上人民政府民政部门备案。

信托公司担任受托人的，由其登记注册地设区市的民政部门履行备案职责；慈善组织担任受托人的，由准予其登记或予以认定的民政部门履行备案职责。

同一慈善信托有两个或两个以上的受托人时，委托人应当确定其中一个承担主要受托管理责任的受托人按照规定进行备案。备案的民政部门应当将备案信息与其他受托人所在地的县级以上人民政府民政部门共享。

（二）需提交的备案资料

慈善信托受托人按照慈善法规定向民政部门提出备案申请的，应提交以下书面材料：

1. 备案申请书。
2. 委托人身份证明（复印件）和关于信托财产合法性的证明。
3. 担任受托人的信托公司的金融许可证或慈善组织的社会组织法人登记证书（复印件）。
4. 信托合同、遗嘱或者法律、行政法规规定的其他书面信托文件。信托文件至少应载明以下内容：（1）慈善信托的名称；（2）慈善信托的慈善目的；（3）委托人、受托人的姓名、名称及其住所；（4）不与委托人存在利害关系的不特定受益人的范围；（5）信托财产的范围、种类、状况和管理方法；（6）受益人选定的程序和方法；（7）信息披露的内容和方式；（8）受益人取得信托利益的形式和方法；（9）受托人报酬；（10）如设置监察人，监察人的姓名、名称及其住所。
5. 开立慈善信托专用资金账户证明、商业银行资金保管协议。
6. 其他材料。

以上材料一式四份，提交民政部门指定的受理窗口。

（三）回执和补正

申请备案材料符合要求的，由民政部门当场出具备案回执；不符合要求的，应当一次性告知受托人补正相关材料。

（四）信托公司的报告或产品登记义务

信托公司新设立的慈善信托项目应当按照监管要求及时履行报告或产品登记义务（《慈善信托管理办法》第二十二条）。

(五）信托财产的保管

对于资金信托，应当委托商业银行担任保管人，并且依法开立慈善信托资金专户；对于非资金信托，当事人可以委托第三方进行保管（《慈善信托管理办法》第二十八条）。

三、备案的意义

备案是慈善信托享受税收优惠的必要条件。慈善法第四十五条第二款规定，设立的慈善信托未按照法律规定将相关文件报民政部门备案的，不享受税收优惠。

不备案的，不能以慈善信托的名义开展活动。如果该信托符合一般信托的生效要件，可以作为一般信托发生法律效力。

四、备案变更

根据《慈善信托管理办法》的规定，慈善信托完成备案后，根据信托文件约定或者经原委托人同意，可以变更以下事项：增加新的委托人；增加信托财产；变更信托受益人范围及选定的程序和方法；国务院民政部门和国务院银行业监督管理机构规定的其他情形。

备案后，发生第三十八条规定的部分变更事项时，慈善信托的受托人应当在变更之日起七日内按照第十八条的规定向原备案的民政部门申请备案，并提交发生变更的相关书面材料。

如当月发生两起或两起以上变更事项，可以在下月十日前一并申请备案。

第四十六条 慈善信托的委托人不得指定或者变相指定其利害关系人作为受益人。

慈善信托的受托人确定受益人，应当坚持公开、公平、公正的原则，不得指定或者变相指定受托人及其工作人员的利害关系人作为受益人。

◆ 解读与适用

本条是禁止指定利害关系人作为受益人的规定，是慈善法修正新增加的条款。

根据本条规定，首先，慈善信托的委托人不得指定或者变相指定其利害关系人作为受益人。其次，慈善信托的受托人不得指定或者变相指定自己的利害关系人作为受益人。最后，慈善信托的受托人不得指定或者变相指定受托人的工作人员的利害关系人作为受益人。

在信托法中，受托人不得向自己的利害关系人输送利益，是其忠实义务的应有之义。在慈善信托的场景下，忠实义务产生了新的内涵：受托人不仅不能向自己的利害关系人输送利益，更不能向委托人的利害关系人输送利益。实际上，任何对慈善信托的管理和运作有影响力的个人和组织，都不得向自己的利害关系人输送利益。

在私益信托中，在信托文件有约定的情形下，受托人可以听从委托人的指示决定受益对象，但在慈善信托中受托人不能以听从委托人的指示为由向委托人的利害关系人输送利益。受托人听从委托人的指令向其利害关系人输送利益是违反慈善法和信托法的。

有权指定或者确定受益人的，有时并非委托人或者受托人。信托文件中可以约定保护人、项目执行人、慈善顾问等行使相关的职能。可能和慈善信托（公共利益）产生利害冲突的并不限于委托人和受托人，监察人、保护人、项目执行人等主体都基于其对慈善信托的影响力而可能产生利害关系。

在慈善信托的场景下，任何和公益慈善目的背离的利益输送都会构成利益冲突。所以，在慈善法修正的时候，特别新增本条加以规范。

第四十七条 慈善信托的受托人，可以由委托人确定其信赖的慈善组织或者信托公司担任。

◆ 解读与适用

本条是关于受托人资格的规定。

受托人是指因接受委托人委托对信托财产进行管理或处分以为他人谋求利益的人。受托人是委托人信任的人，他实际控制信托财产，承担着依信托目的管理、处分信托财产的责任，在信托关系中处于核心地位。因此，受托人的资格、权利和义务也是慈善信托法律规范的重点内容。与之前信托法的规定相比，慈善法对慈善信托受托人的资格限制更为明确。信托法规定"受托人应当是具有完全民事行为能力的自然人、法人"。其中，公益信托一章并未对受托人资格作其他规定，仅要求确定其受托人，应当经有关公益事业的管理机构批准。因此，公益信托受托人可以是自然人或法人，但本条将慈善信托的受托人限定为信托公司和慈善组织。

慈善法对慈善信托受托人资格作出限制主要基于以下考虑：首先，慈善信托在我国刚刚起步，实践经验还不够，受托人的范围尚不宜过宽。目前个人信用体系尚不健全，出于保障委托人财产安全和受益人权益的考虑，慈善法未把自然人列为慈善信托的受托人。其次，从实践来看，信托公司作为专业进行信托管理的机构，具有很强的资产管理能力，能最大限度地保证慈善信托财产的安全和增值，防止不必要的资金运营亏损。因此，慈善法将信托公司列为慈善信托受托人。但同时，考虑到信托公司在开展慈善活动方面相对欠缺专业性，为了使慈善信托能发挥更大的社会效益、实现良好的社会公益目的，将慈善组织也列为慈善信托受托人。慈善组织（尤其是基金会）在我国拥有广泛的社会基础，已经成为公众心目中进行救灾扶贫等捐助活动的首选。因此，明确由慈善组织或者信托公司为受托人，可以充分发挥二者各自的优势。

在实践中，已经出现了多例以信托公司和慈善组织共同作为受托人的双受托人模式的慈善信托。比较典型的例子是"顺德社区慈善信托"。该信托设立于2017年，初始规模4.92亿元，其由中信信托负责资产管理，广东省和的慈善基金会负责项目管理。顺德社区慈善信托采用本金不动、投资收益支持顺德社区公益慈善事业的永续模式，每年收益分配至执行人德胜社区慈善基金会，全面支持顺德扶贫、济困、教育、养老、社区发展等慈善需求。

第四十八条 慈善信托的受托人违反信托义务或者难以履行职责的，委托人可以变更受托人。变更后的受托人应当自变更之日起七日内，将变更情况报原备案的民政部门重新备案。

◆ **解读与适用**

本条是关于变更受托人的规定。

委托人信任受托人，是委托人将自己的财产委托给受托人管理、处分而创设信托关系的前提。受托人实际控制信托财产，承担着以信托文件管理、处分信托财产，并为受益人利益服务的职责。担任受托人必须具备相应的能力，并应当履行慈善法及信托法相关条款规定的义务。如果出现受托人违反信托义务，或者因客观原因难以履行职责的，委托人有权变更受托人。

在一般信托中，"受托人违反信托目的处分信托财产或者管理运用、处分信托财产有重大过失的，委托人有权依照信托文件的规定解任受托人，或者申请人民法院解任受托人"。但在慈善信托中，受益人是不特定的，受托人是为了不特定受益人的利益而管理信托财产，变更（包括解任）受托人的条件就变得更为宽松，除了受托人难以履行职责的情形可以变更受托人之外，只要受托人违反信托义务，不管这种义务违反是否构成对信托目的的违反、是否构成重大过失，委托人均可变更。

同时，慈善信托的设立需要受托人向其所在地的县级以上民政部门备案，受托人人选本身也是备案的重要内容，受托人还承担着向社会公开慈善信托情况的责任。为了便于政府监管和社会监督，慈善法规定，变更后的受托人应当自变更之日起七日内将变更情况报原备案的民政部门重新备案。

受托人在申请重新备案时，应当提交以下书面材料：原备案的信托文件和备案回执；重新备案申请书；原受托人出具的慈善信托财产管理、处分情况报告；作为变更后受托人的信托公司的金融许可证或慈善组织准予登记或予以认定的证明材料（复印件）；重新签订的信托合同等信托文件；开立慈善信托专用资金账户证明、商业银行资金保管协议，非资金信托除外；其他材料。以上书面材料一式四份，由变更后的受托人提交原备案的民政部门受理窗口。

不过，在遗嘱慈善信托中和长期存续的慈善信托中，不存在能行使变更权的委托人。如何解决受托人变更的问题，值得进一步研究。

第四十九条 慈善信托的受托人管理和处分信托财产，应当按照信托目的，恪尽职守，履行诚信、谨慎管理的义务。

慈善信托的受托人应当根据信托文件和委托人的要求，及时向委托人报告信托事务处理情况、信托财产管理使用情况。慈善信托的受托人应当每年至少一次将信托事务处理情况及财务状况向办理其备案的民政部门报告，并向社会公开。

◆ **解读与适用**

本条是关于受托人义务的规定。

慈善信托的受托人应当履行以下义务：

第一，诚信、谨慎地管理和处分信托财产。信托文件作为委托人和受托人签订的合同，可以对受托人如何管理和处分信托财产进行具体的约定。但受托人在管理信托财产时还应当遵循一些法定的基本原则。因此，慈善法第四十九条规定，受托人在管理和处分信托财产时，应当按照信托目的，恪尽职守，履行诚信、谨慎管理的义务。

首先，受托人应当严格按照信托目的管理和处分信托财产。也就是说，信托目的是衡量受托人处理信托事务的基准，受托人作出的任何与信托有关的行为都必须遵守信托的宗旨即委托人设立信托的目的。一旦受托人的行为脱离了信托目的的约束即视为违反信托义务。

其次，受托人应当本着诚信的原则（忠实义务）管理和处分信托财产。具体表现为：一是受托人除依照法律规定取得报酬外，不得利用信托财产为自己谋取利益；二是受托人不得将信托财产转为其固有财产；三是受托人不得将其固有财产与信托财产进行交易或者将不同委托人的信托财产进行相互交易，但信托文件另有规定或者经委托人或者受益人同意，并以公平的市场价格进行交易的除外。《慈善信托管理办法》第三十二条还特别规定：委托人、受托人及其管理人员不得利用其关联关系，损害慈善信托利益和社会公共利益，有关交易情况应当向社会公开。

最后，受托人应当本着谨慎的原则管理和处分信托财产。委托人将财产交付信托，是基于对受托人的信赖。受托人正是基于这种信赖对信托财产进行管理和处分，因此，受托人必须以最大限度的善意、健全的判断力以及认真谨慎的态度来处理信托事务，换言之，要以与处理自己事务时相同的谨慎态度来处理信托事务。比如，信托财产面临损毁的危险时，受托人应立即采取适当的保护措施；第三人侵害信托财产时，受托人应采取诉讼或其他适当的保全措施。《慈善信托管理办法》第三十条还对慈善财产的投资运用作了特别的规定："慈善信托财产运用应当遵循合法、安全、有效的原则，可以运用于银行存款、政府债券、中央银行票据、金融债券和货币市场基金等低风险资产，但委托人和信托公司另有约定的除外。"

第二，信托事务的报告和公开义务。慈善信托的受托人应当根据信托文件和委托人的要求，及时向委托人报告信托事务处理情况和信托财产管理使用情况；并应当每年至少一次将信托事务处理情况及财务状况向其备案的民政部门报告，并向社会公开；对所管理的不同慈善信托财产分别管理、分别记账；编制慈善信托财务会计报告并按要求提交、公布；保存慈善信托财产管理业务活动的记录、账册、报表和其他相关资料。《慈善信托管理办法》第三十五条还明确要求，受托人应当妥善保存管理慈善信托事务的全部资料，保存期自信托终止之日起不少于十五年。

在慈善信托关系中，能对受托人进行监督的主体比较少。所以，慈善法特别强调了受托人的报告和公开义务。

第三，禁止受托人借慈善信托名义从事非法活动。《慈善信托管理办法》第三十四条规定，慈善信托的受托人应严格按照有关规定管理和处分慈善信托财产，不得借慈善信托名义从事非法集资、洗钱等活动。

第五十条 慈善信托的委托人根据需要，可以确定信托监察人。
信托监察人对受托人的行为进行监督，依法维护委托人和受益人的权益。信托监察人发现受托人违反信托义务或者难以履行职责的,应当向委托人报告,并有权以自己的名义向人民法院提起诉讼。

◆ **解读与适用**

本条是关于信托监察人的规定。

信托监察人对受托人的行为进行监督,依法维护委托人和受益人的权益。信托监察人发现受托人违反信托义务或者难以履行职责的,应当向委托人报告,并有权以自己的名义向人民法院提起诉讼。

慈善信托监察人是指由委托人根据需要指定的、依照法律和慈善信托文件的规定监督受托人管理信托事务、维护委托人和受益人的合法权益的人。在民事或营业信托中,受益人是确定的,受益人可以亲自监督受托人行为以保护自己的权益。但是,慈善信托的受益人在享受信托受益权之前,并不具有明确的受益人身份,不能以受益人身份监督慈善信托的实施。而且,对于长期存在的慈善信托而言,委托人并不能对慈善信托实现持续的监督。因此,出于保护受益人的需要,设置信托监察人制度,由第三人代替受益人对受托人进行监督,以维护受益人的合法权益,确保信托确定的慈善目的得以实现。

慈善法在设置监察人的程序上,充分尊重委托人的意愿,慈善信托是否设置监察人完全取决于委托人的意思表示,改变了之前信托法规定的监察人须由信托文件规定或由公益事业管理机构指定。

关于慈善信托监察人的职责,慈善法对信托法中的规定作了补充和完善,可归纳为两个方面:一是对受托人的行为进行监督,依法维护委托人和受益人的权益。这可以理解为信托监察人有权对受托人作出的任何与信托有关的行为进行全面监督。比如,有权了解信托财产的管理、处分情况,并要求受托人作出说明;有权查阅、抄录或者复制与信托财产有关的信托账目以及处理信托事务的其他文件;一旦发现受托人有关信托财产报告或者账目存在隐瞒、虚假等情况时,信托监察人有权提出异议。二是发现受托人违反信托义务或者难以履行职责的,应当向委托人提出,并有权以自己的名义提起诉讼。由于监察人是作为监督第三方参与在慈善信托的关系中，他不能直接对受托人采取解任、处罚等措施，因此法律赋予其救济权，或向委托人提出，或向人民法院提起诉讼。由于监察人不是委托人的代理人，而慈善信托受益人又是非特定的公众，所以监察人既不能以委托人的名义，也不能以受益人的名义提起诉讼，须以自己的名义向法院提起诉讼。

总的来说，慈善法和信托法对监察人职责的规定还比较原则，有待在今后的配套法规规章中作出具体规定，增强可操作性。

第五十一条 慈善信托的设立、信托财产的管理、信托当事人、信托的终止和清算等事项，本章未规定的，适用本法其他有关规定；本法未规定的，适用《中华人民共和国信托法》的有关规定。

◆ **解读与适用**

本条是关于慈善法与信托法相衔接的规定。

慈善法慈善信托一章主要对慈善信托的定义、备案、受托人的资格和职责、监察人的选任和职责等作了规定。对于在本章未作规定的其他事项，应如何适用法律，慈善法第五十一条作了明确的指引："慈善信托的设立、信托财产的管理、信托当事人、信托的终止和清算等事项，本章未规定的，适用本法其他有关规定；本法未规定的，适用《中华人民共和国信托法》的有关规定。"

具体来讲，慈善法中慈善信托一章与信托法中公益信托一章内容主要存在以下交叉：

第一，监管机构。信托法第六十二条规定，公益信托的设立和确定其受托人，应当经有关公益事业的管理机构（以下简称公益事业管理机构）批准。在实践中，由于公益事业管理机构不明确，使得公益信托的设立存在障碍，难以发展壮大。慈善法第四十五条规定，受托人应当在信托文件签订之日起七日内，将相关文件向受托人所在地县级以上人民政府民政部门备案。这样就明确了慈善信托的行政主管机关是民政部门。

根据《慈善信托管理办法》第六条的规定，国务院银行业监督管理机构及其派出机构（目前为金融监管总局及其派出机构）和民政部门一起，根据各自法定职责对慈善信托实施监督管理，即，金融监管总局及其派出机构也是慈善信托的监管机构。

第二，设立程序。信托法要求设立公益信托都应当经公益事业管理机构批准，未经公益事业管理机构的批准，不得以公益信托的名义进行活动。慈善法降低了设立门槛，要求受托人在信托文件签订之日起七日内将相关文件向受托人所在地县级以上人民政府民政部门备案即可。

第三，税收优惠和其他促进措施。信托法没有对公益信托规定任何税收优惠措施，这是导致公益信托在实践中发展不佳的一个重要原因。根据慈善法第四十五条第二款"未按照前款规定将相关文件报民政部门备案的，不享受税收优惠"的精神，依法向民政部门备案的慈善信托，可获得享受税收优惠的资格。

新修正的慈善法第八十八条进一步规定："自然人、法人和非法人组织设立慈善信托开展慈善活动的，依法享受税收优惠。"而且，慈善法第八十五条第二款规定："国家对慈善事业实施税收优惠政策，具体办法由国务院财政、税务部门会同民政部门依照税收法律、行政法规的规定制定。"这些条文都使得慈善信托税制的建立有了明确的法律基础。

另外，根据《慈善信托管理办法》规定，信托公司开展慈善信托业务免计风险资本，免予认购信托业保障基金。地方各级人民政府还可能根据经济社会发展情况，制定和出台促进慈善信托事业发展的政策和措施。（《慈善信托管理办法》第四十五条、第四十六条）

第四，受托人范围与选任。信托法规定"受托人应当是具有完全民事行为能力的自然人、法人"。但公益信托一章并未专门对公益信托受托人资格作出规定，只规定公益信托受托人的确定、辞任、变更都须经过公益事业管理机构批准。慈善法第四十七条则对受托人的范围作了明确规定："慈善信托的受托人，可以由委托人确定其信赖的慈善组织或者信托公司担任。"

第五，监察人的选任及职责。信托法规定公益信托应当设置信托监察人。信托监察人由信托文件规定，信托文件未规定的，由公益事业管理机构指定。慈善法则放松了限制，规定慈善信托的委托人根据需要，可以确定信托监察人。即设置监察人不是硬性要求，设与不设，委托人有自主决定权。在监察人的职责方面，慈善法相较于信托法也有不同规定。一是，信托法要求受托人应当至少每年一次作出信托事务处理情况及财产状况报告，经信托监察人认可后，报公益事业管理机构核准，并由受托人予以公告。慈善法则不再要求报告须经监察人认可。二是，慈善法更加明确了信托监察人在发现受托人违反信托义务或者难以履行职责的，应当向委托人报告，并有权以自己的名义向人民法院提起诉讼。

第六，慈善信托的终止。慈善法对慈善信托的终止未作出明确规定，根据第五十一条，应当适用信托法的有关规定，而信托法并没有对慈善信托的终止条件作出特别规定，理论上应当适用关于信托终止的一般规定，即信托法第五十三条的规定："有下列情形之一的，信托终止：（一）信托文件规定的终止事由发生；（二）信托的存续违反信托目的；（三）信托目的已经实现或者不能实现；（四）信托当事人协商同意；（五）信托被撤销；（六）信托被解除。"但是，因慈善信托的特殊性，上述终止事由的第四项、第五项、第六项能否自动适用于慈善信托，值得进一步讨论。

信托法规定，公益信托终止的，受托人应当于终止事由发生之日起十五日内，将终止事由和终止日期报告公益事业管理机构。而由于慈善法明确了民政部门是慈善信托的备案机关，因此受托人应当在慈善信托终止事由发生之日起十五日内，将终止事由和终止日期、剩余信托财产处分方案和有关情况报告其备案的民政部门。

此外，根据慈善法和《慈善信托管理办法》规定，慈善信托终止的，受托人应当在三十日内作出处理慈善信托事务的清算报告，向办理其备案的民政部门报告后，由受托人予以公告。慈善信托若设置信托监察人，清算报告应事先经监察人认可。

公益信托终止，没有信托财产权利归属人或者信托财产权利归属人是不特定的社会公众的，经民政部门批准，受托人应当将信托财产用于与原公益目的相近似的目的，或者将信托财产转移给具有近似目的的公益组织或者其他公益信托。慈善信托属于公益信托，当慈善信托终止时，受托人应遵循近似目的原则处理信托财产。

总的来说，对于前法和后法规定不完全一致的条款，在法律适用上应当如何处理，按照立法法关于上位法优于下位法、特别法优于一般法、新法优于旧法的原则，新的规定与旧的规定不一致的，适用新的规定。由于信托法出台在前，慈善法出台在后，因此，上述信托法与慈善法规定不一致的地方，应当适用慈善法的规定。

第六章　慈善财产

第五十二条　慈善组织的财产包括：
（一）发起人捐赠、资助的创始财产；
（二）募集的财产；
（三）其他合法财产。

◆ **解读与适用**

本条是关于慈善组织财产来源和类别的规定。

慈善组织的财产，是慈善组织拥有的可支配、处分的各种合法财产，在形态上包括货币、实物、房屋、有价证券、股权、知识产权等有形和无形财产。从慈善法第五十二条规定来看，慈善组织的财产主要有三类：一是发起人捐赠、资助的创始财产；二是募集的财产；三是其他合法财产，包括本组织会员缴纳的会费、政府购买服务的资金、保值增值的财产以及通过提供服务或出租出售资产获取的收入等。

为了更深入地了解慈善组织的财产，这里对慈善组织财产权的特征作一介绍：

1. 慈善组织的财产主要来源于捐赠。这是慈善组织财产与其他组织财产的一个显著区别。从来源上讲，企业的财产主要是企业生产经营所得，机关事业单位的财产主要是国家财政拨款，而慈善组织的财产主要来自社会的捐赠，主要由发起人捐赠、资助的创始财产和从社会募集的财产组成。

2. 慈善组织的财产所有权是受到一定限制的。慈善组织的财产必须依照法律的规定使用。慈善法第五十六条规定："慈善组织开展慈善活动，应当依照法律法规和章程的规定，按照募捐方案或者捐赠协议使用捐赠财产。慈善组织确需变更募捐方案规定的捐赠财产用途的，应当报原备案的民政部门备案；确需变更捐赠协议约定的捐赠财产用途的，应当征得捐赠人同意。"根据第五十五条规定，慈善组织为实现财产保值、增值进行投资的，投资取得的收益应当全部用于慈善目的。政府资助的财产和捐赠协议约定不得投资的财产，不得用于投资。慈善组织的财产在管理使用上，既要符合本组织的宗旨，又要符合募捐方案的规定或者捐赠协议的约定，不得随意使用、处分。所以，其财产权利可以定性为受到限制的所有权。

3. 慈善组织的财产具有社会公共财产的属性。从财产来源看，慈善组织的创始财产来自于捐赠，不是投资，不同于公司由股东共同投资设立，任何组织和个人（包括创始财产的提供者）对慈善组织都不享有股东权利。从财产目的来看，慈善组织以开展慈善活动为宗旨，受益人应当是不特定的社会公众，在某种意义上也可以说慈善组织是代表广大社会公众管理和使用财产。基于慈善财产权这种特殊性，公益事业捐赠法规定，公益性社会团体受赠的财产及其增值为社会公共财产。慈善法虽然没有明确慈善组织财产的性质，但其社会公共属性是不能抹杀的。

4. 慈善组织的财产不分配、不返还。基于慈善组织的非营利性，慈善组织的财产不分配、不返还，要自始至终用于慈善目的。首先是不分配。根据慈善法第五十三条规定，慈善组织的财产不得在发起人、捐赠人以及慈善组织成员中分配，任何组织和个人也不得私分、挪用、截留或者侵占慈善财产。捐赠人向慈善组织进行捐赠、会员向慈善组织缴纳会费，是所有权的完全转移，不享有从该财产上受益的权利；理事代表公众利益来承担财产的管理使用职责，也不能从慈善组织的财产上获得收益。其次是不返还。慈善项目终止后捐赠财产有剩余的，按照募捐方案或者捐赠协议处理；募捐方案未规定或者捐赠协议未约定的，慈善组织应当将剩余财产用于目的相同或者相近的其他慈善项目，并向社会公开。慈善组织终止清算后的剩余财产，按照慈善组织章程的规定转给宗旨相同或者相近的慈善组织；章程未规定的，由民政部门主持转给宗旨相同或者相近的慈善组织，并向社会公告。

第五十三条 慈善组织的财产应当根据章程和捐赠协议的规定全部用于慈善目的，不得在发起人、捐赠人以及慈善组织成员中分配。

任何组织和个人不得私分、挪用、截留或者侵占慈善财产。

◆ **解读与适用**

本条是关于慈善组织财产使用和保护原则的规定。

慈善组织财产权虽然是不完全的，与一般意义上的所有权有区别，在财产占有、使用特别是处分上有诸多限制，但毕竟属于财产权，受到法律保护。从国际立法经验看，许多国家法律规定慈善组织拥有财产所有权。例如，《俄罗斯社会联合组织法》规定："拥有法人权利的社会联合组织是财产的所有者。社会联合组织的单个成员对社会联合组织的财产不享有所有权。"我国慈善法虽然没有明确规定慈善组织拥有财产所有权，但实际上是承认慈善组织拥有财产权的，而且这种财产权受法律的保护和规制。

本条从三个方面规定了对慈善组织财产的保护和规制：

一是慈善组织的财产必须根据章程和捐赠协议的规定全部用于慈善目的。由于慈善组织活动不是获得利润而去提供财产或劳务，而是为了做公益，所以，其财产须根据章程和捐赠协议的规定全部用于慈善目的，财产使用离开了这一目的，所谓的"慈善"就失去了本色，慈善组织也就失去了存在的意义。从国外看，一些国家的立法不仅界定了慈善目的，还为实现该目的而对慈善组织财产每年用于慈善（公益）事业支出的比例和成本作了规定，这些规定保障了慈善组织的公益性，同时也保护了慈善财产。我国慈善法对此也作了规定（如第六十一条）。慈善组织应当严格按照法律规定将其财产用于慈善活动，不按照规定使用慈善财产的，将依法承担法律责任。

二是不得分配，即慈善组织的财产不得在发起人、捐赠人以及慈善组织成员中分配。这是慈善组织作为非营利性组织的共同特征，也是其财产的基本特性之一。民法典第八十七条规定，为公益目的或其他非营利目的成立，不向出资人、设立人或者会员分配所取得利润的法人，为非营利法人。发起人、捐赠人向慈善组织进行捐赠、会员向慈善组织缴纳会费，是所有权的完全转移，不享有从该财产上获利的权利；慈善组织负责人代表公众利益承担对慈善财产的管理使用职责，也不能从慈善组织的财产上谋取私利。当然，慈善组织人员按照规定从该组织领取合理的薪酬是必要的，这不属于分配慈善组织财产。慈善财产不得用于分配是国际通例。例如，美国税法501（c）规定，非营利性组织必须在章程中规定"该组织的收入和财产不得分配给其成员或者负责人员，除非是作为对他们所提供服务的合理补偿"。日本《一般社团法人及一般财团法人认定法》规定："章程中赋予社员接受利润或剩余财产分配的权利的规定无效。"《印度尼西亚财团法》规定："财团根据本法取得的金钱、动产以及其他财产，不得直接或者间接地转移或分配给受托人、理事会、监事会、雇员或者其他与财团有利害关系的当事人。"此外，各国立法还普遍对慈善组织的理事、监事和职员报酬作了限制，防止以过高或者不当的报酬来变相分配慈善财产。

三是不受侵害，即任何组织和个人也不得私分、挪用、截留或者侵占慈善财产。慈善组织的财产受法律保护，任何组织和个人私分、挪用、截留或者侵占慈善财产，都将受到法律的惩处。

第五十四条 慈善组织对募集的财产，应当登记造册，严格管理，专款专用。

捐赠人捐赠的实物不易储存、运输或者难以直接用于慈善目的的，慈善组织可以依法拍卖或者变卖，所得收入扣除必要费用后，应当全部用于慈善目的。

◆ **解读与适用**

本条是关于慈善组织财产管理使用一般要求的规定。

慈善组织如何管理和使用慈善财产，发挥慈善财产的最大效用，是当前社会普遍关注的问题之一。慈善组织财产管理既要符合财产管理的一般要求，也要遵守慈善法的特殊规定。根据慈善法此条规定，慈善组织财产管理要做到以下三点：

一是要登记造册，财产的流入流出要全部进行记录。按照会计法和财政部颁布的《民间非营利组织会计制度》《〈民间非营利组织会计制度〉若干问题的解释》等规范性文件规定，慈善组织必须根据实际发生的经济业务事项进行会计核算，填制会计凭证，登记会计账簿，编制财务会计报告。对于现金资产，应当按照实际收到的金额及时如实入账；对于非现金资产，如接受捐赠的短期投资、存货、长期投资、固定资产和无形资产等，应当按照国家有关规定，依据有关凭据或公允价值入账。对于无法可靠计量公允价值的财产，如文物文化资产、无形资产等，应当设置辅助账，单独登记，并在会计报表附注中披露；劳务捐赠也难以确认价值，一般不直接入账，但也应当在会计报表附注中做相关披露。

二是要严格管理，建立必要的制度并严格加以执行。慈善组织要依据章程和捐赠协议的约定来管理财产，为了便于执行，应当按照章程规定的原则和程序进一步制定具体的制度。关于会计和内控制度，《民间非营利组织会计制度》有明确规定，慈善组织应当"根据国家有关法律、行政法规和内部会计控制规范，结合本单位的业务活动特点，制定相适应的内部会计控制制度，以加强内部会计监督，提高会计信息质量和管理水平"。慈善组织要按照有关规定建立健全现金收支管理制度。接受非现金捐赠的慈善组织，要建立相应的管理制度，要对非现金捐赠进行验收确认，登记入账，要实行实质性的管理控制，不能未经慈善组织履行必要的接收、审批和发放程序就由捐赠人直接转移给受益人或者其他第三方。同时，在资产管理、项目管理、绩效管理等制度中都要充分体现对慈善财产的保护。

三是对特定实物可以出售、变现、保管。捐赠人捐赠的实物不易储存、运输或者难以直接用于慈善目的的，慈善组织可以依法拍卖或者变卖，所得收入属于慈善财产，要按照规定妥善保管。对实物进行拍卖的，要严格遵守拍卖法的有关规定。拍卖或者变卖实物所得收入扣除必要费用（如拍卖费用等）后，应当全部用于慈善目的。

第五十五条 慈善组织为实现财产保值、增值进行投资的，应当遵循合法、安全、有效的原则，投资取得的收益应当全部用于慈善目的。慈善组织的重大投资方案应当经决策机构组成人员三分之二以上同意。政府资助的财产和捐赠协议约定不得投资的财产，不得用于投资。慈善组织的负责人和工作人员不得在慈善组织投资的企业兼职或者领取报酬。

前款规定事项的具体办法，由国务院民政部门制定。

◆ **解读与适用**

本条是关于慈善组织财产投资的规定。

慈善组织投资，既关系到慈善目的的实现和慈善组织的可持续发展，又涉及税收优惠和市场公平竞争，事关重大，须慎重对待。在慈善立法过程中，是否允许慈善组织投资经营是个有争议的问题。部分国家允许慈善组织通过投资来保值、增值，如英国慈善法规定，慈善组织收入规模过大的，必须剥离一定资产成立基金会来进行投资；日本《公益社团法人及公益财团法人认定法》规定，慈善组织可以投资经营，对其经营业务分类实施税收减免优惠措施，但投资经营不得妨碍公益目的的实现。我国公益事业捐赠法和《基金会管理条例》都规定，基金会应当按照合法、安全、有效的原则实现基金的保值、增值。实践中，我国基金会既有采用传统的办法来保值、增值的，如银行存款等，也有一些开展了投资经营。慈善法根据我国慈善事业发展需要，第一次从法律上明确规定慈善组织可以进行投资，这对于壮大慈善组织、发展慈善事业具有重要意义。

对慈善组织而言，其财产保值、增值在实践中主要有以下五种情形：一是银行存款、购买国债等基本的保值行为；二是直接投资企业或房地产等主动的投资行为；三是委托金融机构进行股票、企业债券、基金等间接投资；四是企业向慈善组织捐赠股权、房产等，慈善组织因受赠股权、房产等形成的被动投资；五是慈善组织利用自有资源直接开展一些经营行为获取利润，例如出租房产、变卖捐赠物资、提供有偿服务等。

允许慈善组织对财产保值、增值尤其是投资，可以使慈善组织不单纯依靠捐赠，有了自我造血能力，从而更好地实现可持续发展，有利于慈善目的的实现。捐赠人向慈善组织捐赠股权、房产等，也能够使慈善组织获得相对稳定的收入来源。但是，慈善组织不是一般意义上的投资主体，不能因开展保值、增值活动而影响慈善宗旨的实现、捐赠协议的履行、受益人和公众的利益。慈善组织的保值、增值活动必须符合慈善组织的本质属性，必须受到约束。为此，慈善法对慈善组织的投资作了若干限制性规定，将慈善组织的投资经营与一般市场主体的投资经营行为区别开来：一是规定了基本原则，即运作要合法、安全、有效，投资取得的收益要全部用于慈善目的；二是规定了基本的决策机制，重大投资方案应当经决策机构组成人员三分之二以上同意；三是规定了投资财产限制，政府资助的财产和捐赠协议约定不得投资的财产，不得用于投资；四是规定了利益回避机制，慈善组织的负责人和工作人员不得在慈善组织投资的企业兼职或者领取报酬。

由于慈善组织投资经营情况复杂，慈善法只作了原则性规定，具体办法授权国务院民政部门制定。2018年10月，民政部颁布《慈善组织保值增值投资活动管理暂行办法》（以下简称《办法》）。第一，《办法》明确了慈善组织可投资财产和不可投资财产的范围，规定投资财产限于非限定性资产和在投资期间暂不需要拨付的限定性资产。接受的政府资助的财产和捐赠协议约定不得投资的财产，不得用于投资。第二，《办法》在可投资范围中规定了三种情形：一是可以直接购买银行、信托、证券、基金、期货、保险资产管理机构、金融资产投资公司等金融机构发行的资产管理产品；二是可以通过发起设立、并购、参股等方式直接进行股权投资；三是允许将财产委托给受金融监督管理部门监管的机构进行投资。第三，《办法》对这三类情形的投资行为作了进一步的规定。一是慈善组织在投资资产管理产品时，应当审慎选择，购买与本组织风险识别能力和风险承担能力相匹配的产品。二是慈善组织直接进行股权投资的，被投资方的经营范围应当与慈善组织的宗旨和业务范围相关。三是慈善组织开展委托投资的，应当选择中国境内有资质从事投资管理业务，且管理审慎、信誉较高的机构。第四，《办法》设定了慈善组织禁入的八个领域：直接买卖股票；直接购买商品及金融衍生品类产品；投资人身保险产品；以投资名义向个人、企业提供借款；不符合国家产业政策的投资；可能使本组织承担无限责任的投资；违背本组织宗旨、可能损害信誉的投资；非法集资等国家法律法规禁止的其他活动。第五，《办法》规定了慈善组织应当控制投资风险，将财产的安全性放在第一位。一是慈善组织接受的政府资助的财产和捐赠协议约定不得投资的财产，不得用于投资。二是股票、商品及金融衍生品类产品、人身保险产品等高风险品种列入禁止直接投资的范畴。三是《办法》通过要求慈善组织在开展投资活动时建立相应的决策机制来进一步控制投资风险。第六，《办法》还规定了慈善组织开展投资活动时，其决策机构、执行机构、监督机构的相关人员应当各自承担相应的责任。

需要特别强调的是，因为该《办法》是于2019年1月1日开始施行，如果在此之前慈善组织已经开展的投资活动不符合规定，则原则上慈善组织可以按照投资协议的有关约定妥善处理，《办法》正式施行后，慈善组织新开展的投资活动必须执行新的规定，如有违反，民政部门将依法进行处理。

第五十六条 慈善组织开展慈善活动，应当依照法律法规和章程的规定，按照募捐方案或者捐赠协议使用捐赠财产。慈善组织确需变更募捐方案规定的捐赠财产用途的，应当报原备案的民政部门备案；确需变更捐赠协议约定的捐赠财产用途的，应当征得捐赠人同意。

◆ **解读与适用**

本条是关于捐赠财产使用原则的规定。

慈善组织的财产权不同于一般法人的财产权，其行使要受到一定限制。捐赠财产在使用中，既要符合章程所规定的宗旨，又要符合募捐方案或者捐赠协议约定的用途。募捐方案或者捐赠协议可以对捐赠财产使用规定具体的时限和受益人的条件等，慈善组织应当严格履行。财产使用涉及的决策、审批、拨付，首先要按照章程和慈善组织内部制度规定的程序执行；募捐方案或者捐赠协议有具体要求的，慈善组织还应当针对特定捐赠财产或特定慈善项目建立具体的决策机制和审批拨付程序，并严格执行。

捐赠财产在实际使用中可能会发生需要变更用途的情形，常见的有三种。一是捐赠目的不复存在。例如，慈善组织为某特定地区的特困人群进行募捐，在收到捐赠时，该地区符合条件的特困群体已经全部救助完毕，不再需要救助。二是无法按照约定的方式使用捐赠财产。例如，捐赠人为某受灾地区捐赠的物资，当地没有使用的条件，或者因交通问题无法送达；

捐赠人向某学校捐赠一批教学设施，后经评估不适用于该年龄阶段的学生。三是捐赠财产有剩余。例如，某慈善组织为解决某受灾地区群众的某个具体问题募捐，由于公众热情高涨，捐赠款物远远超过当地实际需求；捐赠人捐赠给某个疾病患者的治疗费用在该病人治愈后没有使用完毕。在这些情形下，无法按照捐赠目的使用捐赠财产，是由于信息不对称、募捐和捐赠存在时间差等客观因素造成的，并非慈善组织或捐赠人主观故意，也不存在违法违规，因此必须妥善处理。特别是在公开募捐时，由于慈善组织是直接以公开方式向不特定公众发布募捐公告，通过公布募捐账户持续接受捐赠，对捐赠人的实际捐赠时间以及通过汇款附言等方式提出的具体捐赠用途，只有在接到捐赠时方才知情，尤其容易发生上述情形。

由于捐赠财产不能返还捐赠人，当捐赠财产不能按照原有约定使用时，只能按照近似原则，通过一定的程序用于与原捐赠目的相近的其他慈善用途。为了确保慈善用途变更的公正，慈善法要求必须在监督下进行。公开募捐取得的捐赠财产由于涉及捐赠人较多，无法一一征求意见，由民政部门代表捐赠人和公众进行监督，慈善组织确需变更募捐方案规定的捐赠财产用途的，应当报原备案的民政部门备案。确需变更捐赠协议约定的捐赠财产用途的，应当征得捐赠人同意。

第五十七条 慈善组织应当合理设计慈善项目，优化实施流程，降低运行成本，提高慈善财产使用效益。

慈善组织应当建立项目管理制度，对项目实施情况进行跟踪监督。

◆ **解读与适用**

本条是关于慈善项目制度的规定。

本条确定建立慈善项目制度，使慈善活动从开始筹划到募捐、到使用财产或者提供服务，始终按照具体的慈善项目来运作、管理。这一制度有助于慈善组织提高管理水平，提高财产使用效率和社会效益。

做慈善与其他工作一样，都需要按照计划执行，一个慈善项目就是一项计划。慈善组织在履行宗旨的过程中，将宗旨分解为具体的任务，在完成具体任务时，为了实现任务的一系列目标而实施的活动，就构成慈善项目。慈善项目的实施过程也是慈善组织使用捐赠财产的过程。慈善项目应当最大化地实现慈善目的，在项目的设计、实施、成本控制上都尽可能地提高财产使用效益。慈善项目的任务设定应当尽量惠及更多的人，充分考虑人民群众的迫切需要和长远发展，寻求解决社会问题的最优方案。慈善项目的标准流程设计应当充分考虑经济成本、时间成本和有效控制，力争把捐赠财产花在刀刃上。慈善组织为了做好慈善项目，除了对受益人进行直接资助以外，也需要为项目的开展支付必要的运行成本，但成本的付出必须紧密服务于慈善目的的实现，通过直接资助与运行成本的合理分割，实现慈善项目社会效益的最大化。

为了实现上述目的，慈善法明确规定，慈善组织应当建立项目管理制度，对项目实施情况进行跟踪监督。这里所说的项目管理，就是指慈善组织或者慈善项目的管理者，在有限资源的约束下，运用系统的方法，对慈善项目涉及的全部工作进行有效管理，即从慈善项目的设计到项目结束的全过程进行计划、组织、指挥、协调、控制和评价，以实现项目的目标。慈善组织既要在组织层面建立统一的项目管理制度，又要根据具体项目的具体特点制定细则。慈善组织对其实施的慈善项目不能说给了钱就万事大吉了，还要对该项目整体运作情况、实施效果持续进行跟踪监督，发现问题及时纠正，以保证原定的慈善目的的最终实现。对完成的慈善项目，慈善组织要开展绩效评估，可以委托第三方评估机构来做这项工作。另外，根据慈善法第七十九条第三款规定，慈善项目实施周期超过六个月的，至少每三个月公开一次项目实施情况，项目结束后三个月内应当全面、详细公开项目实施情况和募得款物使用情况。

第五十八条 慈善项目终止后捐赠财产有剩余的，按照募捐方案或者捐赠协议处理；募捐方案未规定或者捐赠协议未约定的，慈善组织应当将剩余财产用于目的相同或者相近的其他慈善项目，并向社会公开。

◆ **解读与适用**

本条是关于慈善项目终止后剩余财产处理的规定。

所谓慈善项目终止后的剩余财产，是指一个慈善项目因完成或者因种种原因无法实现慈善目的而终止，原用于该项目财产的剩余部分。这里所讲的慈善项目终止后剩余财产的处理与慈善组织终止后剩余财产的处理有所不同，在前者情况下，运作该项目的慈善组织依然存在；在后者情况下，该慈善组织不复存在。

慈善项目终止后，捐赠财产未使用完毕的，应当遵循国际上通行的"近似原则"，继续用于与原捐赠目的相同或近似的其他慈善项目，不能返还捐赠人，也不能用于任何非慈善目的。捐赠人可以按照近似原则在捐赠协议中与慈善组织就剩余财产的用途提前作出约定；慈善组织开展募捐时，也可以按照近似原则在募捐公告中对剩余财产的用途提前进行告知。捐赠协议或募捐公告中事先有约定的，慈善项目终止后的剩余财产按照事先约定执行；事先没有约定的，由慈善组织决定将剩余财产用于目的相同或者相近的其他慈善项目，并向社会公开。

第五十九条 慈善组织确定慈善受益人，应当坚持公开、公平、公正的原则，不得指定或者变相指定慈善组织管理人员的利害关系人作为受益人。

◆ **解读与适用**

本条是关于慈善组织确定受益人的规定。

慈善组织接受捐赠的目的是将捐赠财产用于慈善受益人，受益人对慈善组织的财产享有使用的权利，是慈善组织所提供服务的消费者。慈善组织对受益人可以提供财产资助，也可以利用自身的人力资源直接或者通过购买服务为受益人提供慈善服务。受益人可以是社会公众，也可以是若干个体，甚至是单独的个体。慈善组织资助福利院、养老院、学校、医院等机构用于恤孤、养老、助医、助学等慈善事业的，该机构本身是慈善组的受益人，其服务对象也是慈善组织的受益人。

确定受益人要遵循以下原则：（1）公开原则，要求慈善组织将慈善项目、受益人条件、确定程序等有关事项的内容公布于众，建立透明的申请、筛选机制，保障社会公众的知情权，防止暗箱操作。（2）公平原则，要求慈善组织在确定受益人时，坚持法律面前人人平等和机会均等，避免歧视对待。（3）公正原则，要求慈善组织坚持正义和中立，防止徇私舞弊。

慈善组织通过履行公开、公平、公正的原则进行选择，来保障选定的受益人符合慈善目的和捐赠人的意愿。没有建立公平、公正的选择标准，没有经过公平、公正的决策程序，没有充分的信息披露，直接指定特定受益人，就违背了慈善的宗旨。慈善法第五十九条明确规定，慈善组织不得指定或者变相指定慈善组织管理人员的利害关系人作为受益人。当然，慈善组织管理人员的利害关系人，如果符合慈善项目的受益人条件，可以与其他符合条件的人一样成为该项目的受益人。就是说，这些利害关系人可以同等条件地成为慈善项目受益人的一部分。比如，某个慈善组织管理人员的亲戚在某个贫困农村，该亲戚如果经过公开、公平、公正的程序和标准筛选后符合救助条件，可以与其他村民一样平等获得慈善救助。

第六十条 慈善组织根据需要可以与受益人签订协议，明确双方权利义务，约定慈善财产的用途、数额和使用方式等内容。

受益人应当珍惜慈善资助，按照协议使用慈善财产。受益人未按照协议使用慈善财产或者有其他严重违反协议情形的，慈善组织有权要求其改正；受益人拒不改正的，慈善组织有权解除协议并要求受益人返还财产。

◆ **解读与适用**

本条是关于慈善组织与受益人权利义务关系的规定。

慈善组织与受益人之间的关系是平等的，一方不得将自己的意志强加给另一方，慈善组织将捐赠财产提供给受益人不是单方面的"恩赐"，实际上是在履行责任、完成捐赠使命。强调慈善组织与受益人法律地位的平等性，对慈善组织在开展慈善活动中尊重受益人、维护受益人权益具有重要意义。慈善组织与受益人签订协议不是强制性义务，而是根据实际需要决定是否签订协议。根据民法典的规定，受益人为无民事行为能力人或者限制民事行为能力人的，由其监护人或者法定代理人与慈善组织签订协议。经过双方平等协商，慈善组织与受益人可就下列事项达成协议：双方当事人的名称或者姓名和住所，慈善财产的种类及其用途，受益人的名额，资助的数额和期限，慈善组织交付财产的期限、地点和方式，慈善财产的使用方式，等等。

协议一旦签订，对双方当事人都具有法律约束力。慈善组织和受益人应当按照约定执行，不得擅自变更或者解除协议。当然，在执行中，如果情况发生了变化，比如，资助治病，受益人病情减轻或者加重，经双方协商，可以酌情减少或者增加资助数额。针对实践中有的受益人不够珍惜慈善资助、滥用慈善资源的情况，慈善法规定，受益人应当珍惜慈善资助，按照协议使用慈善财产。受益人未按照协议使用慈善财产或者有其他严重违反协议情形的，慈善组织有权要求其改正；受益人拒不改正的，慈善组织有权解除协议并要求受益人返还财产。这就赋予慈善组织监督受益人合理使用慈善财产的权利和责任。

第六十一条 慈善组织应当积极开展慈善活动，遵循管理费用、募捐成本等最必要原则，厉行节约，减少不必要的开支，充分、高效运用慈善财产。具有公开募捐资格的基金会开展慈善活动的年度支出，不得低于上一年总收入的百分之七十或者前三年收入平均数额的百分之七十；年度管理费用不得超过当年总支出的百分之十；特殊情况下，年度支出和管理费用难以符合前述规定的，应当报告办理其登记的民政部门并向社会公开说明情况。

慈善组织开展慈善活动的年度支出、管理费用和募捐成本的标准由国务院民政部门会同财政、税务等部门制定。

捐赠协议对单项捐赠财产的慈善活动支出和管理费用有约定的，按照其约定。

慈善信托的年度支出和管理费用标准，由国务院民政部门会同财政、税务和金融监督管理等部门制定。

◆ **解读与适用**

本条是关于慈善组织和慈善信托开展慈善活动的年度支出和募捐成本、管理费用的规定。

这里所说的"年度支出"，是指慈善组织一年中将其财产用于开展慈善活动项目的总支出；"募捐成本"是指慈善组织在开展募捐活动过程中产生的物资采购、宣传推广、活动组织等费用；"管理费用"是指慈善组织为组织和管理开展慈善活动而发生的各项费用。管理费用主要由三部分组成：一是理事会等决策机构的工作经费；二是慈善组织工作人员的工资福利，包括行政管理人员的工资、奖金、住房公积金、住房补贴、社会保障费等；三是行政办公支出，包括办公费、水电费、邮电费、物业管理费、差旅费、折旧费、修理费、租赁费等。

慈善组织开展慈善活动的年度支出以及管理费用，是慈善财产管理使用中的一个重要问题，社会普遍关注。修正前的慈善法鉴于慈善组织的复杂性和慈善活动的多样性，综合考虑各方面意见，对慈善组织中具有公开募捐资格的基金会的年度支出和管理费用作出规定，而对于具有公开募捐资格的基金会以外的慈善组织开展慈善活动的年度支出和管理费用的标准，则授权国务院民政部门会同国务院财政、税务等部门制定。依据慈善法的授权，2016年10月，民政部、财政部和国家税务总局印发了《关于慈善组织开展慈善活动年度支出和管理费用的规定》，对具有公开募捐资格的基金会以及其他慈善组织的年度支出和管理费用作出了规定。慈善法在修正时，参考了该规定内容。考虑到实践中少数慈善组织的募捐成本过高，导致挤占真正用于慈善项目的资金的问题，本条对慈善组织的募捐成本作出了规范。另外，修正后的慈善法对于慈善信托的年度支出和管理费用也首次作出规定。

正确理解和贯彻这一条的规定，需要把握以下六点：

第一，对慈善组织运用慈善财产的原则要求。开展慈善活动、服务人民群众，是慈善组织设立和存续发展的宗旨。慈善组织通过多种方式募集财产的目的，是实现慈善宗旨，而不是消极地维持本组织的存续，也不是一味地发展壮大组织本身。光筹资不干活或者多筹资少干活，都违背了慈善目的和慈善组织存在的使命。因此，慈善法规定，"慈善组织应当积极开展慈善活动，遵循管理费用、募捐成本等最必要原则，厉行节约，减少不必要的开支，充分、高效运用慈善财产"。慈善法明确提出了管理费用、募捐成本的"最必要原则"，有助于提醒慈善组织规范开展募捐，谨慎使用资金，实现募捐成本、管理费用最低化和社会效益最大化。

第二，公募基金会的年度支出和管理费用的支出标准。具有公开募捐资格的基金会是慈善组织的一部分。《基金会管理条例》第二十九条规定："公募基金会每年用于从事章程规定的公益事业支出，不得低于上一年总收入的70%；非公募基金会每年用于从事章程规定的公益事业支出，不得低于上一年基金余额的8%。基金会工作人员工资福利和行政办公支出不得超过当年总支出的10%。"2014年，《国务院关于促进慈善事业健康发展的指导意见》规定："基金会工作人员工资福利和行政办公支出等管理成本不得超过当年总支出的10%，其他慈善组织的管理成本可参照基金会执行。"慈善法在总结实践经验的基础上，适当放宽了标准，规定："具有公开募捐资格的基金会开展慈善活动的年度支出，不得低于上一年总收入的百分之七十或者前三年收入平均数额的百分之七十；年度管理费用不得超过当年总支出的百分之十；特殊情况下，年度支出和管理费用难以符合前述规定的，应当报告办理其登记的民政部门并向社会公开说明情况。"

第三，其他类型慈善组织的年度支出和管理费用的支出标准。除了公募基金会外，其他类型的慈善组织慈善活动年度支出和管理费用也应当有具体的标准。民政部、财政部和国家税务总局2016年发布的《关于慈善组织开展慈善活动年度支出和管理费用的规定》中，将慈善组织分为四种，分别规定了其年度支出和管理费用：一是具有公开募捐资格的基金会，其相关标准依照慈善法的规定。二是具有公开募捐资格的社会团体和社会服务机构，其年度慈善活动支出不得低于上年总收入的百分之七十；年度管理费用不得高于当年总支出的百分之十三。三是不具有公开募捐资格的基金会，开展慈善活动的年度支出和年度管理费用根据其上年末净资产规模来确定，年度支出为不低于上年末净资产的百分之六至百分之八；年度管理费用不得高于当年总支出的百分之十二至百分之二十。四是不具有公开募捐资格的社会团体和社会服务机构，开展慈善活动的年度支出和年度管理费用同样按照其上年末净资产规模确定，年度支出为不低于上年末净资产的百分之六至百分之八；年度管理费用为不高于当年总支出的百分之十三至百分之二十。此外，慈善组织的年度管理费用低于20万元人民币的，不受上述年度管理费用比例的限制。

第四，慈善组织的募捐成本支出标准。修正后的慈善法首次对慈善组织开展募捐活动的成本进行了规定。2016年8月，民政部公布的《慈善组织公开募捐管理办法》规定，开展公开募捐活动，应当依法制定募捐方案。募捐方案中就包括募捐成本。慈善组织在制定募捐方案时，应当合理评估，努力降低募捐成本，使更多的善款用于慈善目的。本条并未规定慈善组织募捐成本的具体标准，而是授权国务院民政部门会同财政、税务等部门制定。

第五，捐赠协议约定的支出标准。慈善法第六十一条第三款规定："捐赠协议对单项捐赠财产的慈善活动支出和管理费用有约定的，按照其约定。"本条第一款、第二款规定的"支出"是指慈善组织的年度支出，而第三款规定的"支出"是单项支出。就单项捐赠来说，捐赠人可以与慈善组织约定该捐赠财产的慈善活动支出和管理费用的比例，这一比例既可以低于本条第一款规定的比例，也可以高于本条第一款规定的比例。但这种约定必须合法、合理，不能违背慈善宗旨。同时，根据《关于慈善组织开展慈善活动年度支出和管理费用的规定》第十三条的规定，慈善组织签订捐赠协议对单项捐赠财产的慈善活动支出和管理费用有约定的，从其约定，但其年度慈善活动支出和管理费用不得违反该规定的要求。

第六，慈善信托的年度支出和管理费用的支出标准。修正前的慈善法并未规定慈善信托的年度支出和管理费用标准，原银监会、民政部2017年印发的《慈善信托管理办法》第十四条规定，慈善信托文件应当载明年度慈善支出的比例或数额，但该规定中慈善信托的年度支出比例只是慈善信托自行申报的比例，并没有明确的法律标准。为了进一步规范慈善信托的发展，为慈善信托享受税收优惠提供支持，慈善法在修正后新增一款："慈善信托的年度支出和管理费用标准，由国务院民政部门会同财政、税务和金融监督管理等部门制定。"

第七章　慈善服务

第六十二条　本法所称慈善服务，是指慈善组织和其他组织以及个人基于慈善目的，向社会或者他人提供的志愿无偿服务以及其他非营利服务。

慈善组织开展慈善服务，可以自己提供或者招募志愿者提供，也可以委托有服务专长的其他组织提供。

◆ 解读与适用

本条是关于慈善服务概念的规定。

一、慈善服务是慈善活动的重要方式

慈善活动的目的是帮助他人和社会，从提供者的角度，"有钱出钱，有力出力"；从需求者的角度，既有物质性的需求，也有非物质性的需求。因此慈善活动大致可以分为款物资助型和服务型两类。慈善法第三条也将捐赠财产和提供服务作为开展慈善活动的两种重要形式。

追溯慈善活动的起源，服务型慈善与款物资助型慈善都有着古老的历史。但从《英国慈善法》关于慈善目的定义的演变历史来看，在18世纪，教会所开展的慈善活动多集中在扶贫济困这类典型的款物资助型慈善活动上。进入20世纪，随着慈善事业的发展，慈善组织的规模越来越大，其最引人注目的特征是对社会财富的聚合再分配，即如一些经济学家所言，相当于"第三次分配"（同时可能涉及第二次分配中政府税收的让渡）。因此，慈善立法关注的重点是慈善财产"从哪里来、如何管理、用到哪里"，对慈善活动进行规范的核心是保证财产安全。囿于当时经济社会发展的程度以及人们的慈善理念，在以财产规则为中心的立法模式下，服务型慈善

未能从一开始就受到立法者的重视，游离在专门规则之外，由其他民事、行政法律来调整。

但是，随着经济社会的发展，以提供非物质帮助为主的服务型慈善日益成为慈善事业发展的重要组成部分。主要原因有：一是随着社会保障体系的建立与逐渐完善，社会救助和社会保险等制度确立，社会成员特别是贫困群体和因各种风险而处于困境的群体被纳入制度化的保障，原先在这一领域活跃的款物资助型慈善活动也相应逐渐转变方式。以扶贫为例，从古代简单的施衣舍食，到现代的"就业辅导+发放创业贷款"等一条龙"授之以渔"的服务，慈善活动的面貌在悄然发生改变。我国尚处于社会主义初级阶段，社会保障体系强调"广覆盖、保基本、多层次、可持续"，款物资助型慈善的作用仍不可替代，但服务型慈善的作用也日益显现。二是慈善活动的领域不断拓展，教育、科学、文化、卫生、环境保护等领域的慈善活动，往往并不向受益对象提供有形产品，但这些慈善活动提供了大量对他人和社会有益的无形产品或服务，并且其发挥的作用越来越重要。三是在一些领域，慈善服务可以作为市场营利性服务和政府公共服务的重要补充。以养老为例，随着人口老龄化进程加快，护理照料等服务需求缺口很大，但养老服务业本身存在风险大、投资回报周期长、利润率不高等特点，社会资本投资热情不高，在市场失灵的时候，一方面需要政府出台产业引导政策，另一方面也需要积极发展慈善性质的非营利养老服务。

二、慈善服务是基于慈善目的向社会或者他人提供的服务

基于慈善目的而提供服务是慈善服务的本质特征。根据慈善法第三条的规定，本法所称慈善活动，是指自然人、法人和非法人组织以捐赠财产或者提供服务等方式，自愿开展的下列公益活动：(1) 扶贫、济困；(2) 扶老、救孤、恤病、助残、优抚；(3) 救助自然灾害、事故灾难和公共卫生事件等突发事件造成的损害；(4) 促进教育、科学、文化、卫生、体育等事业的发展；(5) 防治污染和其他公害，保护和改善生态环境；(6) 符合本法规定的其他公益活动。据此，判断是否属于慈善服务的第一个标准，不在于慈善组织和其他组织以及个人的主体身份，而在于是否基于以上慈善目的。当然，慈善法规范的慈善服务，主要是慈善组织开展的慈善服务。

三、慈善服务包括志愿无偿服务和其他非营利服务两种情况

2017年8月国务院发布的《志愿服务条例》第二条第二款规定："本条例所称志愿服务,是指志愿者、志愿服务组织和其他组织自愿、无偿向社会或者他人提供的公益服务。"根据这一规定,志愿服务至少包含自愿、无偿(或不以物质报酬为目的)、公益三个基本要素。志愿服务从本质上是慈善性的,与慈善精神相契合。中华民族自古以来就有互帮互助的优良传统。近年来我国的志愿服务脱胎于学习雷锋精神活动,不断蓬勃发展,已经成为一项最具群众基础的慈善活动。公民参与慈善,既可以捐款捐物,也可以"捐"出自己的时间,把知识、技能和体力转化为对他人的帮助。与捐赠款物相比,志愿服务的特点是人人可为,解囊相助或许困于囊中羞涩,身体力行则难说力有不逮。许多国家积极倡导民众开展志愿服务、提倡全社会优待志愿者,既繁荣了公益慈善事业,也起到了教育公民的作用。根据慈善法第二章的有关规定,许多专门开展志愿服务的非营利性组织符合慈善组织的条件,其他慈善组织在开展活动过程中也经常需要招募、组织志愿者贡献力量。志愿服务是现代社会文明进步的重要标志,是加强精神文明建设、培育和践行社会主义核心价值观的重要内容。在推进中国特色慈善事业发展进程中,要大力弘扬"奉献、友爱、互助、进步"的志愿精神,广泛普及服务他人、奉献社会的志愿服务理念,培育全社会志愿服务文化自觉,使志愿服务成为人们重要的道德实践和基本生活方式。

其他非营利服务是慈善服务的重要组成部分。根据慈善法第四条规定,非营利是开展慈善活动的基本原则之一。"营利"一词在《现代汉语词典》中的释义为:动词,谋求利润。非营利即指"不以谋求利润为目的"。根据慈善法的精神,非营利服务的内涵应当包括以下两层:首先,服务提供者的目的并不是获取利润,而是实现某种慈善目的;其次,服务活动如产生剩余收入(利润),不得进行分配,应当继续投入慈善服务中。志愿服务虽然符合非营利服务的条件,但其与其他非营利服务的主要区别在于是否完全无偿,其成本不需要由受益人承担,但其他非营利服务的受益人有时需要承担部分服务成本,从而使服务可持续。以博物馆展览服务为例,向参观者收取门票开放参观的部分,属于非营利服务,而组织志愿者为参观者

提供免费讲解的部分，则属于志愿服务。又如，某帮助残疾人进行康复训练的机构，其资金来源既有政府购买服务的资金和社会捐赠，也有服务对象支付的费用，这种康复服务也属于非营利服务。志愿服务和其他非营利服务都是慈善服务的重要组成部分，在不同领域、不同场合发挥各自的作用。

此外，随着社会分工不断细化，慈善服务的领域也不断细分，专业化要求越来越高。因此本条第二款特别规定："慈善组织开展慈善服务，可以自己提供或者招募志愿者提供，也可以委托有服务专长的其他组织提供。"结合慈善法第五十七条第二款"慈善组织应当建立项目管理制度，对项目实施情况进行跟踪监督"的规定，要求慈善组织对受托人和志愿者实施慈善服务的情况进行监督，保证服务质量。

第六十三条 开展慈善服务，应当尊重受益人、志愿者的人格尊严，不得侵害受益人、志愿者的隐私。

◆ **解读与适用**

本条是关于慈善服务各参与方关系的规定。

慈善服务中，各参与方的法律地位是平等的。根据慈善法第四条的规定，开展慈善活动不得损害"他人合法权益"。由于慈善服务固有的人身性较强的特点，容易出现不尊重参与方人格尊严以及侵害隐私等情况。对此，本条专门作出规定：

第一，慈善组织、其他组织和志愿者等服务方，要尊重受益人。实践中，有的慈善组织在宣传报道慈善活动时，事先不征得受益人同意就指名道姓或让他们上镜；有的志愿者缺乏专业素养，无意中将受益人的残疾、病痛、婚姻状况等属于个人隐私的信息泄露出去；有的要求受益人频繁反馈感谢，反馈不及时就指责其不知感恩。这些做法究其原因，是缺乏对受益人处境的理解和同情，怀有居高临下施恩的心态。据社会心理学的研究，身处困境的人们无论其境遇多么恶劣，需要帮助的心情多么迫切，都不情愿失去自己的人格尊严。从国际通行做法来看，在慈善领域"保持受施者的尊严"是公认原则。

第二，慈善组织、其他组织和受益人等，要尊重志愿者。实践中，有的受益人将志愿者当作免费劳动力使用，志愿者的人格得不到应有的尊重；有的慈善组织保密意识不强或内部管理不善，造成志愿者的个人信息泄露甚至被贩卖；等等。志愿者的无偿奉献，是慈善服务最不可或缺的力量。相比于机构化的慈善组织和其他组织，分散的志愿者个体处于弱势地位，应当通过制度保障，来保护志愿者的积极性不受挫伤。

第六十四条 开展医疗康复、教育培训等慈善服务，需要专门技能的，应当执行国家或者行业组织制定的标准和规程。

慈善组织招募志愿者参与慈善服务，需要专门技能的，应当对志愿者开展相关培训。

◆ 解读与适用

本条是关于慈善服务标准的规定。

随着服务领域的扩大和细分，慈善服务逐渐演变成养老助残、医疗护理、教育培训、法律援助、应急救援等需要专门技能、受到专业标准和规程约束的行业。实践中，在这些专业性较强的领域开展慈善服务的，很多并非专业人员，操作不够规范。因服务质量参差不齐引发的纠纷逐渐增多。针对这种情况，本条第一款规定，需要专门技能的慈善服务，应当执行国家或者行业组织制定的标准和规程。这也就明确了慈善服务的提供者不能因服务本身的非营利性而降低服务标准，必须达到法律法规或者行业标准的基本要求。虽然这样的规定看似提高了开展此类慈善服务的门槛，但是通过法律的严格约束，不仅可以保护受益人的合法权益免受侵害，也可以引导慈善服务提供者加强风险防范的意识，避免产生纠纷，最终将有利于慈善服务持续健康发展。本条第二款是对第一款的补充，仍然是对慈善服务标准的要求。因为实践中慈善组织开展慈善服务，往往需要招募志愿者。有些专业服务要求有相应资质的，如医师资格、教师资格等，应当招募具备资质的志愿者；其他需要专门技能的，慈善组织负有对所招募志愿者开展培训，使之具备相应能力的义务，以保证这些志愿者从事专业服务，能够执行国家或者行业组织制定的标准和规程。

> **第六十五条** 慈善组织招募志愿者参与慈善服务，应当公示与慈善服务有关的全部信息，告知服务过程中可能发生的风险。
>
> 慈善组织根据需要可以与志愿者签订协议，明确双方权利义务，约定服务的内容、方式和时间等。

◆ **解读与适用**

本条是关于慈善组织对志愿者应尽义务的规定之一。

慈善组织是现代慈善活动的重要主体，是慈善服务的主要提供者，也是志愿服务主要的组织者。慈善组织开展慈善服务过程中最需要法律明确的是慈善组织与志愿者的关系。志愿者为慈善服务提供了源源不断的人力资源，但由于志愿者不是慈善组织的雇员，双方权利义务不受劳动法调整，双方权益特别是相对处于弱势地位的志愿者的权益需要专门作出规定。因此，慈善法第六十五条至第六十七条和第六十九条明确规定了慈善组织招募志愿者开展慈善服务过程中应当尽到的义务。本条的规定着重要求在招募环节，慈善组织应当：

第一，公示信息、告知风险。志愿服务过程中可能会存在各种各样的风险，特别是在周期较长、涉及志愿者数量较多的志愿服务活动中，一旦发生自然灾害、人为事故或者因为志愿服务项目本身引发的事故，将可能导致志愿者人身、财产权益受到损害，或者可能对志愿服务对象、第三人的人身、财产权益造成损害，志愿者将面临被追诉并承担法律责任的风险。因此，慈善组织在招募志愿者时，应当公布与慈善服务有关的真实、准确、完整的信息以及慈善服务中可能出现的风险，让志愿者对参与慈善服务的风险有充分的认识。

第二，根据需要签订协议。慈善组织还应当根据慈善服务的具体情况，如是否对人身安全、身心健康有较高风险，是否需要志愿者连续较长时间服务等，来确定是否与志愿者签订协议，明确双方权利义务，服务的内容、方式和时间等。

第六十六条 慈善组织应当对志愿者实名登记，记录志愿者的服务时间、内容、评价等信息。根据志愿者的要求，慈善组织应当无偿、如实出具志愿服务记录证明。

◆ 解读与适用

本条是关于慈善组织对志愿者应尽义务的规定之二。

慈善组织应当对志愿者实名登记、做好服务记录并应要求出具证明。实名登记是志愿者管理的基本条件，是开展志愿服务记录的前提。慈善法有关实名登记的义务，目前只是对慈善组织的要求。在实践中，针对志愿者登记较为分散、资源重叠浪费的情况，我国正在推动建立统一的志愿者登记注册制度，对志愿者年龄、技能、特长等相关信息进行登记，建立志愿者信息数据库，了解志愿者参加志愿服务活动的意愿及其专业特长，以便合理配置志愿服务资源，也为注册志愿者提供更广阔的服务空间，实现志愿服务的规范化、常态化和专业化。志愿服务是志愿者对自己时间和专业技能的捐赠，与捐赠财产相比，难以用金钱来衡量，其时效性、过程性更强，所以，记录服务时间、内容和评价，对激励志愿者继续积极投身志愿服务活动具有重要意义，也是在全社会倡导志愿服务活动、优待志愿者的重要依据。在做好服务记录的同时，还应当根据志愿者的要求，无偿、如实出具志愿服务记录证明，以备志愿者在升学、就业等方面之需。此外，慈善组织对于掌握的志愿者隐私信息，应当注意保密。为规范志愿服务记录证明工作，中央文明办、民政部、教育部和共青团中央出台了《关于规范志愿服务记录证明工作的指导意见》，对志愿服务记录证明的出具主体、内容格式、办理流程和监督管理进行规范。

第六十七条 慈善组织安排志愿者参与慈善服务，应当与志愿者的年龄、文化程度、技能和身体状况相适应。

◆ 解读与适用

本条是关于慈善组织对志愿者应尽义务的规定之三。

慈善组织应当合理安排志愿者的工作内容，提供必要的工作保障。慈善服务的成功开展，需要志愿者具备相应的体力、知识和技能等。慈善组织作为慈善活动的规划、指导和调动者，应当合理安排和指导志愿者开展志愿服务，即安排志愿者从事与其年龄、技能和身体状况相适应的活动，根据需要开展相关培训，这样既不浪费志愿者资源，同时也可以防范服务风险，提升服务效果。慈善组织还应当为志愿者参与慈善服务提供必要的物质条件，为开展可能存在一定人身危险性志愿服务的志愿者购买保险。保险是志愿者保障的重要方式，是分担志愿者在开展志愿服务过程中遭遇的人身伤害、财产损失等风险，打消志愿者后顾之忧的有效措施。《中央精神文明建设指导委员会关于推进志愿服务制度化的意见》明确提出应当根据需要为志愿者参加志愿服务购买保险和提供基本保障。当前，发达国家和地区大都建立了志愿者强制人身保险制度。美国1997年《义工保护法》要求通过州际保险市场购买保险，来保障义工活动。《意大利志愿服务基本政策法》规定，志愿者组织必须针对事故、疾病以及与执行活动本身相关的第三方责任，为正在进行志愿工作的成员投保。《罗马尼亚志愿服务法》要求与志愿服务计划有关的费用将由与欧委会签订协议的保险公司负担。韩国2012年在灾难灾害救助、社会福利、保健等15个领域的志愿服务保险预算为62亿韩元。我国除在地方立法中对志愿服务保险作了规定，还进行了许多实践探索。北京、黑龙江、上海等地使用财政资金为所有实名注册志愿者提供免费保险，每名志愿者的保费不足1元甚至更低。通过财政的集中投入，覆盖了所有政府必须为志愿者投保的情形，如政府举办大型赛会招募志愿者的保险、应对突发事件招募应急救援志愿者的保险等，总体上节约了财政资金，极大地激发了志愿者参与慈善服务的热情，促进了慈善服务的开展。

第六十八条 志愿者接受慈善组织安排参与慈善服务的，应当服从管理，接受必要的培训。

◆ 解读与适用

本条是关于志愿者义务的规定。

本条的规定，结合慈善法第六十五条至第六十七条的规定综合解读，志愿者在享有知情权、保障权、获得证明权等各项权利的同时，也应承担相应的义务：

第一，志愿者要向慈善组织提供个人真实身份信息，这是慈善组织进行实名登记的必要条件。第二，志愿者还应如实告知自己的身体状况、专长兴趣等，以便慈善组织合理安排服务工作，这样既能保障志愿者的安全，也能合理配置人力资源。实践中，一些志愿者仅凭一腔热情，不顾自身条件去参与力不能及的服务活动，不仅实现不了志愿服务的目的，反而给慈善活动和自己带来不利影响，甚至身心受到伤害或者给服务对象造成伤害。如果志愿者故意隐瞒身体状况等造成损害的，应当认定志愿者存在过错。第三，在开展慈善服务过程中，志愿者应当服从管理，参与和退出服务活动，应当及时告知慈善组织，保证慈善服务正常开展。根据所参与慈善服务的专业程度，志愿者还应接受慈善组织安排的必要培训。

第六十九条 慈善组织应当为志愿者参与慈善服务提供必要条件，保障志愿者的合法权益。

慈善组织安排志愿者参与可能发生人身危险的慈善服务前，应当为志愿者购买相应的人身意外伤害保险。

◆ **解读与适用**

本条是关于慈善组织对志愿者应尽义务的规定之四。

慈善组织直接提供慈善服务过程中发生人身、财产损害的，一般按照民法典侵权责任编的有关规定处理。但在慈善组织招募志愿者开展慈善服务过程中发生损害的，责任归属较为复杂。志愿者与慈善组织之间既不是劳动关系，也不是劳务关系，志愿服务具有无偿性和公益性，多方法律主体的关系就更为复杂，在慈善法颁布之前，尚未有其他法律对此作出明确界定。

志愿者虽然是服务活动的直接实施者，但所参与的慈善服务对外是以所在慈善组织的名义进行的，志愿者的志愿服务融入慈善组织开展的慈善服务当中。志愿者与慈善组织的关系，虽然不如雇佣关系那么紧密，但也形成了事实上的职务代理关系（与慈善组织工作人员接近），慈善组织应当比照雇主，对外承担替代责任。为了更有效地保障受益人和第三人的权益，降低志愿者从事慈善服务的风险，鼓励更多的人投身慈善事业，根据慈善法第一百一十九条的规定，志愿者造成受益人、第三人损害的，慈善组织依法承担赔偿责任，志愿者存在故意或者重大过失情形的，慈善组织在承担责任之后可以向其追偿；志愿者在参与慈善服务过程中受到损害，慈善组织有过错的要依法承担赔偿责任，即使损害是由不可抗力造成的，慈善组织也应当给予适当补偿。此外，如果志愿者因慈善服务受益人或者第三人的原因受到损害的，志愿者有权依照民法典侵权责任编的规定要求赔偿，由于慈善组织与志愿者之间存在的特殊合作关系，慈善组织应当提供力所能及的帮助。

慈善法之所以规定在慈善服务活动中即使因志愿者的过错造成受益人、第三人损害的，慈善组织也要承担赔偿责任，一方面是由于志愿者个人处于相对弱势地位，另一方面也是考虑到作为组织者的慈善组织，理应比志愿者掌握更多信息，对慈善服务过程的管理能力和对风险的预判防范能力都应更强。但实践中，确实有许多中小慈善组织承担责任的能力有限，慈善服务损害赔偿责任对它们压力较大。因此，在慈善法实施中要进一步引导和鼓励慈善组织加强内部管理，提高风险管控能力，同时通过购买保险等方式，预先对慈善服务风险作出防范。

第八章　应急慈善

第七十条　发生重大突发事件需要迅速开展救助时，履行统一领导职责或者组织处置突发事件的人民政府应当依法建立协调机制，明确专门机构、人员，提供需求信息，及时有序引导慈善组织、志愿者等社会力量开展募捐和救助活动。

◆ **解读与适用**

本条是关于建立应急慈善活动政社协调机制的规定。

"救助自然灾害、事故灾难和公共卫生事件等突发事件造成的损害"是慈善法第三条明确规定的一类重要慈善活动。自古以来，大灾大难对社会资源动员整合的需要就是慈善事业发展的重要驱动力。"一方有难，八方支援"，举国同心，万众协力，近年来，在多次重大突发事件发生时，慈善组织、志愿者等社会力量迅速响应，积极动员，多方筹集资金、物资，主动关怀困难群体，写下了浓墨重彩的篇章。应急慈善活动日益组织化、规模化，展现出越来越强大的动员整合能力，成为应对重大灾难、兜好民生底线不可忽视的重要力量。

总结实践中正反两个方面的经验，2023 年在原慈善法对应急慈善专条规定的基础上，更进一步设立应急慈善专章进行全面规范，明确了慈善组织和慈善行为在应对突发事件中的地位和作用，厘清政府责任，健全协调共享机制，对重大突发事件中慈善募捐、慈善捐赠、慈善财产使用、信息公开、监督管理等各个方面，作出了特殊规定，进一步完善了应急慈善法律制度。其中最关键的是将应急慈善活动纳入突发事件应对管理机制的总体框架，明确慈善力量是突发事件治理体系中不可或缺的重要组成部分。需要注意的是，适用慈善法应急慈善一章的规定，要注意与突发事件应对方面的法律法规相协调，处理好一般法与特别法适用的关系。

按照新修改的慈善法第七十条的规定：

一是明确建立政社协调机制的情形要求，是在"发生重大突发事件需要迅速开展救助时"。按照突发事件应对法，根据社会危害程度、影响范围等因素，将自然灾害、事故灾难和公共卫生事件分为特别重大、重大、较大和一般四级。但慈善法本条的"重大"不能与突发事件应对法的"重大"分级直接对应，慈善法本条的"重大"更多是定性。这是因为突发事件等级划分有专门标准和程序，有时并非事件发生当时等级就已经划分确定。为了适应复杂的实际情况，慈善法赋予有关人民政府一定的裁量和解释空间。但一般认为，符合特别重大和重大分级的突发事件应当属于慈善法规定的"重大"。

二是明确责任主体，"履行统一领导职责或者组织处置突发事件的人民政府应当依法建立协调机制"。此处规定与突发事件应对法等法律法规对有关政府责任的规定保持一致、直接衔接。

三是明确具体职责，"明确专门机构、人员，提供需求信息，及时有序引导慈善组织、志愿者等社会力量开展募捐和救助活动"。有关人民政府要落实慈善法本条的具体要求，积极主动引导慈善力量有序有效地开展应急慈善活动，整合节约慈善资源，发挥最大的政社协同效应。

第七十一条 国家鼓励慈善组织、慈善行业组织建立应急机制，加强信息共享、协商合作，提高慈善组织运行和慈善资源使用的效率。

在发生重大突发事件时，鼓励慈善组织、志愿者等在有关人民政府的协调引导下依法开展或者参与慈善活动。

◆ **解读与适用**

本条是关于鼓励慈善行业建立应急机制、开展或者参与应急慈善活动的规定。

应急慈善过往实践中存在慈善行业协同不足的问题，如果能形成行业联合谈判机制，应能节约大量慈善资源；慈善行业的基层动员能力有待提高，部分吸纳较多社会捐赠的大型慈善组织在基层缺乏得力的项目执行团队，不能及时动员组织志愿者，需要通过政府和其他渠道层层对接，处于"有劲使不上"的状态；大型慈善组织对个人志愿者和"草根"团队的培训指导、款物支持不够，慈善行业良好生态格局尚未形成。虽然在此过程中一些行业性、枢纽型慈善组织积极自发牵头建立应急协调机制，但因彼此信息不对称，应急慈善活动中的行业秩序仍相对较为混乱。慈善行业的生机活力源于社会自发的热情，行业协同不足问题在日常状态下似乎并不突出，但应急状态下的无序竞争，暴露出行业协同不足也是影响慈善行业健康发展的一个重要因素。

慈善法修改中注意到了这个问题，明确规定除了应当建立政府与慈善力量之间的协调机制，也鼓励慈善行业内部建立起协调机制，加强信息共享、协商合作，提高慈善组织运行和慈善资源使用的效率。需要注意的是，这一协调机制应当是常态的、长效的，不能等到事件发生时再去建立，而是应当在日常工作中就保持紧密联系，互通有无，一旦出现突发事件，各类慈善组织、志愿服务组织等就能够根据自己的专业特长有序有效参与。慈善行业组织要更进一步发挥行业引领、统筹协调、资源整合和行业自律作用，加强慈善行业在应急状态下的协同联动，建立应急状态下的慈善需求信息发布与数据跟踪以及物资接收、仓储、物流、调配等工作机制，提升慈善组织应急救助能力和专业水平。

第七十二条 为应对重大突发事件开展公开募捐的，应当及时分配或者使用募得款物，在应急处置与救援阶段至少每五日公开一次募得款物的接收情况，及时公开分配、使用情况。

◆ **解读与适用**

本条是对应急状态下公开募捐募得款物分配使用效率和信息公开从严要求的特别规定。

突发事件具有情况紧急、社会危害性强的特征，捐赠款物早一步到位就能早一步发挥应急作用。同时，相比日常状态，在应急状态下慈善工作的社会关注度更高、舆论影响范围更广，社会对慈善工作效率和透明度的要求也更高。但往往此时社会捐赠在短时间内爆发，而慈善行业的应对能力相对有限。应急慈善过往实践中，有的慈善组织不考虑执行能力盲目募捐，或者专业能力不足，所募捐款物与需求不匹配，导致款物分配不及时；有的仓促募得的一些物资不达标或者凭证不全无法保证质量，增加接收方的工作难度，引发后续法律纠纷；有的慈善组织信息公开不规范、舆情应对能力弱，在突发事件"聚光灯"效应下，工作缺陷和错误更容易被放大，引起不必要的误解和争议；等等。这些不规范、不透明的行为，不仅影响了慈善应急作用的发挥，也损害了慈善行业的公信力。

因此，慈善法第七十二条对应急状态下开展慈善工作的效率和透明度提高标准、从严要求，这主要是相对慈善法第七十九条日常状态下定期公开募捐情况和慈善项目实施情况的一般要求而言。第七十九条规定："具有公开募捐资格的慈善组织应当定期向社会公开其募捐情况和慈善项目实施情况。公开募捐周期超过六个月的，至少每三个月公开一次募捐情况，公开募捐活动结束后三个月内应当全面、详细公开募捐情况。慈善项目实施周期超过六个月的，至少每三个月公开一次项目实施情况，项目结束后三个月内应当全面、详细公开项目实施情况和募得款物使用情况。"而对应急慈善，法律提出了更高要求，第七十二条规定："为应对重大突发事件开展公开募捐的，应当及时分配或者使用募得款物，在应急处置与救援阶段至少每五日公开一次募得款物的接收情况，及时公开分配、使用情况。"慈善组织要严格落实这条规定要求，充分发挥应急慈善的应有作用，顺应社会关切：一是要制定应急预案，日常注重提升应急能力，确保突发事件发生时能够尽快实现平战转换、提高工作效率；二是要科学评估自身能力，"没有金刚钻，不揽瓷器活"，达不到法律硬性要求将依法承担法律责任；三是要高度重视信息公开，用翔实的材料做好舆情应对，珍惜组织信誉和整个行业的公信力。

需要注意的是，本条中至少每五日公开一次募得款物的接收情况的要求仅针对"应急处置与救援阶段"。这是考虑到社会捐赠蜂拥而至，但突发事件情况复杂，应急处置与救援阶段持续时间不对等，确有一些募得款物因客观因素未分配使用完毕,需要转为在后续灾后重建阶段继续使用,还有一些社会捐赠虽然在前期接收,但捐赠方的意愿也倾向用于后续重建、修复。慈善组织要更好地实现慈善目的,既要将募得款物"用得及时",也要"用得有效"。这些更长周期的募得款物的分配使用,按照慈善法第七十二条的规定履行信息公开义务即可。

第七十三条 为应对重大突发事件开展公开募捐,无法在募捐活动前办理募捐方案备案的,应当在活动开始后十日内补办备案手续。

◆ **解读与适用**

本条是对应急状态下公开募捐备案手续补办的特别规定。

根据慈善法第二十四条规定,开展公开募捐应当制定募捐方案,并在开展募捐活动前报慈善组织登记的民政部门备案。备案旨在让慈善事业主管部门掌握公开募捐活动的具体情况,便于受理投诉举报和开展监督检查,适用于日常状态下的慈善监管工作。但突发事件发生具有突然性,无法准确预判。实践中,对因不可抗力等因素导致行政相对人未能及时履行相关手续的,行政机关给予延期办理、容缺办理,符合依法行政的精神。2016年8月民政部出台的部门规章《慈善组织公开募捐管理办法》中规定,为应对重大突发事件开展公开募捐,无法在募捐活动前办理募捐方案备案的,应当在活动开始后十日内补办备案手续。2023年慈善法修改,将部门规章的做法上升为法律,明确放宽募捐方案的备案时间和备案手续。应急状态下的慈善监管工作也要作出符合应急处突特殊需要的灵活应对,以快制快,突出效率导向,注重实施效果。需要注意的是,本条放宽备案时间要求的前提是"无法在募捐活动前办理募捐方案备案",如果客观条件允许,慈善组织仍应按照第二十四条的规定正常备案。

第七十四条 县级以上人民政府及其有关部门应当为捐赠款物分配送达提供便利条件。乡级人民政府、街道办事处和村民委员会、居民委员会，应当为捐赠款物分配送达、信息统计等提供力所能及的帮助。

◆ 解读与适用

本条是关于在应急状态下为捐赠款物分配送达提供便利条件和帮助的规定。

突发事件应对是"与时间赛跑"，应急慈善工作最紧要的是让捐赠款物尽快到达最终需求方手中，其中物资捐赠更有利于达到慈善目的，具有不可替代的意义。但突发事件发生后，一方面，往往出现自然条件险阻、交通通信不畅乃至中断，交通工具紧缺、人力资源紧缺等难题，救援物资卡在途中、卡在"最后一公里"的情况时有发生；另一方面，与国家统一储备调拨的应急救援物资不同，慈善捐赠物资来源分散、数量批次不好预估、质量参差不齐，进一步加剧了分配送达的难度。常态下应由慈善组织自行负责慈善项目实施，但在时间紧、任务重、难度大的情况下仅凭慈善组织的力量难以很好地实现。可以说，捐赠物资如何及时、合理分配、送达需求方，是应急慈善工作的难中之难、痛中之痛。

2021年5月通过的《湖北省慈善条例》总结实践中的经验教训，设立应急慈善专章，其中重点规范了应急慈善物资调度问题，规定"县级以上人民政府应当建立应急慈善物资调度机制，动态发布有关信息，接受社会监督。县级以上人民政府可以根据需要通过购买服务等方式，支持慈善组织、相关企业以及其他社会力量运用专业化方式，开展应急慈善捐赠物资的装卸、仓储、运输、分发等工作……应急管理、公安、交通运输、市场监管、税务等部门应当根据应急慈善工作需要，提供车辆通行与调度、质量检验、免税手续办理等便利条件，简化相关程序，提高捐赠物资分配送达效率。执行突发事件应急任务中运送抢险救灾以及捐赠物资的车辆，免交车辆通行费"。慈善法修改过程中吸收了《湖北省慈善条例》等地方性法规的有益做法，将为应急状态下捐赠款物分配送达提供便利和帮助上升为法律规定。根据慈善法第七十四条规定，相关责任主体有两个层次：

一是县级以上人民政府及其有关部门，应当为捐赠款物分配送达提供便利条件。县级以上人民政府负责本行政区域的突发事件管理工作，应当考虑到捐赠款物分配送达问题，按照慈善法第七十条的规定纳入政社协调机制统筹安排。政府民政、应急管理、公安、交通运输、市场监管、税务、海关等有关部门按照各自职责提供相应的便利条件。

二是乡级人民政府、街道办事处和村民委员会、居民委员会，应当为捐赠款物分配送达、信息统计等提供力所能及的帮助。乡级人民政府、街道办事处是基层政府、基层政府的派出机关，村民委员会和居民委员会是基层群众性自治组织，在突发事件应对中基层政府和基层组织依法承担相应职责，帮助打通应急处突工作的"最后一公里"。考虑到基层工作任务繁重，"千条线、一根针"，尤其是突发事件发生地的基层政府和基层组织的压力比较大，因此慈善法仅要求它们为捐赠款物分配送达、信息统计等提供"力所能及"的帮助。

第九章 信息公开

第七十五条 国家建立健全慈善信息统计和发布制度。

国务院民政部门建立健全统一的慈善信息平台，免费提供慈善信息发布服务。

县级以上人民政府民政部门应当在前款规定的平台及时向社会公开慈善信息。

慈善组织和慈善信托的受托人应当在本条第二款规定的平台发布慈善信息，并对信息的真实性负责。

◆ 解读与适用

本条是关于慈善信息统计、发布以及建立健全统一的慈善信息平台的规定。

一、国家建立健全慈善信息统计和发布制度

促进慈善事业健康发展，必须全面掌握慈善组织与慈善活动的基本情况。但在实践中，我国尚未形成统一的慈善信息统计与发布制度，政府以及慈善组织信息公开制度不健全，各有关部门掌握的慈善信息条块分割，没有形成统一的整体，只能收集、整理诸如基金会、慈善会等社会组织的募捐、项目运作等信息，使得政府以及社会公众难以准确掌握我国慈善事业发展的现状。建立健全慈善信息统计和发布制度，摸清慈善事业的"底数"，是政府做好慈善信息公开的基础，也是慈善事业相关决策的重要依据。本条第一款中的"国家建立健全慈善信息统计和发布制度"，是将慈善信息统计和发布纳入国家统一的统计管理体制。县级以上人民政府是慈善信息统计和发布的责任主体，要将慈善信息统计和发布纳入整个政府信息公开统计报送工作的范畴,加强组织领导,为慈善信息统计和发布工作提供必要的保障;建立慈善信息统计和发布制度,健全科学的统计指标体系,不断改进统计方法,充分运用信息化手段,对慈善组织、慈善信托以及慈善活动信息的收集、整理、统计、分析、发布、应用等环节进行规范,提高慈善信息统计和发布的科学性、全面性。

县级以上地方各级人民政府分级负责本级辖区内的慈善信息统计工作,应当按照国家有关规定建立慈善信息统计资料的保存、管理制度,建立健全慈善统计信息共享机制。县级以上人民政府的民政、财政、税务等有关部门应当按照规定及时向本级人民政府统计机构报送统计慈善信息所需要的有关资料。县级以上地方各级人民政府统计机构应当及时向本级人民政府的民政、财政、税务等有关部门提供慈善信息统计资料,并按照国家有关规定,定期发布慈善信息统计资料。慈善组织、受托开展慈善信托的信托公司和其他慈善信息的统计调查对象,也应当按照国家有关规定设置原始记录、统计台账,建立健全相应的管理制度,为政府慈善信息的统计和发布提供基础材料。

二、国务院民政部门建立健全统一的慈善信息平台

县级以上人民政府民政部门在履行职责过程中,通过制作或者获取并以一定形式记录、保存,形成与慈善组织、慈善活动有关的政府信息。由于慈善涉及广大社会公众的利益,与慈善相关的政府信息具有很强的公共性,是慈善组织和慈善活动接受社会监督的重要基础,因此,县级以上人民政府民政部门应当及时向社会公开慈善信息。

民政部门公开慈善信息,需要有发布信息的载体、介质,也就是进行信息公开的平台。实践中,已经有复杂多样、功能不一的各类信息平台,如广播、电视、报刊、互联网等。目前,一些地方人民政府和有关部门也已搭建了慈善信息公开的平台,社会各界也自发建立了不少慈善信息公开平台,如门户网站开设的公益频道、公益专区等,这些平台虽然已经具备了一定的社会影响力,但仍较为分散,有的平台发布的信息的权威性和专业性无法得到保障,有的平台由于定位和功能所限,并不适合政府部门发布信息。如果没有统一的慈善信息发布平台,全国慈善信息、慈善数据就无法形成一盘棋，无法进行共享，这对政府在慈善领域开展数据收集、统计分析、调查研究和政策创制是不利的。另外，不规范的发布平台加大了社会公众进行慈善信息检索、查询和监督的难度，一定程度上妨碍了慈善信息的传播和应用。特别是随着自媒体等新媒体平台的兴起，信息出现了交互强、传播快、低门槛、易操作等新特点，人人都可以成为信息发布和传播的主体，慈善信息难免会出现鱼龙混杂、良莠不齐的现象。如果缺乏统一的慈善信息发布平台，对虚假信息便无法及时验伪，负面舆情无法及时应对，不利于慈善事业健康发展。因此，有必要建立统一的慈善信息发布平台，保障政府有关部门有效、及时地向社会公开与慈善相关的信息。

国务院民政部门作为全国慈善工作的主管部门，有责任建立统一的慈善信息平台，并对平台进行维护和管理，确保严肃性、权威性、专业性和信息发布的及时性。2017年，民政部上线了全国慈善信息公开平台（慈善中国）。经过多次升级改造，目前平台包含慈善组织查询、慈善信托查询、募捐方案备案、慈善项目进展、慈善组织年报等多个模块。通过该平台，慈善组织用户可以进行基本信息公示、慈善项目公示、年报年检内容公示以及申领公开募捐资格、开展公开募捐方案备案等工作。此外，慈善信托受托人也可以通过本平台将慈善信托事务及财务处理等情况向社会进行公示。民政部门等管理用户可以对慈善组织提交的公开募捐资格申请和公开募捐方案进行审核和备案，也可以发布慈善组织的等级评估信息、税前扣除资格信息、奖惩信息等相关信息，还可以进行慈善信托备案管理工作。社会公众可以通过平台查询全国慈善组织用户及慈善信托受托人用户公示的全部信息。

三、慈善组织和慈善信托的受托人应当在民政部建立的慈善信息平台上发布慈善信息

慈善中国不仅仅是为民政部门服务的平台，慈善组织、慈善信托的委托人以及其他有关部门也应当能够在平台上发布信息。慈善组织、慈善信托的委托人发布的信息，角度、内容和政府部门不完全一致，既可以与政府部门发布的信息互相印证，也可以发布募捐、项目展示等个性化的慈善信息。其他有关部门获取的慈善信息，制定的与慈善组织相关的行政法规、规章和规范性文件，也应当在平台上发布。

慈善组织、慈善信托的受托人以及其他有关部门在上述信息平台上履行法定的慈善信息发布义务。除此之外，也可以在其他平台上发布信息。例如，慈善组织可以在其自建的网站上发布慈善信息，也可以在门户网站、社交软件、学术期刊上发布慈善信息。

慈善组织和慈善信托的受托人虽然是在民政部的信息平台上发布信息，但作为信息发布的责任主体，按照"谁发布、谁负责"的原则，应当对其发布的慈善信息的真实性负责。如果慈善组织和慈善信托的受托人发布了虚假、伪造、编造的慈善信息，应当承担相应的法律责任，信息平台对慈善组织和慈善信托的受托人发布信息的真实性不负法律责任。同时，根据本条规定，慈善组织和慈善信托的受托人在统一信息平台上发布慈善信息不需要支付任何费用。

第七十六条 县级以上人民政府民政部门和其他有关部门应当及时向社会公开下列慈善信息：

（一）慈善组织登记事项；

（二）慈善信托备案事项；

（三）具有公开募捐资格的慈善组织名单；

（四）具有出具公益性捐赠税前扣除票据资格的慈善组织名单；

（五）对慈善活动的税收优惠、资助补贴等促进措施；

（六）向慈善组织购买服务的信息；

（七）对慈善组织、慈善信托开展检查、评估的结果；

（八）对慈善组织和其他组织以及个人的表彰、处罚结果；

（九）法律法规规定应当公开的其他信息。

◆ 解读与适用

本条是关于民政部门和其他有关部门慈善信息公开的规定。

一、各有关政府部门应当按照各自职责公开所掌握的慈善信息

本条规定的应当公开的慈善信息，是指有关行政机关在履行职责过程中制作或者获取的、以一定形式记录保存的信息，按照《中华人民共和国政府信息公开条例》属于政府信息。应当对所掌握的慈善信息进行公开的，既包括县级以上人民政府民政部门，也包括其他有关部门。民政部门是慈善事业的主管部门，负责慈善组织的登记、认定、监管，对慈善信托进行备案等，因此，民政部门承担着公开相关信息的职责。除民政部门以外，统计、财政、税务、教育、科技等部门，不但可以获取、掌握慈善组织、慈善信托、慈善活动的信息，还能够参与制作有关慈善信息，例如，统计慈善组织信息，发布慈善组织、慈善活动数据，制定慈善税收优惠政策，对慈善组织给予税收优惠等。因此，各相关部门在各自的职责范围内，都有公开慈善信息的义务。

二、县级以上人民政府民政部门和其他有关部门应当主动公开的九类慈善信息

1. 慈善组织登记事项。民政部门对慈善组织登记的有关事项，包括但不限于：慈善组织的名称、组织形式、登记管理机关、业务主管单位、统一社会信用代码、设立宗旨、业务范围、法定代表人、成立时间、联系方式、住所、是否具有公开募捐资格，以及行政法规规定的其他属于登记事项的信息。

2. 慈善信托备案事项。民政部门对慈善信托备案的有关事项，包括但不限于：委托人、受托人的登记事项、信托文件、受托人变动情况、信托事务处理情况及财务状况等。

3. 具有公开募捐资格的慈善组织名单。即指经过民政部门登记或者认定为慈善组织，并依法取得公开募捐资格的慈善组织名单。

4. 具有出具公益性捐赠税前扣除票据资格的慈善组织名单。该名单按照现行规定由财政部门、税务部门、民政部门联合发布公告予以确认。

5. 对慈善活动的税收优惠、资助补贴等促进措施。包括财政、税务、民政等有关部门制定的有关慈善税收优惠、资助补贴的具体政策措施。例

如，2020 年 5 月财政部、税务总局、民政部联合发布的《关于公益性捐赠税前扣除有关事项的公告》规定，企业或个人通过公益性社会组织、县级以上人民政府及其部门等国家机关，用于符合法律规定的公益慈善事业捐赠支出，准予按税法规定在计算应纳税所得额时扣除。类似的政策文件应当向社会进行公开。

6. 向慈善组织购买服务的信息。政府购买服务是指通过发挥市场机制作用，把政府直接提供的一部分公共服务事项以及政府履职所需服务事项，按照一定的方式和程序，交由慈善组织等社会组织提供服务，政府根据合同约定向其支付相关费用的制度。政府购买服务应当符合公开透明原则，应当及时向社会公告购买内容、规模、对承接主体的资质要求和应提交的材料等相关信息，要公开相关财政预算和政府购买服务活动的相关信息。

7. 对慈善组织、慈善信托开展检查、评估的结果。民政部门依法对慈善组织、慈善信托开展检查，组织第三方评估，有关结果要向社会进行公开。其他有关部门依法对慈善组织、慈善信托开展专项检查，进行专项评估也要公开有关结果。

8. 对慈善组织和其他组织以及个人的表彰、处罚结果。县级以上人民政府或者有关部门在慈善领域开展的对慈善组织和其他组织、个人的表彰，例如中华慈善奖的评选结果要向社会公开。还有民政部门和其他部门依法对慈善组织和其他组织做出的行政处罚等，也要向社会公开。

9. 法律法规规定应当公开的其他信息。该项是兜底条款，不属于上述八项的信息，但在有关法律法规中明确要求公开的，需要公开。

县级以上人民政府民政部门和其他有关部门公开的慈善信息，可以分为两大类。第一类是慈善组织、慈善信托、慈善活动的客观信息，如上述第一项、第二项信息。这类信息的特点是具有客观性、确定性、唯一性，仅随着慈善组织、慈善信托、慈善活动自身的产生、变化、结束而发生变更，社会公众可以对这些情况有直观、清晰的认识。第二类是政府和有关部门履行职责过程中形成的信息，如上述第三项至第八项信息，是由政府及有关部门建立制度、确立标准、设定规则后，运用这一整套评判体系对慈善组织、慈善信托、慈善活动及有关组织、个人进行评价、判定后产生的信息，该类信息中既可能有正面信息，也可能有负面信息。这些慈善信息都是涉及社会公众利益、需要社会公众广泛知晓或者参与的，因此，慈善法将这些信息列为有关政府部门需要主动公开的信息。

上述慈善信息都应当在慈善中国上公布。当然也可以同时在其他平台上公布。

> **第七十七条** 慈善组织、慈善信托的受托人应当依法履行信息公开义务。信息公开应当真实、完整、及时。

◆ 解读与适用

本条是关于慈善组织、慈善信托受托人信息公开义务和基本原则的规定。

慈善信息公开的责任主体有两类，第一类是政府及有关部门，其责任、义务及进行公开的慈善信息内容已在上文中阐述；第二类是慈善组织以及慈善信托的受托人。这两类责任主体进行信息公开的出发点不尽相同，政府及有关部门更多的是从规范慈善组织和慈善活动、督促慈善组织和慈善活动接受社会监督，更好地履行政府监管、政府信息公开义务的角度出发，公开发布慈善信息；而慈善组织以及慈善信托的受托人是基于慈善的本质属性、组织自我运转本能、建立慈善组织公信力的要求而进行信息公开。这两类主体公开的慈善信息内容、要求不尽相同，信息公开所适用的原则也不尽相同。

一、信息公开是慈善组织、慈善信托受托人的法定义务

很多国家对慈善组织的信息公开非常重视，在英国，慈善组织需要按照规定标准向慈善委员会申报信息，慈善委员会将所有慈善组织的年报和财务信息在网上进行披露。在美国，享受免税资格的慈善组织需要向税务局申报990表，表上填报的信息有对公众开放的义务。在日本，慈善组织所有接受政府检查的内容都要向社会进行公开。

慈善法从我国慈善事业发展的实际出发，借鉴国际经验，设专章规定信息公开，特别是对慈善组织信息公开作出了明确系统的规定，这主要是

基于以下四点考虑：

一是提升慈善事业公信力的需要。公信力是慈善事业发展的基石，透明度是提升公信力的根本途径。慈善法颁布前，其他法律法规对慈善信息公开已经作出了一定要求，但尚未形成体系。近年来，一些慈善组织在公开透明方面出现了部分问题，影响了慈善组织的公信力。本法回应社会关切，通过建立健全信息公开制度，切实保障社会公众的知情权，致力于把慈善事业做成人人信任的"玻璃口袋"。慈善组织是现代慈善事业的中坚力量，完善的信息公开制度倒逼慈善组织规范内部治理，提高管理水平和运作效率，提高公众满意度，最终提升行业整体公信力。

二是加强社会监督的需要。慈善组织与企业不同，一方面具有非营利性、公益性的特点，另一方面也存在"所有者缺位"的管理难题。慈善组织的财产虽然来源于捐赠人，但捐赠行为一旦完成，财产所有权即归属于慈善组织。而慈善组织的理事不是企业股东，虽然能够参与决策，但其私人不存在利益关系。为防止慈善组织的财产被侵占、浪费或者滥用，必须构建强有力的外部监督。在政府监管部门的监督管理之外，社会监督也是不可或缺的方式。要进行有效的社会监督，前提就是信息公开，让公众充分了解慈善组织的各项信息，发现和检举不法行为，同时进行比较和甄别，淘汰不合格、低效率的慈善组织。

三是反映了慈善组织享受税收优惠的基本要求。税收优惠是指国家将纳税人应纳税额的一部分或全部让渡给纳税人的财政性措施。我们通常所说的慈善组织的税收优惠，包括捐赠人的公益性捐赠税前扣除和慈善组织所得税免税两类，这两类税收优惠目的是鼓励慈善捐赠和慈善事业发展。同样，根据权利义务对等原则，慈善组织要获得税收优惠资格，需接受广大纳税人、社会公众的监督，以避免税收流失，导致财政体制受到冲击和危害。

四是体现了对捐赠人的责任。慈善财产主要来自捐赠，按照权利义务对等原则，慈善组织的信息公开义务应当与其所拥有的权利相对应，因此，慈善组织对捐赠人有报告财产使用情况和接受捐赠人监督的义务；对于开展了公开募捐的慈善组织，广大社会公众已经成为或即将成为捐赠人，这类慈善组织还应当承担更多的信息公开责任。

二、信息公开应当遵循真实、完整、及时的原则

1. 真实。"真实"有两个层面的要求，一是要跟客观事实相符合，二是准确可靠。真实是一切信息的核心要素，信息失真，则信息也就失去了全部意义。因此，慈善组织应当公开的是客观、确切的信息，是如实反映事物原貌的信息，特别是有关募捐、捐赠的收支等数据信息，不得伪造、编造、捏造，不得进行误导式描述，慈善组织要对发布信息真实性承担主体责任。

2. 完整。"完整"的一般含义是"没有损坏或残缺"，在这里是要求慈善组织严格按照法律、行政法规的要求，全面公开有关信息，不得进行选择性公开。例如，不能只公开正面情况，对负面问题不予公开；不得有重大遗漏等。需要注意的是，"完整"并不意味着"无一例外"，慈善法第八十二条规定，"涉及国家秘密、商业秘密、个人隐私的信息以及捐赠人、慈善信托的委托人不同意公开的姓名、名称、住所、通讯方式等信息，不得公开"，因此，慈善组织以及慈善信托的受托人在信息公开时要以审慎态度，判断信息是否属于禁止公开的内容。

3. 及时。信息是有时效性的，信息的生命力就在于更新和流动，信息在传播中的更迭速度越快，在实践中的价值就越高，意义越大。这对于慈善组织以及慈善信托的受托人也同样适用。当然，"及时"并不等同于"实时"。慈善法第七十九条列示了慈善组织信息公开的时限要求，除定期公开信息外，有关活动周期超过六个月的，至少每三个月公开一次，并在活动结束后三个月内全面公开相关情况。可见，信息公开的及时性应该更接近于"适时性"，是指在合适的时间节点进行公开。

真实、完整、及时是检验慈善组织以及慈善信托受托人履行信息公开义务的标准，这三个原则不是孤立的，而是有机统一的整体，是从不同侧面、不同角度对慈善组织以及慈善信托的受托人信息公开提出的要求，不可偏废。

第七十八条 慈善组织应当向社会公开组织章程和决策、执行、监督机构成员信息以及国务院民政部门要求公开的其他信息。上述信息有重大变更的,慈善组织应当及时向社会公开。

慈善组织应当每年向社会公开其年度工作报告和财务会计报告。具有公开募捐资格的慈善组织的财务会计报告须经审计。

◆ 解读与适用

本条是关于慈善组织信息公开内容的一般规定。

一、慈善组织应当向社会公开组织章程和登记事项等基本信息

章程是慈善组织一切活动的依据,而决策、执行、监督的内部治理结构又是章程中最为重要的内容。慈善法第十一条规定,慈善组织的章程应当载明其名称和住所,组织形式,宗旨和活动范围,财产来源及构成,决策、执行机构的组成及职责,内部监督机制,财产管理使用制度,项目管理制度,终止情形及终止后的清算办法等事项。因此,慈善组织向社会公开的章程内容,应当包含上述事项。慈善组织的登记管理机关、统一社会信用代码、法定代表人、成立时间、联系方式、是否具有募捐资格、内部治理结构情况(如决策、执行、监督机构成员信息)等,属于慈善组织的登记信息,也是慈善组织的基本信息,慈善组织也应当一并进行公开。

二、慈善组织应当向社会公开国务院民政部门要求公开的其他信息

县级以上人民政府民政部门是各级各类慈善组织的登记管理机关,而国务院民政部门是登记管理机关中的中央机关,负有制定慈善组织登记管理、执法监察的政策、办法,对地方登记管理机关工作进行指导和监督等职责,因而国务院民政部门有权根据监督管理工作的需要,要求慈善组织公开有关信息。例如:在发生重大自然灾害、事故灾难和公共卫生事件时,国务院民政部门可以要求慈善组织对参与救灾的具体情况向社会公开,慈善组织应当进行公开。

三、上述信息有重大变更的，慈善组织应当及时向社会公开

上述信息的重大变更，是指章程和决策、执行、监督机构成员情况以及国务院民政部门要求慈善组织公开的信息中，有较为明显的变动内容的，变动后的内容应当及时向社会公开。例如，慈善组织的业务范围从教育领域调整为环保领域的、负责人卸任的、住所地址变更的、之前公开的信息有误进行了纠正的，都属于重大变更。

四、慈善组织应当每年向社会公开年度工作报告和财务会计报告

年度工作报告和财务会计报告应当包括但不限于慈善组织年度开展募捐以及接受捐赠情况、慈善财产的管理使用情况、开展慈善项目情况、慈善组织工作人员的工资福利情况等信息。这些信息直接与捐赠人、受益人、社会公众的利益密切相关，是社会各界关注的焦点，也是判定慈善组织是否践行宗旨、运转良好的依据。慈善组织应当将上述信息真实、完整、及时地呈现出来。慈善组织既要按要求将年度工作报告和财务会计报告向登记的民政部门报告，又要向社会公开。

具有公开募捐资格的慈善组织的财务会计报告在公开之前，必须先进行审计。这是因为具有公开募捐资格的慈善组织，其募捐行为牵涉面广、影响力大、社会公众关注度高、参与度高，通过审计，可以保证财务会计报告的真实有效，也是对慈善组织活动的监督。审计机构由具有公开募捐资格的慈善组织自行聘请，相关费用自行承担。其他慈善组织也可以根据需要对财务会计报告进行审计。

需要说明的是，除上述强制公开的信息外，慈善组织可以根据自身建设和发展情况，自主决定向社会公开哪些信息。这类信息没有内容和范围上的限定，是慈善组织自行、自愿、自觉公开的信息。例如：有的慈善组织内部治理结构比较完善，管理制度比较健全，项目运作比较规范，各方面走在了慈善组织的前列，因而其有自信、有动力向社会公开更多、更具体的信息，向公众全方位展示其取得的成绩，以获得公众的信任和支持，吸引更多的社会捐赠和优秀的专业人才流入，从而推动本组织持续健康发展，形成良性循环。

第七十九条 具有公开募捐资格的慈善组织应当定期向社会公开其募捐情况和慈善项目实施情况。

公开募捐周期超过六个月的，至少每三个月公开一次募捐情况，公开募捐活动结束后三个月内应当全面、详细公开募捐情况。

慈善项目实施周期超过六个月的，至少每三个月公开一次项目实施情况，项目结束后三个月内应当全面、详细公开项目实施情况和募得款物使用情况。

◆ 解读与适用

本条是关于慈善组织公开募捐和项目实施情况信息公开的规定。

根据慈善法第二十一条的规定，慈善募捐包括面向社会公众的公开募捐和面向特定对象的定向募捐两种形式。两种不同形式的募捐不仅在募捐资格、募捐方式等方面有不同的法律要求，在信息公开方面的法律义务要求也有不同。慈善法第七十九条规定，具有公开募捐资格的慈善组织应当定期向社会公开其募捐情况和慈善项目实施情况。这是对慈善组织公开募捐活动信息公开的总体要求。公开募捐活动是一项面向社会公众的行为，由于涉及社会公共秩序和公共利益，需要法律有更多的规制，在信息公开方面，体现为要求慈善组织将募捐情况和慈善项目实施情况全面、详细地向社会公开，接受社会公众的监督。这样不仅有利于增加慈善组织的透明度和公信力、增加捐赠人对慈善组织的信任度，也有利于保障捐赠人的知情权、监督权以及社会公众的监督权，有效防止暗箱操作，还有利于促进慈善组织建立健全内部治理机制，规范内部管理，促进慈善组织健康运行。

一、关于公开募捐情况的信息公开

慈善组织开展公开募捐的信息公开，一是应当在募捐活动现场或者募捐活动载体的显著位置，公布募捐组织名称、募捐资格证书、募捐方案、联系方式、募捐信息查询方法等。二是公开募捐周期超过六个月的（不含六个月），至少每三个月公开一次募捐情况。三是公开募捐活动结束后三个月内应当全面、详细公开募捐情况。应当公开的募捐情况包括：募得款物的数额及其构成、管理和使用情况、是否向捐赠人开具了捐赠票据以及募捐成本等与募捐相关的信息。

二、关于项目实施情况的信息公开

对基于公开募捐所实施的慈善项目,项目实施周期超过六个月的(不含六个月),至少每三个月公开一次项目实施情况;项目结束后三个月内应当全面、详细公开项目实施情况和募得款物使用情况。慈善项目实施情况应当公开的信息包括:项目名称、受益人的申请及评审程序、项目实施成本(包括物资采集、人力成本等)、项目实施进度等;项目委托第三方执行的,还应公开执行方的相关信息。募得款物使用情况应当公开的信息包括:是否按照募捐方案的规定或捐赠协议的约定使用捐赠财产、开展慈善活动的支出数额和管理费用数额、剩余财产的处理情况等。

第八十条 慈善组织开展定向募捐的,应当及时向捐赠人告知募捐情况、募得款物的管理使用情况。

◆ **解读与适用**

本条是关于慈善组织定向募捐履行告知义务的规定。

慈善组织开展定向募捐,应当就与捐赠人捐赠财产相关的信息履行告知义务,如就募捐目的、用途、受益人选择程序和标准、受益人情况、募得款物的使用计划、管理制度、监督方式等信息向捐赠人进行反馈。目的是保障捐赠人的知情权以及对捐赠财产管理使用的监督权。

一、告知的对象

慈善组织开展定向募捐时,告知的对象是捐赠人,这是由慈善组织的募捐范围决定的。慈善组织发起定向募捐,其募捐的对象是发起人、理事会成员和会员等特定对象,而不是社会公众,因此,慈善组织的募捐情况和募得款物的管理使用情况仅需向这部分特定主体披露即可,这是就此次定向募捐而言的。慈善法关于慈善组织信息公开的一般规定,开展定向募捐的慈善组织也要遵守。

二、告知的内容

慈善组织应将募捐情况和募得款物的管理使用情况告知捐赠人。需要告知的募捐情况包括：募捐目的，募款用途，募捐的起止时间，接受捐赠方式，联系方式，募得款物的构成、数额和使用计划，是否向捐赠人开具了捐赠票据以及募捐成本等。需要告知的募得款物管理使用情况包括：募得款物的管理费用、保值增值情况、项目实施成本（包括物资采集、人力成本等）、项目实施进度、是否按规定或捐赠协议约定的用途使用捐赠财产等。

三、告知的时间

与公开募捐时信息披露的要求不同，本条没有对定向募捐履行告知义务的时间作具体规定，而是用了"及时"二字。这里的"及时"可理解为"适时性"，是要求慈善组织应在合理的时间节点进行信息公开。如果捐赠协议中约定了告知的时间，或者捐赠人提出了合理的告知要求，慈善组织应按约定或要求进行告知。一般情况下，募捐情况的披露包括募捐开始前的披露和募捐结束后的披露，慈善组织还可以参照公开募捐的时间要求，在募捐过程中也进行信息披露。

第八十一条 慈善组织、慈善信托的受托人应当向受益人告知其资助标准、工作流程和工作规范等信息。

◆ **解读与适用**

本条是关于慈善组织和慈善信托的受托人向受益人履行告知义务的规定。

慈善组织和慈善信托的受托人向受益人履行告知义务，一方面，通过信息告知，受益人可以明确得知应得到多少数额的资助、资助的方式是一次性的还是持续性的、资助是否还需受益人进行配套支出或后续支出等信息，使受益人明确知晓自己的权益，可有效避免因信息不对称导致双方之间的误解和纠纷。另一方面，慈善组织和慈善信托的受托人向受益人进行信息披露，也有利于受益人对其捐赠承诺和资助项目的实施进行监督，促进其建立健全管理机制，规范项目运作。

按照权利义务对等原则，慈善组织和慈善信托的受托人对受益人的告知义务仅限于与受益人利益相关的信息，主要包括：资助标准、工作流程和工作规范等。

一、关于资助标准

慈善组织和慈善信托的受托人在项目开始前即应确定对受益人的资助标准，并依据该标准对受益人进行资助，不能随意更改标准，更不能侵占、私分、截留或挪用资助款项。按照程序确定了项目受益人后，慈善组织和慈善信托的受托人应将资助标准准确、全面、及时地告知受益人。

二、关于工作流程

工作流程一般包括：项目运作步骤、实施进度安排等。受益人了解工作流程，有利于对何时获得资助形成合理的预期，同时也有利于了解和监督慈善项目的运作情况，慈善组织和慈善信托的受托人不得借故推辞，更不能隐瞒不告知。

三、关于工作规范

慈善组织和慈善信托的受托人要建立相应的管理制度，明确行为准则，规范项目运作。比如，要对捐赠财产的管理使用予以规范，防止侵占、私分、截留、挪用；要对捐赠程序予以规范，不能未经慈善组织履行接收、审批和发放程序，就由捐赠人直接转移给受益人或者其他第三方等。工作规范是慈善组织和慈善信托的受托人对相关法律法规的进一步细化，告知项目受益人相关工作规范，有利于监督慈善项目更规范地管理和运作。

第八十二条 涉及国家秘密、商业秘密、个人隐私的信息以及捐赠人、慈善信托的委托人不同意公开的姓名、名称、住所、通讯方式等信息,不得公开。

◆ **解读与适用**

本条是关于信息公开例外情况的规定。

慈善信息应以公开为原则,以不公开为例外。慈善法第七十七条规定了慈善信息公开的真实、完整、及时三原则,但"完整"并不意味着"无一例外"。根据本条的规定,涉及国家秘密、商业秘密、个人隐私的信息以及捐赠人、慈善信托的委托人不同意公开的姓名、名称、住所、通讯方式等信息,便是慈善信息公开的例外。因此,相关主体在公开慈善信息时要以审慎态度,准确判断信息是否属于禁止公开的内容。

一、涉及国家秘密、商业秘密、个人隐私的信息不得公开

这是信息公开除外的一般性原则,许多法律、行政法规均依此原则对信息公开作出例外规定。

1. 国家秘密。保守国家秘密是法律赋予所有组织和个人的法律义务。根据保守国家秘密法,国家秘密是指"关系国家安全和利益,依照法定程序确定,在一定时间内只限一定范围的人员知悉的事项","一切国家机关和武装力量、各政党和各人民团体、企业事业组织和其他社会组织以及公民都有保密的义务"。

2. 商业秘密。商业秘密,一般是指"不为公众所知悉,能为权利人带来经济利益,具有实用性并经权利人采取保密措施的技术信息和经营信息"。捐赠时涉及商业秘密的情形很多,例如,捐赠人在向慈善组织捐赠时,尤其是企业捐赠本企业所生产的物品时,可能会告知慈善组织所捐赠物品的成本价以及销售价格,这些信息便可能是捐赠企业的商业秘密,慈善组织在信息公开时需进行判断和准确把握,无法自行判断时应征求捐赠人的意见。

3. 个人隐私。个人隐私,一般是指公民个人生活中不愿为他人公开或

知悉的秘密。慈善组织在开展募捐活动、实施慈善项目过程中，有可能知悉捐赠人、受益人等相关人员的个人隐私，在公开相关信息时，应当予以排除。例如，《艾滋病防治条例》第三十九条第二款规定，未经本人或者其监护人同意，任何单位或者个人不得公开艾滋病病毒感染者、艾滋病病人及其家属的姓名、住址、工作单位、肖像、病史资料以及其他可能推断出其具体身份的信息。

所有涉及国家秘密、商业秘密、个人隐私的信息均不得公开，否则应当依据慈善法以及治安管理处罚法、刑法等法律承担相应法律责任。

二、捐赠人、慈善信托的委托人不同意公开自己的姓名、名称、住所、通讯方式等信息的，不得公开

捐赠人、慈善信托的委托人的姓名、名称、住所、通讯方式等信息，捐赠人、慈善信托的委托人明确表示不愿意公开的，慈善组织应尊重捐赠人、慈善信托的委托人的意愿，不得公开上述信息。因为这些信息不是慈善组织自身的信息，也不会与社会公众发生直接关联，所以，不公开不会侵害对公众的知情权，也不会影响到公众对慈善组织的监督。

需要注意的是，本条规定的主体并不限于慈善组织，而是对所有信息公开义务人的要求。依据本法，政府部门、慈善组织以及慈善信托的受托人均是信息公开的责任主体，这些主体既要依法履行信息公开义务，同时，还须遵守本条规定，凡涉及国家秘密、商业秘密、个人隐私的信息以及捐赠人、慈善信托的委托人不同意公开的姓名、名称、住所、通讯方式等信息，一律不得公开。但是，有关部门在履行职能时依法可以要求提供必要的材料和信息，有关主体不得以国家秘密、商业秘密或个人隐私为由予以隐瞒。

第十章　促进措施

> **第八十三条**　县级以上人民政府应当将慈善事业纳入国民经济和社会发展规划，制定促进慈善事业发展的政策和措施。
>
> 　　县级以上人民政府有关部门应当在各自职责范围内，向慈善组织、慈善信托受托人等提供慈善需求信息，为慈善活动提供指导和帮助。

◆ **解读与适用**

本条是关于县级以上人民政府促进慈善事业发展的主要职责的规定。

一、发展慈善事业需要政府的重视和支持

慈善是中华民族的传统美德，是社会文明进步的重要标志。慈善事业是中国特色社会主义事业的重要组成部分，是社会保障体系的重要补充，是持续巩固拓展脱贫攻坚成果、有力有效推进乡村全面振兴不可或缺的重要力量，也是社会各界自愿参与、奉献爱心的崇高事业。发展慈善事业对于保障和改善民生、促进社会和谐、推动社会文明、实现共同富裕具有重要意义。纵观国内外慈善事业的发展历程，慈善事业的健康发展，离不开政府的支持和引导。特别是我国现代慈善事业仍处于起步发展阶段，更需要各级政府的重视和支持。

党和政府高度重视发展慈善事业。党的十九大强调"完善社会救助、社会福利、慈善事业、优抚安置等制度"，明确把慈善作为我国多层次社会保障体系的重要组成部分。党的十九届四中全会提出"重视发挥第三次分配作用，发展慈善等社会公益事业"，将慈善事业上升到坚持和完善社会主义基本经济制度、推动国家治理体系和治理能力现代化的高度。党的十九

届五中全会要求"发挥第三次分配作用，发展慈善事业，改善收入和财富分配格局"，把慈善事业作为推动共同富裕的重要途径。党的二十大进一步指出"构建初次分配、再分配、第三次分配协调配套的制度体系"，要求"引导、支持有意愿有能力的企业、社会组织和个人积极参与公益慈善事业"，将发展慈善事业作为完善分配制度的重要举措并做出明确安排。

《中共中央关于制定国民经济和社会发展第十四个五年规划和二〇三五年远景目标的建议》明确指出，要"发挥第三次分配作用，发展慈善事业，改善收入和财富分配格局"。2024年政府工作报告提出了"引导支持社会组织、人道救助、志愿服务、公益慈善等健康发展"的明确要求。各级政府要将支持慈善事业发展作为重要职责、纳入重要议事日程，出台有力措施，促进慈善事业持续健康发展。

二、政府制定促进慈善事业发展的政策和措施

本条第一款是对县级以上人民政府应当将慈善事业纳入国民经济和社会发展规划以及政府促进慈善事业发展职责的原则性、总括性规定。第二款是对县级以上人民政府有关部门在各自职责范围内可以采取的具体措施的要求。

国家发展规划是党的主张转化为国家意志的重要途径。将慈善事业纳入国民经济和社会发展规划，制定促进慈善事业发展的政策和措施，这既是对国务院和有关部门的要求，也是对县级以上地方人民政府及其有关部门的要求。其中，有关部门包括民政、财政、税务、教育、医保、发展改革、卫生健康、住房城乡建设、人力资源和社会保障、人民银行、金融监管、证监、工业和信息化、海关、新闻出版、知识产权等与慈善事业发展有关的部门。

制定促进慈善事业发展的政策和措施的主体，是县级以上人民政府。制定促进慈善事业发展的政策和措施的范围，既包括政府出台的综合性政策文件和措施，如《国务院关于促进慈善事业健康发展的指导意见》（国发〔2014〕61号），也包括单项的政策和措施，如财政、税务等部门出台的税收优惠的规定。

制定促进慈善事业发展的政策和措施，具体包括四个方面的含义：

一是落实本法规定的属于政府职能范围内的条款，例如，慈善信息共享（第八十四条）、税收优惠（第八十五条至第九十条）、土地支持（第九十三条）、金融支持（第九十四条）、政府购买服务（第九十五条）、弘扬慈善文化（第九十七条）、慈善表彰制度（第一百条）等。

二是落实有关政策文件的要求，如贯彻落实《国务院关于促进慈善事业健康发展的指导意见》的要求。根据该指导意见，县级以上人民政府要将发展慈善事业作为社会建设的重要内容，纳入国民经济和社会发展总体规划和相关专项规划，加强慈善与社会救助、社会福利、社会保险等社会保障制度的衔接。各有关部门要建立健全慈善工作组织协调机制，及时解决慈善事业发展中遇到的突出困难和问题。

三是提供慈善需求信息。根据本条第二款的规定，县级以上人民政府有关部门应当在各自职责范围内，以多种方式向慈善组织、慈善信托受托人等提供慈善需求信息，便于慈善资源供需对接，并为慈善活动提供政策、业务等方面的指导和帮助。例如，对于接受社会救助后仍需要帮扶的救助对象，民政部门要及时向慈善组织、慈善信托受托人等提供慈善需求信息，帮助救助对象获得慈善帮扶，实现政府救助与社会帮扶有机结合，做到因情施救、各有侧重、互相补充。

四是县级以上人民政府要将发展慈善事业作为社会建设的重要内容，要根据经济社会发展情况，根据慈善事业发展的需要，与时俱进，制定本法未涉及的或者新的政策和措施，不断完善促进慈善事业健康发展的法规政策体系。

需要说明的是，政府对慈善事业的扶持和促进，不是由政府"包办"慈善。政府在促进慈善事业健康发展过程中，既不能"缺位"，更不能"越位"。如果政府对具体慈善活动介入过多，也会成为慈善事业健康发展的制约因素。

第八十四条 县级以上人民政府民政部门应当建立与其他部门之间的慈善信息共享机制。

◆ 解读与适用

本条是关于慈善信息共享机制的规定。

慈善信息的共享有利于慈善资源的供需对接，也有利于各部门之间加强沟通、提高效率，推动我国慈善事业健康发展。

慈善信息是指开展慈善活动的主体、内容及其促进和监管过程中产生的信息。除民政部门之外，财政、税务、金融监管、海关、卫生健康、医保、教育、住房城乡建设、人力资源和社会保障、文化、科技、生态环境、审计等部门，也会在各自职责范围内获取一定的慈善信息。建立民政部门与其他部门之间的慈善信息共享机制，有利于形成对慈善事业支持促进和监督管理的合力，有利于提高政府工作效率、质量与决策水平，有利于提高慈善资源使用效益、促进我国慈善事业健康发展。

根据《国务院关于促进慈善事业健康发展的指导意见》（国发〔2014〕61号），要建立民政部门与其他社会救助管理部门之间的信息共享机制，同时建立和完善民政部门与慈善组织、社会服务机构之间的衔接机制，形成社会救助和慈善资源的信息有效对接。

民政部门应当就如下事项加强与有关部门的信息共享：慈善组织登记管理；慈善信托备案管理；慈善组织公开募捐资格；慈善组织公益性捐赠税前扣除资格；对慈善组织、慈善信托开展检查、评估的结果等。其他有关部门应在职责范围内，积极进行慈善信息共享。

第八十五条 国家鼓励、引导、支持有意愿有能力的自然人、法人和非法人组织积极参与慈善事业。

国家对慈善事业实施税收优惠政策，具体办法由国务院财政、税务部门会同民政部门依照税收法律、行政法规的规定制定。

◆ 解读与适用

本条是关于鼓励支持参与慈善事业的规定。

本条第一款是鼓励慈善参与的原则性规定。慈善事业是一项全民的事业，必须充分激发全民的爱心、调动全社会的热情，使全社会共同关心、支持和参与慈善事业。本款旨在进一步激发蕴藏在社会中的慈善正能量，促进全社会关心慈善、支持慈善、参与慈善，共同营造良好的慈善氛围，吸引更多有意愿有能力的企业、社会组织和个人积极投身慈善事业，发挥慈善促进社会公平正义、推动实现共同富裕的功能。

本条第二款是关于慈善税收优惠的原则性规定。税收参与三次分配全过程，是影响三次分配关系的基础性制度，税收优惠政策是慈善事业健康发展不可或缺的激励措施。在慈善法出台之前，我国也存在涉及慈善组织、捐赠人、受益人等方面的税收优惠政策，但较为零散，进一步健全慈善税收优惠有关制度，对发挥慈善第三次分配作用、推动共同富裕具有重要意义。对慈善事业制定相应的税收优惠政策，也是世界各国的普遍做法。党的十八届三中全会《关于全面深化改革若干重大问题的决定》中提出，"完善慈善捐助减免税制度，支持慈善事业发挥扶贫济困积极作用"。

在慈善法制定、审议和修改过程中，社会各界都提出了关于完善税收优惠相关规定的意见建议。关于如何完善慈善事业的税收优惠政策，存在两种意见。一种意见认为，按照党的十八届三中全会关于"税收优惠政策统一由专门税收法律法规规定，清理规范税收优惠政策"的明确要求和立法法的规定，税收优惠政策应统一由专门税收法律法规规定。考虑到税收法律体系的完整性，慈善法等非税收类单行法律不宜对税收优惠作具体规定。慈善法应对慈善活动的税收优惠作出指引性的原则规定，或者再简化一些，将第七十九条、第八十条、第八十一条规定合并为一条，仅规定慈善活动依法享受税收优惠。如需进一步加大对慈善活动的税收优惠力度，可通过修改完善单行税收法律法规来实现。更多意见则认为，慈善法作为慈善领域的一部基础性法律，有必要针对当前实践中存在的突出问题，以及各方面的迫切要求，对慈善活动享有税收优惠作进一步规定，从而体现国家促进慈善事业发展的战略要求，在慈善法中给予明确的指引性规定，将会给慈善事业健康发展带来重大的积极影响和长期收益。

立法部门就税收优惠政策问题多次召开座谈会，进行专题调研，并与相关部门反复沟通协调，最终在慈善法中只对慈善组织依法享受税收优惠作了原则性规定，具体的税种、税率如何优惠等问题，由专门税收法律法规作出规定。同时，慈善法还作出授权性规定，授权国务院财政、税务部门会同民政部门依照税收法律、行政法规的规定制定税收优惠的具体办法。

第八十六条 慈善组织及其取得的收入依法享受税收优惠。

◆ **解读与适用**

本条是关于慈善组织税收优惠的规定。

一、慈善组织的税收优惠

按照我国公益事业捐赠法、企业所得税法、个人所得税法及其实施条例等有关法律法规和政策文件的规定，慈善组织的税收优惠涉及所得税、增值税、房产税、关税等多个税种及环节，其中最核心的是所得税优惠。

1. 所得税优惠

目前我国对慈善组织的所得税优惠政策主要体现在"免税收入"方面，按照企业所得税法、企业所得税法实施条例及相关配套政策规定，取得免税资格的慈善组织，其符合条件的收入，如接受捐赠收入、会费收入、财政补助收入等按照有关法律规定免征企业所得税。

关于免税收入，企业所得税法第二十六条规定，企业的下列收入为免税收入：（1）国债利息收入；（2）符合条件的居民企业之间的股息、红利等权益性投资收益；（3）在中国境内设立机构、场所的非居民企业从居民企业取得与该机构、场所有实际联系的股息、红利等权益性投资收益；（4）符合条件的非营利性组织的收入。其中前三项免税收入适用于包括慈善组织在内的所有"企业"，而最后一项则适用于符合条件的非营利性组织（包括符合条件的慈善组织）。按照企业所得税法的规定，符合条件的非营利性组织的收入为免税收入，免征企业所得税。财政部、国家税务总局《关于非营利组织企业所得税免税收入问题的通知》（财税〔2009〕122号）规定，符合条件的非营利性组织企业所得税免税收入范围包括：（1）接受其他单位或者个人捐赠的收入；（2）除企业所得税法第七条规定的财政拨款以外的其他政府补助收入，但不包括因政府购买服务取得的收入；（3）按照省级以上民政、财政部门规定收取的会费；（4）不征税收入和免税收入孳生的银行存款利息收入；(5) 财政部、国家税务总局规定的其他收入。

企业（包括慈善组织）每一纳税年度的收入总额，减除不征税收入、免税收入、各项扣除以及允许弥补的以前年度亏损后的余额，为应纳税所得额。因此，除免税收入外，慈善组织取得的不征税收入也应从应纳税所得额中减除。关于不征税收入，企业所得税法第七条规定，收入总额中的下列收入为不征税收入：(1) 财政拨款；(2) 依法收取并纳入财政管理的行政事业性收费、政府性基金；(3) 国务院规定的其他不征税收入。由此，慈善组织获得的财政拨款、行政事业性收费、政府性基金等合法收入在计算收入总额时直接作为不征税收入，不计入企业应纳税所得额。

2. 慈善组织的其他税收优惠

国家对慈善活动采取的各项税收优惠措施较为全面，尤其是 2008 年汶川地震以来，进一步加大了对慈善事业的税收优惠力度，有力推动了公益慈善事业发展。从优惠税种来看，除所得税优惠措施外，也涉及增值税、土地和房屋契税、房产税和城镇土地使用税、土地增值税等多个税种。如契税法第六条第一款第二项规定，非营利性的学校、医疗机构、社会福利机构承受土地、房屋权属用于办公、教学、医疗、科研、养老、救助的免征契税。

二、慈善组织的免税资格

慈善组织作为非营利性组织的一种，依法享受税收优惠。慈善组织享受所得税税收优惠的前提是该组织取得免税资格。企业所得税法第二十六条、企业所得税法实施条例第八十四条以及《财政部、税务总局关于非营利组织免税资格认定管理有关问题的通知》（财税〔2018〕13 号）（以下简称《通知》），对非营利性组织应当符合的条件作了具体规定，明确由财政、税务部门联合对非营利性组织享受免税的资格进行审核确认，并定期予以公布。

《通知》第一条规定，认定符合条件的非营利性组织，必须同时满足以下条件：(1) 依照国家有关法律法规设立或登记的事业单位、社会团体、基金会、社会服务机构、宗教活动场所、宗教院校以及财政部、税务总局认定的其他非营利性组织；(2) 从事公益性或者非营利性活动；(3) 取得的收入除用于与该组织有关的、合理的支出外，全部用于登记核定或者章程规定的公益性或者非营利性事业；（4）财产及其孳息不用于分配，但不包括合理的工资薪金支出；（5）按照登记核定或者章程规定，该组织注销后的剩余财产用于公益性或者非营利性目的，或者由登记管理机关采取转赠给与该组织性质、宗旨相同的组织等处置方式，并向社会公告；（6）投入人对投入该组织的财产不保留或者享有任何财产权利，本款所称投入人是指除各级人民政府及其部门外的法人、自然人和非法人组织；（7）工作人员工资福利开支控制在规定的比例内，不变相分配该组织的财产，其中：工作人员平均工资薪金水平不得超过税务登记所在地的地市级（含地市级）以上地区的同行业同类组织平均工资水平的两倍，工作人员福利按照国家有关规定执行；（8）对取得的应纳税收入及其有关的成本、费用、损失应与免税收入及其有关的成本、费用、损失分别核算。

非营利性组织免税优惠资格的有效期为五年。非营利性组织应在免税优惠资格期满后六个月内提出复审申请，不提出复审申请或复审不合格的，其享受免税优惠的资格到期自动失效。

> **第八十七条** 自然人、法人和非法人组织捐赠财产用于慈善活动的，依法享受税收优惠。企业慈善捐赠支出超过法律规定的准予在计算企业所得税应纳税所得额时当年扣除的部分，允许结转以后三年内在计算应纳税所得额时扣除。
>
> 境外捐赠用于慈善活动的物资，依法减征或者免征进口关税和进口环节增值税。

◆ 解读与适用

本条是关于自然人、法人和非法人组织捐赠财产享受税收优惠的规定。

企业和个人的公益性捐赠支出，允许按照一定比例在计算应纳税所得额时扣除，可以激励企业和个人进行公益捐赠。在慈善法出台之前，相关的法律法规也有所规定。但在慈善法出台前，我国的税收法律制度仅仅规定在捐赠者的纳税申报当期抵扣，对于当期扣除剩余的部分，既未规定结转以后年度抵扣，也不允许回溯扣除，这在一定程度上影响了公众进行大额捐赠的热情。有些国家如美国规定可以向后结转五年，德国则规定可以向后结转七年。发展改革委等部门在《关于深化收入分配制度改革的若干意见》中明确提出："对企业公益性捐赠支出超过年度利润总额12%的部分，允许结转以后年度扣除。"在立法过程中，不少专家学者和慈善组织代表建议，将这一文件精神具体体现在慈善法中，以鼓励企业进行大额捐赠，也有一些意见建议在今后修改企业所得税法及其实施条例时统筹考虑。最终，慈善法明确规定了结转机制，明确规定企业发生的慈善捐赠支出，在年度利润总额12%以外的部分，准予在未来三年内计算应纳税所得额时扣除。这一规定充分体现了慈善法鼓励捐赠的立法精神，是国家鼓励和引导企业进行慈善捐赠的有力举措。2017年，全国人大常委会修改企业所得税法，纳入捐赠支出超过限额可以结转三年的内容，实现与慈善法的衔接。

一、自然人、法人和非法人组织捐赠财产用于慈善活动的，依法享受税收优惠

1. 企业捐赠扣除比例

企业所得税法第九条规定，企业发生的公益性捐赠支出，在年度利润总额12%以内的部分，准予在计算应纳税所得额时扣除；超过年度利润总额12%的部分，准予结转以后三年内在计算应纳税所得额时扣除。年度利润总额，是指企业依照国家统一会计制度的规定计算的年度会计利润。

2. 个人捐赠扣除比例

个人所得税法第六条规定，个人将其所得对教育、扶贫、济困等公益慈善事业进行捐赠，捐赠额未超过纳税人申报的应纳税所得额30%的部分，可以从其应纳税所得额中扣除；国务院规定对公益慈善事业捐赠实行全额税前扣除的，从其规定。个人所得税法实施条例第十九条规定，个人所得税法第六条第三款所称个人将其所得对教育、扶贫、济困等公益慈善事业进行捐赠，是指个人将其所得通过中国境内的公益性社会组织、国家机关向教育、扶贫、济困等公益慈善事业的捐赠；所称应纳税所得额，是指计算扣除捐赠额之前的应纳税所得额。

3. 须向具有公益性捐赠税前扣除资格的慈善组织捐赠且用于公益慈善

事业

根据《财政部、税务总局、民政部关于公益性捐赠税前扣除有关事项的公告》(财政部、税务总局、民政部公告2020年第27号)规定:(1)企业或个人通过公益性社会组织、县级以上人民政府及其部门等国家机关,用于符合法律规定的公益慈善事业捐赠支出,准予按税法规定在计算应纳税所得额时扣除。(2)本公告第一条所称公益慈善事业,应当符合公益事业捐赠法第三条对公益事业范围的规定,或者慈善法第三条对慈善活动范围的规定。(3)本公告第一条所称公益性社会组织,包括依法设立或登记并按规定条件和程序取得公益性捐赠税前扣除资格的慈善组织、其他社会组织和群众团体。公益性群众团体的公益性捐赠税前扣除资格确认及管理按照现行规定执行。依法登记的慈善组织和其他社会组织的公益性捐赠税前扣除资格确认及管理按本公告执行。

因此,个人或者企业捐赠人向慈善组织捐赠时,只有该慈善组织具备公益性捐赠税前扣除资格且该笔捐赠用于公益慈善事业,才能够享受税前扣除。在民政部门依法登记的慈善组织和其他社会组织(以下统称社会组织),取得公益性捐赠税前扣除资格应当同时符合以下规定:

(1)符合企业所得税法实施条例第五十二条第一项到第八项规定的条件。

(2)应当在每年3月31日前按要求向登记管理机关报送经审计的上年度专项信息报告。报告应当包括财务收支和资产负债总体情况、开展募捐和接受捐赠情况、公益慈善事业支出及管理费用情况(包括上述公告第四条第三项、第四项规定的比例情况)等内容。

首次确认公益性捐赠税前扣除资格的,应当报送经审计的前两个年度的专项信息报告。

(3)具有公开募捐资格的社会组织,前两年度每年用于公益慈善事业的支出占上年总收入的比例均不得低于70%。计算该支出比例时,可以用前三年收入平均数代替上年总收入。

不具有公开募捐资格的社会组织,前两年度每年用于公益慈善事业的支出占上年末净资产的比例均不得低于8%。计算该比例时,可以用前三年年末净资产平均数代替上年末净资产。

（4）具有公开募捐资格的社会组织，前两年度每年支出的管理费用占当年总支出的比例均不得高于10%。

不具有公开募捐资格的社会组织，前两年每年支出的管理费用占当年总支出的比例均不得高于12%。

（5）具有非营利组织免税资格，且免税资格在有效期内。

（6）前两年度未受到登记管理机关行政处罚（警告除外）。

（7）前两年度未被登记管理机关列入严重违法失信名单。

（8）社会组织评估等级为3A以上（含3A）且该评估结果在确认公益性捐赠税前扣除资格时仍在有效期内。

公益慈善事业支出、管理费用和总收入的标准和范围，按照《民政部、财政部、国家税务总局关于印发〈关于慈善组织开展慈善活动年度支出和管理费用的规定〉的通知》（民发〔2016〕189号）关于慈善活动支出、管理费用和上年总收入的有关规定执行。

按照慈善法新设立或新认定的慈善组织，在其取得非营利性组织免税资格的当年，只需要符合上述公告第四条第一项、第六项、第七项条件即可。

具体的认定程序方面，在民政部登记注册的社会组织，由民政部综合社会组织公益活动情况和日常监督管理、评估等情况，对社会组织的公益性捐赠税前扣除资格进行核实，提出初步意见。根据民政部初步意见，财政部、税务总局和民政部对照本公告相关规定，联合确定具有公益性捐赠税前扣除资格的社会组织名单，并发布公告。在省级和省级以下民政部门登记注册的社会组织，由省、自治区、直辖市和计划单列市财政、税务、民政部门参照上述公告第五条第一项规定执行。

对于捐赠人不通过慈善组织等具备公益性捐赠税前扣除资格的组织进行捐赠，而是直接将财物赠与个人，这是国家法律所允许的行为，同样应予以鼓励和表彰。但上述行为的捐赠人不能享受本法规定的有关税收等方面的优惠待遇。法律之所以这样规定，主要基于以下两方面的考虑：第一，捐赠人直接将财物捐赠给个人，在日常生活中经常发生，国家一般无须也很难掌握捐赠的具体情况。第二，法律的这一规定，实际上具有一定的引导作用，通过税收优惠的调节作用，引导有捐赠意愿的人将财产捐赠给专业的受赠人如慈善组织，从而更好地实现公益目的，有助于实现慈善资源的合理配置，充分发挥捐赠财产的作用，有利于达到捐赠人的慈善目的，更有利于慈善事业的健康发展，这也是世界上多数国家和地区普遍采取的做法。

二、企业捐赠支出超过当年法定税前扣除限额时，可向后结转三年

根据企业所得税法和企业所得税法实施条例的规定，企业捐赠当年的税前扣除额需要在比较捐赠额与年度会计利润的12%的大小之后才能确定，从而在计算企业当年应纳税所得额时进行税前扣除。如果捐赠额大于企业捐赠当年年度会计利润的12%，则依据年度会计利润的12%扣除；如果捐赠额小于企业当年年度会计利润的12%，则依据实际捐赠额扣除。如此，便可能造成因企业捐赠当年年度会计利润相对较小、捐赠额相对较大而无法充分享受扣除的情形。本法规定，如果捐赠额大于捐赠当年年度会计利润的12%，因而无法将捐赠额全部从当年应纳税所得额中扣除时，企业可以在接下来的三年时间里，将之前未享受税前扣除的捐赠额在计算应纳税所得额时进行税前扣除，这有利于保障企业充分享受税前扣除的优惠待遇，达到鼓励捐赠的目的。

三、关于境外向境内慈善活动捐赠物资，减免进口关税和进口环节增值税

境外，是指中华人民共和国海关关境以外的国家和地区，包括其他国家、地区和我国的香港、澳门、台湾地区。香港、澳门和台湾都是我国领土的一部分，但它们又都是单独的关税区，因此，从关税区角度讲也属境外。捐赠的主体，包括境外个人和组织。组织包括政府、企业、非营利性组织等。捐赠的物资是指衣服、鞋帽等生活必需品，教学仪器、教材，医疗药品、器械，用于环保的专业仪器等。

境外捐赠主要有两个来源：一是广大华侨、华人和港澳台同胞出于爱国爱乡之情，捐款捐物，尤其在祖国遭受严重自然灾害时，更是纷纷慷慨解囊；二是外国政府和国际组织提供的用于发展经济、促进教育、环境保护、救助灾害等方面的资金和物资。境外捐赠对促进科教文卫等社会公共福利事业的发展，起到了良好的作用。

为了鼓励境外向境内慈善事业捐赠，我国有关法律、行政法规、部门规章，对境外捐赠用于慈善活动的物资，给予减免税的优惠。归侨侨眷权益保护法规定，归侨、侨眷境外亲友捐赠的物资用于国内公益事业的，依照法律、行政法规的规定减征或者免征关税和进口环节的增值税。公益事业捐赠法规定，境外向公益性社会团体和公益性非营利的事业单位捐赠的用于公益事业的物资，依照法律、行政法规的规定减征或者免征进口关税和进口环节的增值税。财政部、国家税务总局、海关总署联合制定并发布及由海关总署单独制定并发布的部门规章规定，境外捐赠人无偿向受赠人捐赠的直接用于慈善事业的物资，享受免征进口关税和进口环节增值税的待遇。属于境外捐赠人无偿向受赠人捐赠的直接用于慈善事业的物资，由受赠人向海关申请办理减免税手续，海关按规定进行审核确认。经审核同意免税进口的捐赠物资，由海关按规定进行监管。

需要说明的是，境外捐赠必须符合本法、公益事业捐赠法和其他有关法律的规定，才能依法享受税收优惠。例如，捐赠的物资必须是捐赠人合法取得并有处分权的物资且具有使用价值，受赠主体必须符合相关法律的要求，捐赠必须是无偿、不求回报的，捐赠不能附加不符合我国法律、行政法规规定的条件，不能损害我国的国家利益等。

慈善捐赠除了享受所得税税收优惠外，还享受其他税种方面的优惠，享受优惠的具体条件需要参考相应的法条。如印花税法第十二条规定，下列凭证免征印花税……（六）财产所有权人将财产赠与政府、学校、社会福利机构、慈善组织书立的产权转移书据……

第八十八条 自然人、法人和非法人组织设立慈善信托开展慈善活动的，依法享受税收优惠。

◆ 解读与适用

本条是关于慈善信托委托人享受税收优惠的规定。

慈善信托是慈善法在公益信托基础上创设的新的慈善工具，具有设立简便、保值增值、破产隔离等优势。慈善信托作为社会各界参与慈善事业的重要途径，在做大慈善"蛋糕"过程中有望成为非常有力的政策工具。

2016年颁布的慈善法就在慈善信托一章中规定"未按照前款规定将相关文件报民政部门备案的，不享受税收优惠"，在一定程度上明确慈善信托可以享受税收优惠，但并未规定具体适用情形，实践中对备案慈善信托的具体税收优惠政策长期难以落地，一定程度上影响了慈善信托的发展。

在慈善法修改过程中，一些意见认为，当前慈善信托的法律性质、财产使用规则、慈善活动支出强度、信息公开等方面仍缺乏明确、严格的制度约束，在约束机制和监管制度尚不健全的情况下，给予慈善信托特殊税收优惠政策，容易产生税收漏洞。但也有很多意见认为，从法律关系上看，自然人、法人和非法人组织设立慈善信托后，信托财产已由委托人委托给受托人，考虑到慈善信托的慈善属性和信托财产的独立性，委托人已失去对该信托财产的所有权且不得再以任何非正当理由收回或者变相获益。此外，信托终止时如有剩余财产，也要用于慈善目的的事宜。从经济实质上看，设立慈善信托的行为与用财产设立慈善组织或向慈善组织捐赠财产相似，因此，基于税收中性的原则，设立慈善信托在税收方面应当享受相同的待遇。

2023年慈善法修改首次规定"自然人、法人和非法人组织设立慈善信托开展慈善活动的，依法享受税收优惠"，为慈善信托享受税收优惠提供了顶层法律规范，有望通过明确的法律指引解决这一制约慈善信托发展的重大问题。考虑到慈善信托作为一项新生事物，慈善法关于设立慈善信托的税收优惠规定比较笼统，具体如何享受税收优惠、享受何种税收优惠，还有待财政、税务、民政等相关立法和政策制定部门制定配套文件。

第八十九条 受益人接受慈善捐赠，依法享受税收优惠。

◆ 解读与适用

本条是关于受益人享受税收优惠的规定。

关于受益人在接受慈善捐赠过程中依法享受税收优惠，我国个人所得税法及其实施条例、《基金会管理条例》等法律法规中都有所规定。《基金会管理条例》第二十六条规定，基金会及其捐赠人、受益人依照法律、行政法规的规定享受税收优惠。目前，对于受益人的优惠措施更多体现在个人所得税方面，对于企业作为受益人的税收优惠，则主要体现在像汶川地震、玉树地震等这样重大灾难的灾后重建的税收优惠政策方面。

个人作为慈善活动的受益人，尤其是作为慈善捐赠的受捐赠人，所获得的捐赠收入是否应计入个人所得税法中规定的个人应税所得存在争议。有观点认为，只有符合个人所得税法第四条明确列举的免税所得，才能免征所得税，其他所得都应当依法纳税。因此要判断受益人取得的收入是否属于上述免税范围，如果不属于则应当纳税。另有观点认为，目前个人所得税涉及的九项应税所得，属于限定性列举，而慈善活动受益人取得的所得不属于九项个人所得中的任何一项，因而属于不征税收入，无须缴纳个人所得税。此外，个人所得税法第五条规定，有下列情形之一的，可以减征个人所得税，具体幅度和期限，由省、自治区、直辖市人民政府规定，并报同级人民代表大会常务委员会备案：（一）残疾、孤老人员和烈属的所得；（二）因自然灾害遭受重大损失的。国务院可以规定其他减税情形，报全国人民代表大会常务委员会备案。因此，有关受益人的税收优惠事宜，仍需要财税等相关部门予以明确。

对于企业作为受益人，按照有关规定，在一定情况下也可以享受税收优惠。《财政部 海关总署 国家税务总局关于支持汶川地震灾后恢复重建有关税收政策问题的通知》（已失效）规定，对受灾严重地区损失严重的企业，免征2008年度企业所得税；自2008年5月12日起，受灾地区企业通过公益性社会团体、县级以上人民政府及其部门取得的抗震救灾和灾后恢复重建款项和物资，以及税收法律、法规和该通知规定的减免税金及附加收入，免征企业所得税。财政和税务部门后续发布了《财政部 海关总署 国家税务总局关于支持玉树地震灾后恢复重建有关税收政策问题的通知》（已失效）《财政部 海关总署 国家税务总局关于支持舟曲灾后恢复重建有关税收政策问题的通知》《财政部 海关总署 国家税务总局关于支持芦山地震灾后恢复重建有关税收政策问题的通知》（已失效），其中也有对企业相关税收优惠的规定。

第九十条 慈善组织、捐赠人、受益人依法享受税收优惠的，有关部门应当及时办理相关手续。

◆ 解读与适用

本条是关于有关部门及时办理税收优惠相关手续的规定。

一般来说，慈善组织、捐赠人以及受益人办理税收优惠的相关手续，需要民政、财政以及税务等多部门联合工作。有部分慈善参与者提出，在具体实践操作过程中，程序较为烦琐，各部门之间缺乏及时沟通和高效率工作，容易使许多手续停滞，无法实现真正的税收优惠。为了解决这个问题，本条专门作出规定，要求有关部门及时办理慈善组织、捐赠人以及受益人的税收优惠相关手续。

一、关于及时办理税收优惠手续的适用对象

在适用对象上，本条最大限度包含了各种相关主体，对于上述主体的税收优惠手续，均应当便捷、常规化办理。

1. 慈善组织税收优惠的办理。慈善组织办理税收优惠，包括以下情形：资格层面的慈善组织自身的免税资格办理，慈善组织的公益性捐赠税前扣除资格办理，以及实体层面的慈善组织自身的税收减免，涉及企业所得税、增值税、契税、房产税、进口关税、进口环节增值税等税种。

2. 捐赠人税收优惠的办理。捐赠人的税收优惠，包括计算应纳税所得额时的税前扣除，以及印花税、增值税、城市维护建设税、教育费附加、进口关税和进口环节增值税等方面的税收减免。

3. 受益人税收优惠的办理。受益人的税收优惠，主要体现在所得税的减免征收上。

二、关于税收优惠办理的常规化

通过本条的规定和实施，首先应实现税收优惠办理的常规化。在慈善税收减免、退税的办理上，税务部门应将其作为自身工作的重要组成部分，将其日常化、流程化。根据《财政部、税务总局、民政部关于公益性捐赠

税前扣除有关事项的公告》的规定，每年年底前，省级以上财政、税务、民政部门按权限完成公益性捐赠税前扣除资格的确认和名单发布工作，并按不同审核对象，分别列示名单及其公益性捐赠税前扣除资格起始时间。公益性捐赠税前扣除资格在全国范围内有效，有效期为三年。对于捐赠人的税前扣除，应制定简便、快捷、易操作的所得税抵扣操作办法，以简化手续，提高效率。例如，对于机关、企事业单位统一组织员工开展公益捐赠的，纳税人可以凭汇总开具的捐赠票据和员工明细单扣除。

三、关于税收优惠办理的及时便捷

税收优惠的办理作为国家的法定职责，有关部门应当本着建设服务型政府的理念，为慈善活动各方提供及时、快捷的服务。慈善税收减免、退税应当设定法定时限，税务机关等部门应当遵守法定时限积极履行法定职责，不得无故拖延。在遵守法定时限基础上，本条的"及时"办理，还要求税务机关等部门在法律制度范围内，尽可能为相对人提供便利，提高效率。慈善税收优惠能够当场决定、当场办结的，有关机关应当场办结；不能当场办结的，应当尽快办结。

第九十一条 捐赠人向慈善组织捐赠实物、有价证券、股权和知识产权的，依法免征权利转让的相关行政事业性费用。

◆ **解读与适用**

本条是关于免征权利转让的相关行政事业性费用的规定。

本条规定是降低捐赠成本，鼓励捐赠人捐赠实物、有价证券、股权和知识产权的有效措施。免征的对象是，捐赠实物、有价证券、股权和知识产权时转让权利的行政事业性费用。

行政事业性费用是指国家机关、事业单位、代行政府职能的社会团体及其他组织根据法律、行政法规、地方性法规等有关规定，依照国务院规定程序批准，在向公民、法人提供特定服务的过程中，按照成本补偿和非营利原则向特定服务对象收取的费用。按照收费性质可分为六类：一是行政管理类,即根据法律法规规定,在行使国家管理职能时,向被管理对象收取的费用,包括各种登记费、注册费、证照费等。二是资源补偿类,即根据法律法规规定向开采、利用自然和社会公共资源者收取的费用,如排污费、水土保持补偿费等。三是鉴定类,即根据法律法规规定,行使或代行政府职能强制实施检验、检测、检定、认证、检疫等收取的费用。四是考试类,即根据法律法规、国务院或省级政府文件规定组织考试收取的费用,以及组织经人力资源和社会保障部批准的专业技术资格、执业资格或职业资格考试收取的费用。五是培训类,即根据法律法规或国务院规定开展强制性培训收取的费用。六是其他类,如教育收费等。捐赠实物、有价证券、股权和知识产权的行政事业性费用,主要是行政管理类费用。

> 第九十二条 国家对开展扶贫济困、参与重大突发事件应对、参与重大国家战略的慈善活动,实行特殊的优惠政策。

◆ **解读与适用**

本条是关于扶贫济困、突发事件应对、参与重大国家战略的慈善活动特殊优惠政策的规定,旨在通过特殊优惠政策引导慈善资源的流向。

慈善事业是我国基本经济制度、民生保障制度和社会治理制度有机组成部分,应当与党和国家的中心任务更紧密结合,在调节收入分配、缩小贫富差距、促进社会和谐稳定方面发挥更大的作用。2016年通过的慈善法就规定,"国家对开展扶贫济困的慈善活动,实行特殊的优惠政策",这条规定有特定的历史背景,是促进慈善参与打赢脱贫攻坚战的有力措施。为鼓励引导慈善积极参与重大国家战略、应对重大突发事件,2023年慈善法修改对该条作出进一步规定:"国家对开展扶贫济困、参与重大突发事件应对、参与重大国家战略的慈善活动,实行特殊的优惠政策。"

扶贫济困仍然是当前我国慈善事业的重点领域。消除贫困、改善民生、逐步实现共同富裕,是社会主义的本质要求。2020年,经过全党全国各族人民的共同努力,我国脱贫攻坚战取得了全面胜利,现行标准下的9899万农村贫困人口全面脱贫,832个贫困县全部摘帽,区域性整体贫困得到解决，完成了消除绝对贫困的艰巨任务。脱贫攻坚任务完成后，扶贫工作重心转向解决相对贫困和防止返贫。2020年打赢脱贫攻坚战、全面建成小康社会后，要进一步巩固拓展脱贫攻坚成果，接续推动脱贫地区发展和乡村全面振兴。乡村振兴战略是党的十九大提出的一项重大战略，是关系全面建设社会主义现代化国家的全局性、历史性任务，是新时代"三农"工作总抓手。部分地方、部分脱贫群众存在较高的返贫风险，这就决定了脱贫攻坚战之后"三农"工作的重要任务就是坚决守住防止规模性返贫的底线，这也是乡村振兴战略全面实施的前提。要鼓励社会各界以巩固脱贫攻坚成果、促进乡村振兴等国家战略实施以及应对重大突发事件为重点开展慈善活动。

此外，在重大突发事件中，政府是应急慈善的领导主体，企业和社会组织扮演着不可或缺的角色，特别是慈善组织和志愿者在提供社区服务和应急服务方面发挥着重要作用。由于重大突发事件具有突发性、影响面广、危害大等特征，需要动员广泛的社会资源参与，因此国家应当给予社会力量参与重大突发事件的特别支持。

近年来，有关部门先后发布了《关于企业扶贫捐赠所得税税前扣除政策的公告》《关于扶贫货物捐赠免征增值税政策的公告》《关于北京2022年冬奥会和冬残奥会税收优惠政策的公告》等特殊优惠政策。

第九十三条 慈善组织开展本法第三条第一项、第二项规定的慈善活动需要慈善服务设施用地的，可以依法申请使用国有划拨土地或者农村集体建设用地。慈善服务设施用地非经法定程序不得改变用途。

◆ 解读与适用

本条是关于特定领域的慈善组织在土地使用方面促进措施的规定。

慈善组织在一些领域所进行的慈善活动需要相应的设施和场地支持。例如，提供养老服务的慈善组织在提供生活照料、康复护理、托管服务的过程中都需要必要的设施和场地。用地保障是一种物化的有形保障，是养老服务设施建设最基本的条件保障，而用地问题是制约养老服务发展的最突出的难题。慈善服务设施和场地的使用成本对一些慈善组织而言是很高的甚至无力承担的，从而导致因缺乏必要设施用地而难以持续运作其所从事的慈善活动和项目。在总结地方实践的基础上，本法对慈善服务设施用地的取得方式和用途管制作出了规定。本条的规定与土地管理法关于城市基础设施用地和公益事业用地、乡（镇）村公共设施、公益事业用地政策的规定相衔接，为从事扶贫、济困、扶老、救孤、恤病、助残和优抚活动的慈善组织在用地方面获得一定的优惠性待遇提供了法律保障。

一、关于可以享受用地促进措施的慈善活动范围

本条所指称的慈善法第三条第一项、第二项规定的慈善活动，包括扶贫、济困、扶老、救孤、恤病、助残、优抚七个领域。法律允许在这七个领域给予慈善组织用地方面的优惠，说明根据我国目前的国情，对扶贫、济困、扶老、救孤、恤病、助残和优抚等方面的慈善事业的发展需求比较迫切，有必要优先扶持和促进慈善组织开展这些领域的慈善活动。尤其是我国正处在巩固脱贫攻坚成果和乡村振兴的有效衔接的关键时期，慈善力量参与的作用不容小觑。本条也与国家对开展扶贫济困、参与重大国家战略的慈善活动实行特殊的优惠政策的规定相一致。

在上述慈善活动领域中，已有一些法规规章涉及慈善组织的用地问题。例如，《国务院办公厅关于推进养老服务发展的意见》明确提出，举办非营利性养老服务机构，可凭登记机关发给的社会服务机构登记证书和其他法定材料申请划拨供地，自然资源、民政部门要积极协调落实划拨用地政策。鼓励各地探索利用集体建设用地发展养老服务设施。慈善法出台后，对于相关组织的认定有了明确的法定标准，主管部门的责权也更加明晰。部分法规政策的制度障碍在执行中将被逐步扫清，新的政策也有望在慈善法确立的制度框架下陆续出台。

二、关于国有划拨土地的使用

通过划拨方式取得国有土地使用权需要依照土地管理法及其实施条例等相关法律法规。以划拨方式取得国有土地使用权，是指经县级以上人民

政府依法批准后,在土地使用权者依法缴纳了土地补偿费、安置补偿费及其他费用后,国家将土地交付土地使用者使用,或者国家将土地使用权无偿交付土地使用者使用的行为。通过划拨方式取得土地使用权,无须缴纳土地有偿使用费,因此是一项国家给予的特殊待遇。土地管理法第五十四条对可以通过划拨的方式取得土地使用权的范围作了规定,其中专门规定了城市基础设施用地和公益事业用地是可以进行划拨的用地类型之一。由于划拨土地的非有偿性,为防止划拨土地使用权被滥用,2001 年原国土资源部令第 9 号发布的《划拨用地目录》明确规定了可以划拨方式提供土地使用权的用地项目清单。在"城市基础设施用地和公益事业用地"类别下,"非营利性社会福利设施用地"与本条规定的慈善活动领域相契合。

以划拨方式取得土地使用权的,转让房地产时,应当按照国务院规定,报有批准权的人民政府审批。有批准权的人民政府准予转让的,应当由受让方办理土地使用权出让手续,并依照国家有关规定缴纳土地使用权出让金。因此,慈善组织如果获得国家划拨的土地使用权,不能随意进行流转。如果土地使用者不需要使用时,应由政府无偿收回土地使用权。

三、关于农村集体建设用地的使用

农村集体建设用地是农村进行各项非农业建设所使用的农民集体所有土地。

慈善组织需要申请使用农村集体公益事业建设用地的,应当符合乡(镇)土地利用总体规划,依法办理建设用地审批手续。土地管理法第六十一条规定,乡(镇)村公共设施、公益事业建设需要使用土地的,应当经乡(镇)人民政府审核,向县级以上地方人民政府自然资源主管部门提出申请,按照省、自治区、直辖市规定的批准权限,由县级以上地方人民政府批准。涉及占用农用地的,还应当按照关于农用地转用的审批办法和批准权限办理农用地转用审批。

四、慈善服务设施用地非经法定程序不得改变用途

为了保证慈善服务设施用地的公益性质,防止变相用于商品住房等房地产开发,本条明确规定慈善服务设施用地非经法定程序不得改变用途。

根据上述规定，原则上不得改变慈善服务设施用地的公益事业用地的性质。慈善服务设施用地需要改变用途的，必须由用地单位按法律规定的程序报经有权机关审批。我国相关法律对改变土地使用用途的情况作出了相应的程序要求。土地管理法第五十六条规定，建设单位使用国有土地的，应当按照土地使用权出让等有偿使用合同的约定或者土地使用权划拨批准文件的规定使用土地；确需改变该幅土地建设用途的，应当经有关人民政府自然资源主管部门同意，报原批准用地的人民政府批准。其中，在城市规划区内改变土地用途的，在报批前，应当先经有关城市规划行政主管部门同意。对于农村集体建设用地，土地管理法第六十六条规定，为乡（镇）村公共设施和公益事业建设，需要使用土地的；不按照批准的用途使用土地的；因撤销、迁移等原因而停止使用土地的，农村集体经济组织报经原批准用地的人民政府批准，可以收回土地使用权。擅自改变土地用途的，依照相关法律规定处理。依照土地管理法第八十一条的规定，不按照批准的用途使用国有土地的，由县级以上人民政府自然资源主管部门责令交还土地，处以罚款。

第九十四条 国家为慈善事业提供金融政策支持，鼓励金融机构为慈善组织、慈善信托提供融资和结算等金融服务。

◆ **解读与适用**

本条是关于慈善事业的金融政策支持的规定。

金融机构是慈善事业的重要推动力量，通过发挥其资金融通、资产管理等专业能力，能为慈善事业提供有力支持。我国慈善事业尚处于初级阶段，慈善组织和慈善信托对资金和有针对性的金融服务均具有很大需求。而受市场支配的传统金融，尚未有效覆盖慈善事业。为了调节市场失灵，提升较为薄弱的慈善事业的金融支持度，体现金融行业的社会责任，必须加强政府引导，提供政策支持，鼓励市场主体将金融资源向慈善事业倾斜。

一、关于金融机构及相关服务

金融机构一般是指专门从事金融服务业的组织。根据中国人民银行发布的《金融机构编码规范》，我国的金融机构主要包括银行和信用合作社等银行业存款类金融机构、信托公司等银行业非存款类金融机构、证券公司等证券业金融机构、保险公司等保险业金融机构和小额贷款公司等新兴金融企业。金融机构提供的融资服务一般包括银行借款等为客户筹集资金的服务。金融机构提供的结算服务一般指为客户采用票据、汇款等结算方式进行货币支付及资金清算提供的服务。

二、关于鼓励提供金融服务

我国慈善事业的自身特点决定了传统的金融服务难以满足其发展需求。慈善组织具有小型化、分散化、非营利性等特点，融资能力薄弱，缺乏融资渠道；慈善资产具有显著的公共性，对资产管理和善款分配的安全性和透明度要求较高，金融机构在这一方面的专业支持尚未充分体现；慈善事业的受益人一般是贫困人群等弱势群体，而传统金融还难以提供价格合理和便捷安全的产品和服务。在国际上，金融行业与慈善事业的创新合作已经蔚然成风，不仅包括金融机构为慈善组织和受益人群提供有针对性的服务，还包括金融机构通过社会投资等方式，引导更多的商业主体解决社会问题，实现慈善目标。

针对我国慈善事业的具体情况，金融机构可以通过业务模式创新、产品创新，将金融服务尽可能覆盖慈善组织、慈善信托和受益人群体，甚至为这类慈善主体提供定制化的服务。通过合理降低融资和结算成本，拓宽融资和结算渠道，加强金融机构对慈善活动资金往来的监督，从而可以进一步推动慈善事业的发展。例如，金融机构可以拓展针对高净值客户的慈善咨询服务，以引导更多的财富资源向慈善领域转移；为慈善组织和慈善信托提供低息或无息贷款，创新风险控制，丰富慈善组织和慈善信托的融资渠道；为慈善组织和慈善信托提供安全性较高的资金托管和保值增值服务，提升资产管理的专业性和透明度；为慈善捐赠与慈善服务等活动提供快速支付通道、多种支付工具、优惠便捷的结算方式等。

目前，地方已经出现了不少慈善金融创新案例，慈善与金融已经显现出互相融合、互相支持的发展趋势。如某大型基金会在公募活动中，将其从多个渠道汇聚的善款统一集中到托管银行开设的专户保管，并且该银行专门通过开发信息反馈系统来对善款的使用管理进行有效监督。捐赠人在捐款后即会收到捐赠反馈信息，对资金是否到账、将来用于什么项目、具体项目执行情况和成果等信息都了如指掌。同时，银行对每一笔资金的流动，都会进行严格审查，包括支出的项目、是否符合章程和预算规定、是否满足支出的程序要求等。通过这样的金融服务创新，加强了慈善资金管理的专业性和透明度。再如，某银行参照小微企业贷款思路和模式研发出针对慈善组织的低息信贷产品，通过创新银行风险控制手段，为缺乏稳定资金但有一定社会公信力的慈善组织提供优惠利息的贷款，为慈善组织的可持续运作提供保障。不少银行、信托公司和小额贷款公司也在积极开发针对基金会资产保值增值的创新理财产品或者资产配置服务，力求在保障资产安全性的前提下，尽可能地激活闲置资产。

三、关于国家提供金融政策支持

为了鼓励金融机构更好地为慈善主体提供服务，国家的政策支持至关重要。2014年国务院出台的《国务院关于促进慈善事业健康发展的指导意见》中指出，要加大社会支持力度，倡导金融机构根据慈善事业的特点和需求创新金融产品和服务方式，积极探索金融资本支持慈善事业发展的政策渠道。支持慈善组织为慈善对象购买保险产品，鼓励商业保险公司捐助慈善事业。随后各地方也出台了实施意见，进一步细化和丰富了金融创新的要求。如湖南省在其实施意见中指出，鼓励金融机构积极进行公益慈善类金融产品创新，为公益慈善资产提供保值增值服务，倡导金融机构为慈善捐助提供金融绿色通道等。

国家为慈善事业提供金融政策支持是一条原则性的规定，具体的金融政策还有待于日后的不断完善。将来的金融政策，可以通过定向降低为慈善事业提供支持的银行业金融机构存款准备金率、制定相应的财税激励政策、完善金融机构在慈善服务方面的业务考核指标、制定合理的服务价格管理制度或是成立国家级的慈善金融发展专项资金等多种方式，引导金融机构与慈善组织和慈善信托开展合作，鼓励金融机构进行服务模式和产品的创新。金融政策的出台和落实，有赖于民政部门、金融监管部门和财税部门等相关部门间的有效协调与合作。

加强政策引导和激励,既是贯彻落实发展慈善事业目标的有力保障,也和国家普惠金融政策的方向相一致。不断提高金融服务的覆盖率、可得性和满意度,有利于慈善主体更便捷地获得金融资源,从而有力地推动慈善事业的发展。

> **第九十五条** 各级人民政府及其有关部门可以依法通过购买服务等方式,支持符合条件的慈善组织向社会提供服务,并依照有关政府采购的法律法规向社会公开相关情况。
>
> 国家鼓励在慈善领域应用现代信息技术;鼓励社会力量通过公益创投、孵化培育、人员培训、项目指导等方式,为慈善组织提供资金支持和能力建设服务。

◆ 解读与适用

本条是关于政府以购买服务等方式支持符合条件的慈善组织向社会提供服务,以及应用现代信息技术、通过多种方式为慈善组织提供支持的规定。

当前,越来越多的慈善组织向他人和社会提供大量的非营利服务,并兴办了公益性医院、养老机构、残障康复设施、教育培训等社会服务机构。随着我国慈善事业的发展,慈善组织将成为社会服务的重要提供主体。各级人民政府及其有关部门通过向慈善组织购买公共服务事项,发挥社会组织在社会治理体系中的重要作用,体现了今后社会组织改革的方向。

一、关于政府购买服务

(一)关于政府购买慈善组织服务的意义

政府购买服务,是指政府通过公开招标、定向委托、邀标等形式,将原本由自身提供的公共服务转交给社会组织、企事业单位提供,以提高公共服务供给的质量和财政资金的使用效率,改善社会治理结构,满足公众的多元化、个性化需求。自 20 世纪 70 年代末起,英、美、澳、日等发达国家都逐步将政府购买公共服务作为重要环节纳入政府改革实践框架之中，取得了重大成效，不仅满足了公众的需求，而且提高了政府效率。随着服务型政府的加快建设和公共财政体系的不断健全，我国也开始大力推广政府购买公共服务工作。2013 年，国务院下发《国务院办公厅关于政府向社会力量购买服务的指导意见》，要求通过发挥市场机制作用，把政府直接向社会公众提供的一部分公共服务事项，按照一定的方式和程序，交由具备条件的社会力量承担，并由政府根据服务数量和质量向其支付费用。

各级人民政府及其有关部门依法通过政府购买服务等方式，支持符合条件的慈善组织向社会提供服务，符合政府改革方向、慈善事业发展趋势和慈善组织使命，是创新公共服务提供方式、加快服务业发展、引导有效需求的重要途径，对于深化社会领域改革，推动政府职能转变，整合利用社会资源，增强公众参与意识，激发经济社会活力，增加公共服务供给，提高公共服务水平和效率，促进慈善事业发展都具有重要意义。对于慈善组织而言，通过良性竞争，承接政府购买服务，可以增加其收入来源，实现组织发展，提高服务水平。

（二）关于政府购买慈善组织服务的方式和要求

1. 购买主体。政府向慈善组织购买服务的主体是各级行政机关和参照公务员法管理、具有行政管理职能的事业单位。纳入行政编制管理且经费由财政负担的群团组织，也可根据实际需要，向慈善组织购买服务。

2. 承接主体。承接政府购买服务的慈善组织，是指在民政部门登记成立或经国务院批准免予登记的慈善组织。承接政府购买服务的慈善组织应具有独立承担民事责任的能力，具备提供服务所必需的设施、人员和专业技术的能力，具有健全的内部治理结构、财务会计和资产管理制度，具有良好的社会信誉，具有依法缴纳税收和社会保险的良好记录，并符合登记管理部门依法认定的其他条件。承接慈善组织的具体条件由购买主体会同财政部门根据购买服务项目的性质和质量要求确定。各级人民政府及其有关部门，要按照公开、公平、公正原则，坚持费随事转，通过竞争择优的方式选择承接政府购买服务的慈善组织，确保具备条件的慈善组织平等参与竞争。

3. 购买内容。政府向慈善组织购买服务的内容为适合采取市场化方式提供、慈善组织能够承担的公共服务，突出公共性和公益性。养老、教育、就业、社保、医疗卫生、文化体育及儿童、残疾人服务等基本公共服务领域，要逐步加大政府向慈善组织购买服务的力度。非基本公共服务领域，要更多更好地发挥慈善组织的作用，凡适合慈善组织承担的，都可以通过委托、承包、采购等方式交给慈善组织承担。对应当由政府直接提供、不适合慈善组织承担的公共服务，以及不属于政府职责范围的服务项目，政府不得向慈善组织购买。各级人民政府及其有关部门，要按照有利于转变政府职能、有利于降低服务成本、有利于提升服务质量水平和资金效益的原则，在充分听取社会各界意见的基础上，研究制定政府向包括慈善组织在内的社会力量购买服务的指导性目录，明确政府购买的服务种类、性质和内容，并在总结试点经验的基础上，及时进行动态调整。

4. 购买机制。购买工作应按照政府采购法的有关规定，采用公开招标、邀请招标、竞争性谈判、单一来源采购、询价等方式确定承接主体，严禁转包行为。购买主体要按照合同管理要求，与承接主体签订合同，明确所购买服务的范围、标的、数量、质量要求，以及服务期限、资金支付方式、权利义务和违约责任等，按照合同要求支付资金，并加强对服务提供全过程的跟踪监管和对服务成果的检查验收。承接主体要严格履行合同义务，按时完成服务项目任务，保证服务数量、质量和效果。

5. 资金管理。政府向社会力量购买服务所需资金在既有财政预算安排中统筹考虑。随着政府提供公共服务的发展所需增加的资金，应按照预算管理要求列入财政预算。要严格资金管理，确保公开、透明、规范、有效。

6. 绩效管理。各级人民政府及其有关部门向慈善组织购买服务时，要建立健全由购买主体、服务对象及第三方组成的综合性评审机制，对购买服务项目数量、质量和资金使用绩效等进行考核评价。

(三) 关于政府购买慈善组织服务的信息公开

政府购买慈善组织服务，应当依法、积极主动地做好信息公开。政府购买服务的信息公开，根据购买内容的不同，具体要求也不一样。本条规定，依照有关政府采购的法律法规向社会公开相关情况。其中"有关政府采购的法律法规"主要是指政府采购法及其实施条例等法律、行政法规。另外,《国务院办公厅关于政府向社会力量购买服务的指导意见》《政府购买服务管理办法》等政策文件也应遵守。政府购买慈善组织服务的情况向社会公开,是政府主动接受社会监督的重要途径,有利于提高政府购买服务和慈善组织的透明度,提升资源使用效率。

1. 根据政府采购法的信息公开。政府购买慈善组织服务,政府采购法中有关信息公开的规定如下:(1)政府采购的信息应当在政府采购监督管理部门指定的媒体上及时向社会公开发布,但涉及商业秘密的除外。(第十一条)(2)政府采购项目的采购标准应当公开。采用本法规定的采购方式的,采购人在采购活动完成后,应当将采购结果予以公布。(第六十三条)

2. 根据政府采购法实施条例的信息公开。该法规中有关信息公开的规定如下:(1)政府采购项目信息应当在省级以上人民政府财政部门指定的媒体上发布。采购项目预算金额达到国务院财政部门规定标准的,政府采购项目信息应当在国务院财政部门指定的媒体上发布。(第八条)(2)采购人或者采购代理机构对供应商进行资格预审的,资格预审公告应当在省级以上人民政府财政部门指定的媒体上发布。已进行资格预审的,评审阶段可以不再对供应商资格进行审查。资格预审合格的供应商在评审阶段资格发生变化的,应当通知采购人和采购代理机构。资格预审公告应当包括采购人和采购项目名称、采购需求、对供应商的资格要求以及供应商提交资格预审申请文件的时间和地点。提交资格预审申请文件的时间自公告发布之日起不得少于五个工作日。(第二十一条)(3)采购代理机构应当自评审结束之日起两个工作日内将评审报告送交采购人。采购人应当自收到评审报告之日起五个工作日内在评审报告推荐的中标或者成交候选人中按顺序确定中标或者成交供应商。采购人或者采购代理机构应当自中标、成交供应商确定之日起两个工作日内,发出中标、成交通知书,并在省级以上人民政府财政部门指定的媒体上公告中标、成交结果,招标文件、竞争性谈判文件、询价通知书随中标、成交结果同时公告。中标、成交结果公告内容应当包括采购人和采购代理机构的名称、地址、联系方式,项目名称和项目编号,中标或者成交供应商名称、地址和中标或者成交金额,主要中标或者成交标的的名称、规格型号、数量、单价、服务要求以及评审专家名单。(第四十三条)(4)采购人或者采购代理机构应当按照政府采购合同规定的技术、服务、安全标准组织对供应商履约情况进行验收,并出具验收书。验收书应当包括每一项技术、服务、安全标准的履约情况。政府向社会公众提供的公共服务项目,验收时应当邀请服务对象参与并出具意见,验收结果应当向社会公告。(第四十五条)(5)采购人应当自政府采购合同签订之日起两个工作日内,将政府采购合同在省级以上人民政府财政部门指定的媒体上公告,但政府采购合同中涉及国家秘密、商业秘密的内容除外。(第五十条)(6)财政部门处理投诉事项,需要检验、检测、鉴定、专家评审以及需要投诉人补正材料的,所需时间不计算在投诉处理期限内。财政部门对投诉事项作出的处理决定,应当在省级以上人民政府财政部门指定的媒体上公告。(第五十八条)

3. 根据《国务院办公厅关于政府向社会力量购买服务的指导意见》的信息公开。各级人民政府及其有关部门要向社会公布购买的服务项目、内容以及对承接主体的要求和绩效评价标准等信息,并将购买服务的评价结果向社会公布。

需要说明的是,除了采取政府购买服务的方式外,各级人民政府及其有关部门还应该采取其他方式,支持符合条件的慈善组织向社会提供服务。

二、关于现代信息技术在慈善领域的应用

现代信息技术已经深入社会生活的方方面面,慈善领域也应积极拥抱现代信息技术。现代信息技术包括互联网、大数据、人工智能等技术。上述技术的应用可以提高慈善组织的运营效率、管理水平和服务质量。例如,通过互联网公开募捐服务平台,慈善组织可以更广泛地宣传自己的项目、募集捐款,实现捐款的在线管理和透明公开。同时,现代信息技术的应用已经不限于线上筹款,大数据和人工智能技术可以服务于慈善组织的内部管理,能够帮助慈善组织更好地了解社会需求,优化项目设计和实施,提高资源利用效率。国家鼓励在慈善领域应用这些技术,旨在提高慈善事业的效率、透明度和公信力,更好地满足社会需求。

三、关于社会力量对慈善组织的支持方式

除了通过慈善捐赠、志愿服务等传统方式参与慈善事业外，社会力量还能通过公益创投、孵化培育、人员培训、项目指导等方式给予慈善事业全方位、立体性支持。

公益创投是将风险投资的工具引入慈善领域，通过向慈善组织提供财务和非财务的支持，提升慈善组织自身的能力及社会影响。公益创投中，投资机构或个人以社会效益为导向，向慈善组织提供资金支持。这种投资方式并非追求经济回报，而是更为关注项目对社会的正面影响。除了资金，它还提供管理和技术支持，通过与被资助者建立长期的合作伙伴关系，达到促进能力建设和模式创新的目的。它与商业投资本质的区别在于其投资目标的非营利性，公益创投不要求经济回报，或者将投资回报继续用于公益事业。

此外，社会力量支持的方式还包括：1. 孵化培育，即通过孵化器等平台，提供资源、指导和支持，帮助慈善组织发展壮大。这可能包括提供办公空间、专业培训、筹款、财务、法律咨询等服务。2. 人员培训，即提供专业技能培训，帮助慈善组织的工作人员提升管理水平和专业能力。3. 项目指导，即提供项目管理、执行、监督等方面的指导，帮助慈善组织更有效地实施项目、提供服务。

上述方式都旨在为慈善组织提供资金支持和能力建设服务，帮助其更好地开展慈善活动，解决社会问题。国家和社会共同努力，可以促进慈善事业的健康发展，更好地服务社会大众。

第九十六条 国家鼓励有条件的地方设立社区慈善组织，加强社区志愿者队伍建设，发展社区慈善事业。

◆ 解读与适用

本条是关于发展社区慈善事业的规定。

城乡社区是社会治理的基本单元，城乡社区治理事关党和国家大政方针贯彻落实，事关居民群众切身利益，事关城乡基层和谐稳定。社区慈

是兼具古老传统和新兴特点的事物。既包括邻里帮扶、守望相助的传统慈善活动，也包括以专门组织机构为载体、筹集慈善资源对社区居民提供帮扶的现代慈善活动。随着基层社区治理体系和治理能力建设不断推进，社区慈善逐渐成为群众切实需要、政府鼓励支持、行业普遍关注的创新社会治理新思路。

早在 2006 年，国务院下发的《国务院关于加强和改进社区服务工作的意见》就指出，大力发展社区慈善事业，加强社区捐助接收点"慈善超市"的建设和管理。2017 年《中共中央 国务院关于加强和完善城乡社区治理的意见》首次提出"鼓励通过慈善捐赠、设立社区基金会等方式，引导社会资金投向城乡社区治理领域"。2021 年《中共中央 国务院关于加强基层治理体系和治理能力现代化建设的意见》进一步要求"创新社区与社会组织、社会工作者、社区志愿者、社会慈善资源的联动机制，支持建立乡镇（街道）购买社会工作服务机制和设立社区基金会等协作载体"。在政策大力扶持和群众积极创新的背景下，近年来社区慈善事业蓬勃发展，参与主体不断壮大，资金来源日益多元，服务领域持续拓展，但也存在一些发展中的问题。近年来以《上海市慈善条例》为代表的部分地方性法规开始对社区慈善有所规定。

在 2023 年慈善法修改过程中，各方面普遍认为，社区慈善是激发和体现邻里互助、互帮互爱精神的重要载体，与公众日常生活紧密相关，发挥着凝聚社区信任和社区资源的重要作用。发展社区慈善有助于为社区弱势群体提供更有针对性的服务，也有助于进一步完善社区治理体系，提升社区治理现代化水平。立法工作机构总结实践经验和地方法规探索，对社区慈善作出原则性规定，鼓励有条件的地方设立社区慈善组织，从而能够更加组织化、专业化地募集、管理和使用社区慈善资金，设计和执行慈善项目、开展慈善活动。同时，也强调发挥社区志愿者的作用，强化社区志愿者队伍建设，为社区慈善事业的健康发展注入专业力量。

第九十七条 国家采取措施弘扬慈善文化，培育公民慈善意识。

学校等教育机构应当将慈善文化纳入教育教学内容。国家鼓励高等学校培养慈善专业人才，支持高等学校和科研机构开展慈善理论研究。

广播、电视、报刊、互联网等媒体应当积极开展慈善公益宣传活动，普及慈善知识，传播慈善文化。

◆ **解读与适用**

本条是关于弘扬慈善文化的规定。

中国慈善事业植根于中华优秀传统文化，立足中国特色社会主义基本国情，走出了具有中国特色的发展之路。在我国传统文化中，历来尊崇持节诚信、厚仁贵和、敦亲重义，也将乐善好施、扶贫济困、尊老爱幼奉为美德。而随着时代的变迁，慈善又被赋予新的更丰富的内涵，成为一种具有广泛基础的群众性和社会性的互爱、互敬、互帮、互助的社会活动。随着我国慈善事业的蓬勃发展，人们的慈善意识不断提高，驱动更多的单位和个人投身慈善、奉献爱心。但是，从整体上看，全社会的慈善氛围还不够浓厚，有的人对慈善的认识还不到位，成为我国慈善事业进一步快速发展的制约因素。

大力弘扬慈善文化，是弘扬中华民族传统美德、培育和践行社会主义核心价值观的内在要求，也是增强公民慈善意识、培育慈善氛围的重要举措，有利于引导全社会认识慈善、支持慈善、参与慈善，有助于社会成员在义行善举中不断积累道德力量，将社会主义核心价值观内化于心、外化于行，为实现中华民族伟大复兴的中国梦提供持久的精神力量。

本条规定，表明了国家对弘扬慈善文化的重视。第一款明确了国家采取措施弘扬慈善文化、培育公民慈善意识的总体要求；第二款、第三款是弘扬慈善文化的具体措施，包括慈善文化教育、慈善专业人才培养、慈善理论研究、慈善宣传等重要举措。弘扬慈善文化的具体措施有：

1. 加强慈善文化教育。教育是培育公民慈善意识最重要的途径。学校等教育机构应当将慈善文化纳入教育教学内容，传授慈善传统、慈善理念和慈善知识，鼓励学生参与慈善实践，并纳入综合评价体系。慈善文化教育要从"娃娃"抓起，常抓不懈；要贯穿幼儿、小学、中学、大学全过程，并列入成人教育的内容，真正让慈善理念入脑入心，让慈善成为学生和公民的自觉行为。

2. 加强慈善专业人才培养。目前，我国部分高校已经尝试设立公益慈善专业，也有一些高校和机构在尝试开展慈善专业人才培养，但是总体而言，专业人才不足已经成为我国慈善事业快速发展的重要瓶颈。有关部门要出台有效措施，进一步完善专业设置，鼓励高等学校培养慈善专业人才，为我国慈善事业健康发展提供人力资源支撑。

3. 加强慈善理论研究。慈善理论是慈善行为的先导，也是慈善实践的总结和升华。善于根据实践的新鲜经验推进理论创新，并用理论创新成果指导新的实践，是推动中国特色慈善事业发展的重要保证。现代世界通行的慈善理论是基于西方的理论体系而形成的。由于慈善的起源和发展历程不同，国情和体制不同，文化传统和财富观念不同，我国的慈善理论必然要适应中国国情，体现民族特色和时代特征。有关部门要支持设立慈善研究机构，要支持高等学校和科研机构开展慈善理论研究，同时，要充分利用专家学者、行业协会、慈善工作者等各种力量，从我国实际出发，结合传统文化，吸收借鉴西方现代慈善成功经验，逐步形成具有中国特色的慈善理论体系，凝聚社会共识、指导慈善事业发展。

4. 加强慈善文化宣传。现代社会，任何理念、文化的普及，都离不开广播、电视、报刊、互联网等媒体的支持。这些媒体是弘扬慈善文化的重要力量，应当履行社会责任，以群众喜闻乐见的方式，大力宣传各类慈行善举和正面典型，以及慈善事业在服务困难群众、促进社会文明进步等方面的积极贡献，普及慈善知识，引导社会公众关心慈善、支持慈善、参与慈善。广播类媒体应当在主要频率，电视类媒体应当安排一定的时段，报刊类媒体应当安排一定的版面，互联网类媒体应当在显著位置长期宣传慈善活动、普及慈善知识。同时，还应当充分利用微博、微信、短信等方式传播慈善文化。

第九十八条 国家鼓励企业事业单位和其他组织为开展慈善活动提供场所和其他便利条件。

◆ **解读与适用**

本条是关于社会支持慈善活动的规定。

具有公开募捐资格的慈善组织为了募集慈善资源,经常在公共场所设置募捐箱,有时还要举办义演、义赛、义卖、义展、义拍、慈善晚会等活动,这些活动都需要一定的场所和支持。社会各界的爱心人士、爱心企业捐款捐物,慈善组织和爱心人士、爱心企业开展扶贫济困、扶老、救孤、恤病、助残、优抚以及救助自然灾害、事故灾难和公共卫生事件等突发事件造成的损害等,慈善组织开展慈善服务,也都需要一定的场所和支持。因此,国家鼓励企业事业单位和其他组织扬长避短,积极参与慈善活动,为开展慈善活动提供场所和其他便利条件。这也是企业事业单位和其他组织积极承担社会责任的一种体现。

国家鼓励企业事业单位和其他组织为开展慈善活动提供场所和其他便利条件,有利于慈善活动更好地开展,提高社会公众参与度,汇聚慈善资源、实现慈善帮扶,也有利于传播慈善理念。公民、法人和非法人组织从事慈善活动需要临时使用场所或者设施的,各级工会、共产主义青年团、妇女联合会、残疾人联合会、工商联、居民委员会、村民委员会,各企业事业单位和其他组织,应当在各自权限和能力范围内,为开展慈善活动提供场所和其他便利条件。各企业事业单位,不仅应为慈善组织的活动提供场所和便利,还应为其职工开展慈善活动、志愿服务提供支持和便利。会展场所、体育场馆、车站、码头、机场、公园、商场、广场等公共场所应当为慈善活动提供场所和用水、用电等方面的便利。

第九十九条 经受益人同意,捐赠人对其捐赠的慈善项目可以冠名纪念,法律法规规定需要批准的,从其规定。

◆ 解读与适用

本条是关于捐赠人冠名纪念的规定。

在我国慈善捐赠中，捐赠者冠名现象比较常见。比如企业家田家炳投资数亿元建立田家炳基金会，20多年来，共在上百所学校捐建教学楼，许多教学楼都以田家炳先生名字冠名；企业家邵逸夫以"邵氏基金会"的名义捐赠大量资金支持内地教育事业，目前几乎所有有名的高校都建有逸夫楼、逸夫体育馆等以邵逸夫命名的教学设施。

慈善冠名对于激励社会公众投身慈善事业，具有重要意义。通过慈善捐赠获得的冠名权，主要体现了对冠主人格的纪念和崇敬之情。通过捐赠冠名，冠名者可以提高社会知名度和美誉度，彰显自身的人格价值，并内化为丰厚的无形资产。而被冠名方则由此获得了有力的资金支持，可以推进自身事业发展，实现互利共赢。因此，允许慈善项目冠名纪念，有利于提高捐赠人的社会责任意识，有利于树立捐赠人良好的社会形象，有利于规范捐赠活动，也有利于集中慈善资源。

早在1999年颁布的公益事业捐赠法第十四条就规定："捐赠人对于捐赠的公益事业工程项目可以留名纪念；捐赠人单独捐赠的工程项目或者主要由捐赠人出资兴建的工程项目，可以由捐赠人提出工程项目的名称，报县级以上人民政府批准。"慈善法在此基础上，进一步扩大了冠名纪念的范围，赋予捐赠人对其捐赠的慈善项目冠名纪念权，前提是经过受益人同意；如果法律、法规规定需要批准的，要履行审批手续。

准确理解该条规定，有以下两个问题需要注意：

一是捐赠人对其捐赠的慈善项目冠名纪念，前提是"受益人同意"。换句话讲，如果受益人不同意，则捐赠人就不能对其捐赠的慈善项目冠名纪念。尽管从实践中来看，大多数受益人对于冠名纪念是不排斥的，在这种情况下，捐赠人是可以冠名纪念的；但也不排除个别情况下，受益人出于一些顾虑，不同意冠名纪念。这时，捐赠人应当尊重受益人的意愿，不能对捐赠项目冠名纪念。

二是法律法规规定需要批准的，从其规定。如果法律法规对于冠名有特别规定的，应当按照规定报有关部门批准。比如，民办教育促进法实施条例第五十三条规定："民办学校可以依法以捐赠者的姓名、名称命名学校的校舍或者其他教育教学设施、生活设施。捐赠者对民办学校发展做出特殊贡献的，实施高等学历教育的民办学校经国务院教育行政部门按照国家规定的条件批准，其他民办学校经省、自治区、直辖市人民政府教育行政部门或者人力资源社会保障行政部门按照国家规定的条件批准，可以以捐赠者的姓名或者名称作为学校校名。"

第一百条 国家建立慈善表彰制度，对在慈善事业发展中做出突出贡献的自然人、法人和非法人组织，由县级以上人民政府或者有关部门予以表彰。

◆ **解读与适用**

本条是关于慈善表彰制度的规定。

慈善是中华文化的优良传统，是所有海内外中华儿女为之自豪的精神财富。弘扬慈善文化已经成为我国大力发展慈善事业的重点之一。"中华慈善奖"是中国公益慈善领域中的最高政府奖，旨在表彰我国慈善活动中事迹突出、影响广泛的个人、单位、慈善项目、慈善信托等，由民政部负责实施。同时，全国还有多个省份以及多个地市设立了当地别具特色的慈善表彰项目。

国家对为慈善事业发展作出突出贡献、社会影响较大的个人、法人或者组织予以表彰奖励是推动慈善事业健康发展的重要举措。建立和完善慈善表彰奖励制度，是适应我国慈善事业蓬勃发展态势的必然要求，是吸引、鼓励社会各界参与慈善事业的重要手段，是引导慈善行为、提升慈善效果的重要途径，是培育和践行社会主义核心价值观的重要方式。近年来，部分省（区、市）以省级政府或民政部门等名义，开展了针对慈善事业的评选表彰活动，表彰奖励了一大批为慈善事业作出突出贡献的个人、企业、机构和项目，显著提升了慈善氛围，有效推动了社会建设，促进了社会主义核心价值观的弘扬，带动了更多公众投身慈善、友爱互助。但与此同时，有些地区尚未建立慈善表彰奖励制度，个别政府性慈善评选表彰工作不够规范、宣传报道不够充分，社会参与度和影响力有待提升。

2014年《国务院关于促进慈善事业健康发展的指导意见》指出，国家对为慈善事业发展作出突出贡献、社会影响较大的个人、法人或者组织予以表彰。民政部要根据慈善事业发展的实际情况，及时修订完善"中华慈善奖"评选表彰办法，组织实施好评选表彰工作，在全社会营造良好的慈善氛围。各省（区、市）人民政府可按国家有关规定建立慈善表彰奖励制度。

各地政府慈善评选表彰工作应注意以下几点：

一是要做好立项工作。各省（区、市）要按国家有关规定建立慈善表彰奖励制度，作为支持慈善事业发展的政策措施。在立项过程中，要妥善处理好名称、奖项、表彰范围等问题。并且，在当前和今后一个时期，要突出对扶贫济困类慈善行为的表彰，引导和鼓励社会力量以帮扶困难群体为重点开展慈善活动。

二是要确保表彰质量。各省（区、市）要根据本地慈善事业发展状况，设置合理的表彰周期和适当的表彰规模，既保持表彰工作的激励性，又保证权威性，并制定科学合理、客观明确、便于评价的评选标准。

三是要规范工作程序。在实施慈善评选表彰活动的过程中，应坚持公正评审、严格把关，特别要坚持过程公开、社会参与，要设立公众参与渠道，自觉接受群众监督，切实提高活动的参与度、透明度和公信力。

四是要创新工作方式。在慈善评选表彰活动实施过程中，举办单位可以选择与公信力强、工作水平突出的社会组织以及富有广泛影响力的新闻媒体开展合作，通过政府购买服务的形式，交由相关社会组织承担具体事务性工作。

五是要严肃评选纪律。各省（区、市）开展慈善评选表彰活动，要严格遵守财经纪律和财务规定，举办单位不得以任何形式向参评单位和个人收取费用或者变相收费。对违反评选纪律的参评单位和个人实行"黑名单"制度，一经核实，六年内不得再行申报。获奖单位和个人出现严重违法违纪行为或造成不良社会影响的，要对其已获奖项予以撤销。

一些地方性法规对慈善表彰也作出了规定，如《重庆市慈善条例》第二十六条规定，本市开展"重庆慈善奖"评选。按照相关规定，对在慈善事业中做出突出贡献的自然人、法人和非法人组织，由市、区县（自治县）

人民政府或者有关部门予以表彰。慈善组织可以采取发放捐赠证书、纪念徽标、纪念牌匾等方式，对参与慈善活动的自然人、法人和非法人组织给予褒扬。

> **第一百零一条** 县级以上人民政府民政等有关部门将慈善捐赠、志愿服务记录等信息纳入相关主体信用记录，健全信用激励制度。

◆ 解读与适用

本条是有关慈善信用记录和激励的规定。

本条以法律的形式明确将慈善捐赠、志愿服务记录纳入信用管理，对于我国社会信用体系的构建具有重要意义。

2016年《国务院关于建立完善守信联合激励和失信联合惩戒制度 加快推进社会诚信建设的指导意见》指出，充分运用信用激励和约束手段，加大对诚信主体激励和对严重失信主体惩戒力度，让守信者受益、失信者受限，形成褒扬诚信、惩戒失信的制度机制。加快建立健全各省（区、市）信用信息共享平台和各行业信用信息系统，推动青年志愿者信用信息系统等项目建设，归集整合本地区、本行业信用信息，与全国信用信息共享平台实现互联互通和信息共享。

2018年，国家发展改革委、中国人民银行、民政部等四十个部门和单位联合签署了《关于对慈善捐赠领域相关主体实施守信联合激励和失信联合惩戒的合作备忘录》（以下简称《备忘录》）并正式发布，相关部门共享慈善捐赠领域的红黑名单，对慈善捐赠领域相关主体实施守信联合激励和失信联合惩戒，此举意味着我国慈善捐赠领域正式纳入社会信用管理体系范畴。《备忘录》主要有三方面内容：

一是建立慈善捐赠领域的信用信息共享。各部门各单位从全国信用信息共享平台中获取守信联合激励与失信联合惩戒信息，共享慈善捐赠领域的红黑名单。

二是明确了两类激励对象和五类惩戒对象。激励对象中包括在民政部门行政管理的评估工作中获得良好等级的慈善组织，还包括有良好捐赠记录的捐赠人，特别是在扶贫济困领域有突出贡献的自然人、法人和非法人组织；惩戒对象中包括民政部门在日常管理中列入严重违法失信名单的慈善组织，还包括这些慈善组织的法定代表人和直接负责的主管人员，也包括在慈善捐赠相关活动中被人民法院依法判定承担责任的捐赠人、受益人，以及被公安机关依法查处的假借慈善名义或假冒慈善组织骗取财产的自然人、法人和非法人组织。

三是明确了对慈善捐赠领域守信主体的二十六条激励措施和对失信主体的二十四条惩戒措施。这些措施由四十个相关部门和单位联合实施，涉及民生、科教、国民经济的各个领域以及工商、税务、海关、质检、公安等各市场监督领域，既有对守信主体的各种优惠、诚信记录，以及优先或者便利获得相关资格和服务的激励，又有对失信主体限制准入、重点监管、取消待遇等方面的惩戒。

《备忘录》指出，对于守信的激励包括依法享受税收优惠、作为纳税信用评价的重要外部参考以及在实施政府性资金项目安排时，同等条件下优先考虑等。对于失信的惩戒则包括限制作为供应商参加政府采购活动、限制取得政府用地、限制申请科技类扶持项目等。

本条的规定有利于引导慈善组织、捐赠人和受益人守诚信、讲自律，在全社会营造"合法、自愿、诚信"的慈善理念。

第一百零二条 国家鼓励开展慈善国际交流与合作。

慈善组织接受境外慈善捐赠、与境外组织或者个人合作开展慈善活动的，根据国家有关规定履行批准、备案程序。

◆ **解读与适用**

本条是关于慈善国际交流与合作的规定。

本条第一款明确国家鼓励开展慈善国际交流与合作。慈善组织联系民众、承载民意，在国际合作中具有天然的亲和力。中国诸多社会组织依托"一带一路"倡议等平台，开展了一系列特色鲜明的活动，以实际行动持续深化世界各国民心相通，助力"一带一路"建设行稳致远。由于慈善组织不以营利为目的、具有公益性，倡导志愿精神，以实现社会公共利益和人类共同福祉为价值追求，因而，在解决全球治理难题、推动"一带一路""软联通""心联通"方面，具有不可替代的优势，能够持续推动各国间的互联互通、互学互鉴、互利共赢，为"共享"夯实基础，能够着眼人类共同命运和共同利益提出愿景、谋划工作、提供公共产品和服务。

本条第二款明确慈善组织与境外合作的程序。根据境外非政府组织境内活动管理法第十六条的规定，境外非政府组织未在中国境内设立代表机构，在中国境内开展临时活动的，应当与中国的国家机关、人民团体、事业单位、社会组织（以下称中方合作单位）合作进行。第十七条规定，境外非政府组织开展临时活动，中方合作单位应当按照国家规定办理审批手续，并在开展临时活动十五日前向其所在地的登记管理机关备案。备案应当提交下列文件、材料：（一）境外非政府组织合法成立的证明文件、材料；（二）境外非政府组织与中方合作单位的书面协议；（三）临时活动的名称、宗旨、地域和期限等相关材料；（四）项目经费、资金来源证明材料及中方合作单位的银行账户；（五）中方合作单位获得批准的文件；（六）法律、行政法规规定的其他文件、材料。在赈灾、救援等紧急情况下，需要开展临时活动的，备案时间不受前款规定的限制。临时活动期限不超过一年，确实需要延长期限的，应当重新备案。登记管理机关认为备案的临时活动不符合本法第五条规定的，应当及时通知中方合作单位停止临时活动。

此外，慈善组织还应当根据相关要求，履行重大事项报备手续。如根据《民政部直管社会组织重大事项报告管理暂行办法》第五条，民政部直管社会组织的下列事项，应当履行报批程序……（五）申办和承办国际或涉港澳台会议、论坛等活动；（六）与境外组织、人员开展项目合作，接受境外捐赠资助，加入境外非政府组织，邀请境外组织和人员（参照外事部门备案的有关规定）来访或参加活动；（七）在境外开展业务活动、执行合作项目或设立分支（代表）机构，组织出国（境）开展交流活动或参加会议、论坛、培训……

第十一章 监督管理

第一百零三条 县级以上人民政府民政部门应当依法履行职责，对慈善活动进行监督检查，对慈善行业组织进行指导。

◆ 解读与适用

本条是关于民政部门监管职责的规定。

根据慈善法本条和第六条规定，慈善活动的日常监管职责主要由县级以上人民政府民政部门承担，其他有关部门在各自职责范围内做好相关工作。

作为慈善工作的主管部门，民政部门除了负责慈善组织登记认定、公开募捐资格审查、慈善信托备案、公开募捐方案备案等工作外，其承担的日常监管职责还包括：一是受理慈善组织每年报送的年度工作报告和财务会计报告；二是对慈善活动进行监督检查；三是对慈善组织、慈善信托受托人的信息公开情况进行监督；四是建立慈善组织及其负责人、慈善信托受托人信用记录；五是组织开展慈善组织评估；六是指导慈善行业组织发展；七是受理相关投诉和举报，并及时调查处理；八是对慈善组织的违法违规行为以及非法公开募捐的组织和个人依法予以查处；九是法律法规赋予的其他职责。需要指出的是，民政部门对慈善活动的日常监管，不仅仅是针对慈善组织和慈善信托，也包括其他组织和个人的慈善活动。

对慈善行业组织的活动进行指导，是民政部门的重要职责。依照本法第十九条的规定，慈善组织可以依法成立行业组织，反映行业诉求，推动行业交流，提高慈善行业公信力，促进慈善事业发展。作为慈善事业主管部门，民政部门应当加强对慈善行业组织的指导，帮助其更好地开展活动。比如，指导慈善行业组织依法开展活动，避免行业组织的活动侵蚀其成员单位的法定权益；再比如，在发生重大自然灾害后，向慈善行业组织发布灾区需求信息，并通过行业组织引导众多慈善组织有序参与灾害救援；等等。不过，民政部门对慈善行业组织的指导，不能成为变相的行政强制，慈善行业组织可以从实际出发，自主决定自己的行为。

政府其他有关部门虽然不是慈善事业主管部门，但对与本部门职责有关的慈善活动也负有监管责任。比如，公安部门有权对假借慈善名义或者假冒慈善组织骗取财产等行为进行查处，税务部门有权对慈善组织弄虚作假骗取税收优惠等行为进行查处，财政部门可以对捐赠票据使用情况进行专项检查或者抽查，广播、电视、报刊以及网络服务提供者、电信运营商未对利用其平台开展公开募捐的慈善组织履行验证义务的，由主管部门予以处罚或通报批评，等等。此外，对于有业务主管单位的慈善组织，业务主管单位也应当对该慈善组织进行指导、监督，包括指导、监督慈善组织依据法律和章程开展公益活动；配合登记管理机关、其他执法部门查处慈善组织的违法行为。

随着慈善事业的发展，慈善活动日益多样化、复杂化。加强和改善对慈善活动的日常监管，是保证慈善活动依法开展、提升慈善公信力的重要保障。在降低登记门槛、简化登记程序、改革年检制度的大背景下，各级政府民政等有关部门需要把工作重心转移到对慈善活动的日常监督管理上来。

第一百零四条 县级以上人民政府民政部门对涉嫌违反本法规定的慈善组织、慈善信托的受托人，有权采取下列措施：

（一）对慈善组织、慈善信托的受托人的住所和慈善活动发生地进行现场检查；

（二）要求慈善组织、慈善信托的受托人作出说明，查阅、复制有关资料；

（三）向与慈善活动有关的单位和个人调查与监督管理有关的情况；

（四）经本级人民政府批准，可以查询慈善组织的金融账户；

（五）法律、行政法规规定的其他措施。

慈善组织、慈善信托的受托人涉嫌违反本法规定的，县级以上人民政府民政部门可以对有关负责人进行约谈，要求其说明情况、提出改进措施。

其他慈善活动参与者涉嫌违反本法规定的，县级以上人民政府民政部门可以会同有关部门调查和处理。

◆ **解读与适用**

本条是关于民政部门监管措施的规定。

新修改的慈善法第一百零四条增加了"慈善信托的受托人"为适用本条的监管对象。根据本条规定，民政部门对涉嫌违反慈善法规定的慈善组织或慈善信托的受托人，有权采取以下五项措施：

一是进行现场检查。民政部门可以依法到慈善组织或慈善信托的受托人的住所和慈善活动的现场进行检查。比如，调查慈善组织开展的募捐活动是否符合本法第二十三条和第二十五条的规定等。

二是问询并查阅、复制相关资料。民政部门对涉嫌违法的慈善组织或慈善信托的受托人，可以要求其就有关情况作出说明，以了解其行为是否构成违法，这实际上是一种调查行为。为了进一步开展调查并作出处理，民政部门可以查阅、复制相关的资料，以作为实施行政处罚或者其他行政处理的证据。比如，如果认为某一慈善组织的管理费用违反了法律规定，民政部门可以查阅该组织的财务报表等资料。

三是向相关单位和人员进行调查。如果认为某一慈善活动涉嫌违法，民政部门可以向与该活动有关的单位和人员调查了解情况，相关的单位和人员应当予以配合。比如，依据本法第六十九条的规定，慈善组织安排志愿者参与可能发生人身危险的慈善服务前，应当为志愿者购买相应的人身意外伤害保险。对此，民政部门可以向有关的保险公司和志愿者了解情况，以调查慈善组织是否依照法律要求为志愿者购买保险等。

四是依法查询金融账户。这里有两点需要说明：一是查询慈善组织的金融账户需要经过本级人民政府批准，批准权在本级人民政府而非民政部门。也就是说，如果某省民政厅民间组织管理局执法人员要查询一个慈善组织的金融账户，需要经过省政府批准，未经省政府批准，不管这个慈善组织的账户设在什么级别的金融机构，执法人员都不得查询，这有助于保护慈善组织的合法权益。二是金融账户的内涵比较宽泛，不仅是银行存款，也包括基金、股票、期货等各类金融账户。

五是法律、行政法规规定的其他措施。此项规定为以后根据实践需要赋予民政部门新的监管措施留下了空间。

上述措施是慈善法赋予民政部门的法定职权，民政部门应当敢于并善于运用这些措施，加强和改进监督管理工作。

此外，本次修法完善了民政部门对慈善组织和慈善信托受托人的日常监管方式，明确对于慈善组织、慈善信托的受托人涉嫌违反本法规定的，县级以上人民政府民政部门可以对有关负责人进行约谈，要求其说明情况、提出改进措施。约谈，是颇具中国特色的一种制度，是指国家行政机关在职责范围内，与具有违法违规情形或违法违规风险的行政相对人沟通交流，进行了解核实、政策宣讲、提示风险、批评教育或规劝改正，从而实现维护行政管理秩序的一种柔性执法方式。约谈一举多得，意义重大。变传统事后监管处罚为事前事中防范干预，犹如疾风骤雨被和风细雨替代，行政约谈符合转变政府职能的需要，是建设法治政府和服务政府的创新，也是落实"谁执法、谁普法"责任制的实践。对行政机关而言，这种灵活而温和的执法方式不仅能够节约执法成本，提高执法效率，还能建立沟通机制，树立执法权威。

对于其他慈善活动参与者涉嫌违反慈善法规定的，县级以上人民政府民政部门可以会同有关部门调查和处理。民政部门依法履行监督管理职责进行监督检查时，有关单位和个人应当予以配合，拒绝、阻碍执法人员查处违法活动的，将由公安机关依法查处；构成犯罪的，依法追究刑事责任。

第一百零五条 县级以上人民政府民政部门对慈善组织、有关单位和个人进行检查或者调查时，检查人员或者调查人员不得少于二人，并应当出示合法证件和检查、调查通知书。

◆ 解读与适用

本条是关于民政部门检查或者调查程序的规定。

程序正当是依法行政的基本要求。行政机关实施行政管理，必须严格遵循法定程序，依法保障行政管理相对人、利害关系人的合法权益。国家出台的一系列法律、行政法规和重要文件均反复强调程序正当的重要性。根据慈善法规定，民政部门实施检查或调查时应当遵循如下要求：

一是检查人员或者调查人员不得少于二人。也就是说，单独一名执法人员不得到慈善组织或其他有关单位住所、活动现场等进行检查，也不能到金融机构查询慈善组织金融账户。现场检查、调查人员不得少于两个人，这是民政部门实施检查、调查的基本要求。

二是应当出示合法证件和检查、调查通知书。执法人员不仅要出示合法的证件，比如执法证、工作证等，还要向被检查对象出示检查、调查通知书。检查、调查通知书一般应由本机关签发。如果是查询金融账户，还需要出示本级政府的批准文书。关于"合法证件"，各地情况可能略有不同。在有的地方，省人大或省政府制定了地方性法规或者政府规章，要求行政执法人员必须通过执法资格考试，领取行政执法证，然后才具备执法资格，在这些地方，民政部门执法人员执法时需要出示当地政府制发的行政执法证件。在有些地方，并未有相应的规定，执法人员只需出示工作证件或者能够证明自己职务身份的证件就可以。

第一百零六条 县级以上人民政府民政部门应当建立慈善组织及其负责人、慈善信托的受托人信用记录制度，并向社会公布。

县级以上人民政府民政部门应当建立慈善组织评估制度，鼓励和支持第三方机构对慈善组织的内部治理、财务状况、项目开展情况以及信息公开等进行评估，并向社会公布评估结果。

◆ 解读与适用

本条是关于慈善信用记录和评估制度的规定。新修改的慈善法第一百零六条增加了慈善信托受托人的信用记录制度。慈善信用记录制度和评估制度都是在总结近年来其他领域行政管理经验并在借鉴国外经验的基础上提出的，对于转变政府部门管理方式、完善慈善组织监管制度、规范慈善组织健康有序发展都具有重要意义。

一、关于慈善组织及其负责人、慈善信托的受托人信用记录制度

信用记录制度是指关于信用及信用关系的制度安排，是对信用行为及关系的规范和保证，是约束人们信用活动和关系的行为规则。在国家层面建立慈善组织及其负责人、慈善信托的受托人信用记录制度，主要有三个方面的意义：

第一，建立慈善组织及其负责人、慈善信托的受托人信用记录制度是市场经济的客观要求。现代市场经济是诚信经济，市场交易关系和交易行为更多地表现为信用关系，市场化程度越高，对市场主体诚信的发育程度要求也越高。慈善组织、慈善信托的受托人作为市场主体之一，自然也不能忽视自身公信力的建设。慈善组织及其负责人、慈善信托的受托人在参与慈善活动中形成的信用记录是参与社会经济生活信用记录的重要组成部分。此外，慈善组织及其负责人、慈善信托的受托人在慈善活动中是否诚信，一定程度上也反映了其在参与其他社会经济生活中是否能做到诚信。

第二，建立慈善组织及其负责人、慈善信托的受托人信用记录制度是改进慈善管理的有效手段。慈善法的出台将带来慈善组织以及慈善信托数量的迅速增长，与此同时，政府部门对于慈善组织和慈善信托管理服务的任务也将随之大幅增加。面对这种情况，要实现对慈善组织和慈善信托放得开、管得住的要求，就需要转变政府管理方式，既要发挥政府各部门的综合监管效能，又要畅通社会监督渠道，发挥慈善组织和慈善信托的自律作用；既要坚持依法管理，加强法律保障，又要运用诚信自律、道德约束等方式化解矛盾、解决问题。信用记录制度的建立，正是实现这一目标的有效手段和必由之路。特别是将慈善组织及其负责人、慈善信托的受托人信用记录制度纳入整体社会信用体系建设之中，将其在慈善活动和相关活动中的信用记录纳入整体的社会信用记录，能够有效地约束慈善组织、慈善信托及其相关从业人员的行为。

第三，建立慈善组织及其负责人、慈善信托的受托人信用记录制度是重塑慈善组织、慈善信托与捐赠人关系，防范慈善道德风险的需要。慈善组织、慈善信托的受托人作为慈善活动的主体，与热心慈善事业的捐赠人有着密切的信用关系往来，捐赠人的捐赠是慈善组织得以生存和发展的重要资金来源，同时，捐赠人要想实现自己的慈善目的，也非常需要借助慈善组织以及慈善信托的力量。总体上看，我国的慈善组织、慈善信托都还处于发展的初级阶段，有些慈善组织内部治理不完善、组织机构不健全、民主管理不落实、财务管理不透明、自律性和诚信度不高、社会公信力不足，有的甚至违背慈善宗旨，打着慈善的幌子变相敛财。这些缺失诚信的行为严重损害了慈善组织、慈善信托的公信力和社会形象，影响了捐赠人、潜在捐赠人以及社会公众与慈善组织之间的信任关系，影响了慈善组织以及慈善信托事业的健康有序发展。这不仅是对慈善组织、慈善信托的伤害，也是对热心慈善事业的社会各界力量的伤害。因此，需要通过建立慈善组织及其负责人、慈善信托的受托人信用记录制度，推进慈善组织、慈善信托诚信建设，引导慈善组织、慈善信托建立健全自律机制，实现自我约束、自我管理、自我规范，更好地维护公众利益，服务社会，真正树立慈善行业的良好形象。

二、关于慈善组织评估制度

近年来，随着我国经济的发展和社会的进步，以基金会为代表的各类慈善组织得到较快发展，在开展慈善活动、提供公共服务、促进公益事业发展等方面发挥了重要作用。但是一些慈善组织在发展中还存在组织机构不健全、内部治理不完善、组织行为不规范、社会公信力不高等问题。作为社会组织中最能体现社会关爱精神、自身运作最为复杂、公众关注度最高、社会期望值最大的一类组织，慈善组织的慈善活动能力和社会公信力是其生存与发展的根本条件。

慈善组织评估就是根据慈善组织的特征，以特定统一的指标体系为评议标准，遵循规范的科学方法和操作程序，通过定性和定量的对比分析，对慈善组织在一定时间段的组织管理情况、业务活动情况和通过活动所产生的社会效益及影响等作出客观、公正和准确的判断。慈善法规定县级以上人民政府民政部门应当建立慈善组织评估制度，鼓励和支持第三方机构对慈善组织进行评估，这既是对近年来民政部门开展社会组织评估工作经验的总结，也为今后开展慈善组织评估工作指明了方向。建立慈善组织评估制度，开展慈善组织评估工作，无论是对慈善组织自身的发展，还是对政府管理以及社会公众的知情和监督，都具有重要意义：

第一，开展慈善组织评估，可以实现"以评促建"的目标，有利于加强慈善组织的自身建设，完善慈善组织的法人治理结构，促进慈善组织运行和管理水平的提升，实现慈善组织的自我管理、自我完善和自我监督。

第二，开展慈善组织评估有利于政府管理部门全面了解慈善组织的运作状况，进而有针对性地进行监管，促进政府监管方式的科学化和规范化，也有利于为政府向慈善组织转移职能和购买服务提供依据，充分发挥慈善组织在社会治理和公共服务中的积极作用。

第三，开展慈善组织评估有利于开拓社会公众与慈善组织的制度化沟通渠道，强化社会对慈善组织的检查和监督，更好地动员、利用社会力量对慈善组织进行多方位监督。

自2007年以来，民政部先后出台了多部部门规章和规范性文件，慈善法实施后，县级以上政府民政部门有必要根据慈善法的规定，对现有的评估制度进行完善，鼓励第三方机构，比如中国慈善联合会等开展评估，逐步建立起专业化的社会监督机制，尽快建立健全符合我国国情的慈善组织评估制度。

本次修法对第三方评估方向做了进一步明确，包括慈善组织内部治理、财务状况、项目开展情况以及信息公开四个方面。当前，慈善组织的内部治理、财务状况、信息公开存在一定问题，有的慈善组织的决策和监督机构未能依法依规履职尽责、发挥作用，财务管理不够规范，项目有效性不足，项目和机构透明度不够等。为实现慈善组织的高质量发展，可以通过第三方评估的方式，评价该慈善组织内部治理的真实情况、财务规范情况和项目有效性、机构透明度等，供政府和公众了解慈善组织的状况，建立起慈善组织的公信力。

第一百零七条 慈善行业组织应当建立健全行业规范，加强行业自律。

◆ 解读与适用

本条是关于慈善行业自律的规定。

依照本法第十九条的规定，慈善组织可以依法成立行业组织。慈善行业组织的一个重要职责就是制定行业行为规范，加强行业自律，进而提高慈善行业的公信力，促进慈善事业的发展。

一般来说，行业规范是一个行业组织成员单位共同制定的、本组织成员共同遵守的行为标准。行业规范是为了本组织成员的共同利益、保障本行业的持续健康发展而制定的对全体成员具有约束力的行为准则。行业规范一般由各个成员通过协商而制定，或者依据协会章程规定的方式来制定。慈善行业组织制定的行业规范，主要用来规范和指导本组织成员的慈善活动，促进组织成员依照共同的标准进行运作，进而达到自律和共同提高的目标。

在重视行业自律的国家，慈善行业组织都会制定众多行业规范和标准。比如，1999年成立的英国慈善商店行业组织制定了《慈善零售规范》，作为慈善商店的集体行为准则，其下属的6000多家会员商店均受《慈善零售规范》的约束。再比如，1989年法国多家大型慈善机构发起，联合制定了规范慈善机构行为的宪章，确立了保证善款不被滥用的四项原则：不谋私利、严格管理、规范运作、财务透明。宪章要求慈善机构领导人员不从慈善组织领取薪酬、不从慈善活动中获利，要求慈善机构向宪章委员会提交相关的材料并严格审查，只有达到要求的成员单位才有权使用"宪章委员会认定善款善用"这一认证标志。另外，美国慈善协会、美国慈善联合会、瑞典筹资委员会等都制定了大量对成员单位有约束力的行业标准和规则，并且对违规者予以惩戒。这些国家的慈善行业规范不仅弥补了法律的空缺，而且对成员单位提出了较高的要求，对提升成员单位的公信力和影响力，发挥了重要作用，因此也得到了成员单位和社会的广泛认可。

不过，需要强调的是，行业自律性规范可以对成员单位提出一些要求，但自律性规范内容不能"任性",尤其是不能突破宪法、法律的规定,不得随意克减有关成员单位和个人的法定权利,比如不能限制成员单位依法提起诉讼的权利等,这一点也需要引起注意。

第一百零八条 任何单位和个人发现慈善组织、慈善信托有违法行为的,可以向县级以上人民政府民政部门、其他有关部门或者慈善行业组织投诉、举报。民政部门、其他有关部门或者慈善行业组织接到投诉、举报后,应当及时调查处理。

国家鼓励公众、媒体对慈善活动进行监督,对假借慈善名义或者假冒慈善组织骗取财产以及慈善组织、慈善信托的违法违规行为予以曝光,发挥舆论和社会监督作用。

◆ 解读与适用

本条是关于慈善社会监督的规定。

慈善社会监督主要是指公民、法人和其他组织等社会力量,通过咨询、投诉、举报、曝光等途径对慈善组织及其负责人和执行人员进行的监督。自觉接受社会监督,是慈善组织及慈善活动其他参与者的义务和责任。

慈善活动是通过慈善组织、捐赠人、志愿者、受益人等慈善活动参与者,将社会上的人力、物力、财力等资源聚集起来,以捐赠财产和提供服务等方式,重新组织分配到扶贫济困等社会最需要的地方,实际上就是一次社会公益资源再分配的过程,公众关注度高,涉及社会责任大。慈善活动是否规范、是否公开透明,关系到慈善资源的保护,慈善事业的发展,必须建立起法律监督、政府监督、社会监督与自我监督相结合的慈善事业监督体系。

慈善法从两个方面对慈善社会监督作出了明确规定:

第一,建立投诉举报机制。根据本条规定,任何单位和个人发现慈善组织、慈善信托有违法行为的,可以向县级以上人民政府民政部门、其他有关部门或者慈善行业组织投诉、举报。民政部门、其他有关部门或者慈善行业组织接到投诉、举报后,应当及时调查处理。本条第一款主要规定了公众监督，监督的方式是投诉、举报。监督的主体是任何单位或个人，被监督的对象是慈善组织及其管理人员、慈善信托委托人、受托人、监察人。监督的内容是慈善组织、慈善信托的违法行为。监督受理的主体是县级以上人民政府民政部门和其他有关部门或者慈善行业组织。民政和其他有关部门对慈善组织负有法定的监督管理职责，慈善行业组织对慈善组织负有行业规范、行业自律的职责，因此在接到投诉、举报后，无论是民政和其他有关部门还是慈善行业组织都应当及时进行调查处理。这样就把慈善社会监督、政府监督、行业自律连接了起来。

第二，注重发挥舆论和社会监督作用。本条第二款规定，国家鼓励公众、媒体对慈善活动进行监督，对假借慈善名义或者假冒慈善组织骗取财产以及慈善组织、慈善信托的违法违规行为予以曝光，发挥舆论和社会监督作用。这里主要强调了发挥舆论监督的作用，通过曝光的方式增强社会监督的效力。监督的主体强调了公众和媒体，监督的方式主要指曝光，既可以通过广播、报刊、电视等传统媒体曝光，也可以通过互联网等新兴媒体曝光。监督的内容既包括前款所规定的慈善组织、慈善信托的违法违规行为，也包括假借慈善名义或者假冒慈善组织骗取财产的行为。被监督的主体既包括依法成立的慈善组织及其相关责任人，也包括未经慈善组织登记或认定的组织，以及假借慈善名义骗取钱财的自然人、法人和其他组织。

第十二章　法律责任

第一百零九条　慈善组织有下列情形之一的，由县级以上人民政府民政部门责令限期改正，予以警告或者责令限期停止活动，并没收违法所得；情节严重的，吊销登记证书并予以公告：

（一）未按照慈善宗旨开展活动的；

（二）私分、挪用、截留或者侵占慈善财产的；

（三）接受附加违反法律法规或者违背社会公德条件的捐赠，或者对受益人附加违反法律法规或者违背社会公德的条件的。

◆ **解读与适用**

本条是关于慈善组织承担吊销登记证书等法律责任的规定。本条涉及责令限期改正，予以警告或者责令限期停止活动并没收违法所得，吊销登记证书等行政措施。

这里的责令限期改正，是指民政部门在执法过程中对违法行为人发出的一种作为命令。这里的警告，是民政部门对违法行为人的警示告诫，适用于慈善组织违反慈善法第一百零九条的轻微违法行为，其目的在于对违法者进行一定的警示教育。责令限期停止活动，是指民政部门命令具有严重违法行为的慈善组织在一定期限内停止活动的处罚措施。没收违法所得，是指民政部门对慈善组织通过违法途径和手段取得的财物收归国有的行政处罚。违法所得的性质必须由特定机关通过一定的程序加以认定。没收的违法所得必须全部上缴国库，任何机关或者个人不得以任何形式截留、私分或者变相私分。吊销登记证书，是指民政部门撤销违法的慈善组织已经获得的从事某种活动的许可证书、取消被处罚人的一定资格和剥夺、限制某种特许权利的行政处罚，是行政处罚种类中较为严厉的一种处罚措施。

吊销登记证书涉及慈善组织主体资格的消灭，所以，在吊销登记证书的同时还应该通过一定的方式予以公告，以使社会公众知晓。

根据行政处罚法第九条规定，警告、责令限期停止活动、没收违法所得和吊销登记证书均属于行政处罚，而责令限期改正则不属于行政处罚种类。

慈善组织承担上述法律责任的情形包括：

（一）未按照慈善宗旨开展慈善活动的

慈善组织可以采用基金会、社会团体、社会服务机构等组织形式，无论何种形式的慈善组织都必须以开展慈善活动为宗旨。慈善活动包括扶贫、济困；扶老、救孤、恤病、助残、优抚；救助自然灾害、事故灾难和公共卫生事件等突发事件造成的损害；促进教育、科学、文化、卫生、体育等事业的发展；防治污染和其他公害，保护和改善生态环境以及其他公益活动。以开展慈善活动为宗旨是慈善组织的使命和价值之所在，也是慈善组织与政府组织、营利性组织以及互益性社会组织的本质区别。如果慈善组织成立后不按照其设立宗旨和活动范围开展慈善活动，就失去了其存在的价值与合法性。

实践中，未按照慈善宗旨开展慈善活动主要包括两种情形：一是慈善组织开展的活动不具有公益性而是商业活动的，自然属于未按照慈善宗旨开展慈善活动的情形。二是慈善组织开展的活动虽然具有公益性，属于慈善活动，但超出了其宗旨规定的范围。比如一个从事儿童救助的慈善组织，去开展一个公益性的环境保护活动，虽然这种环保活动属于慈善活动的范畴，但不符合该慈善组织救助儿童的宗旨，这也属于未按照慈善宗旨开展慈善活动的情形。

（二）私分、挪用、截留或者侵占慈善财产的

慈善组织的财产应当根据章程和捐赠协议的规定全部用于慈善目的，不得在发起人、捐赠人以及慈善组织成员中分配。任何组织和个人不得私分、挪用、截留或者侵占慈善财产。私分是指单位或个人违反法律规定，以单位名义将慈善财产私分给个人的行为。挪用是指利用职务上的便利，

改变慈善财产的用途,挪用慈善财产归个人使用或者交由他人使用。截留是指将慈善财产采取不入账或少入账的方式留下;侵占是指利用职务上的便利,以非法占有为目的,将慈善财产据为己有的行为。私分、挪用、截留或者侵占慈善财产是严重的违法行为,应依法承担相应的法律责任。

实践中,大部分私分、挪用、截留或者侵占慈善财产的行为,是由慈善组织负责人实施的,慈善组织也是受害方,在具体执行过程中,应把重点放在对实施违法行为的慈善组织负责人根据相关规定进行处罚上。而对慈善组织的处罚应当十分谨慎。

(三)接受附加违反法律法规或者违背社会公德条件的捐赠,或者对受益人附加违反法律法规或者违背社会公德的条件的

慈善组织不得从事、资助危害国家安全和社会公共利益的活动,不得接受附加违反法律法规和违背社会公德条件的捐赠,不得对受益人附加违反法律法规和违背社会公德的条件。慈善组织违反前述禁止性规定的,依法承担相应的法律责任。本条主要由民政部门在对慈善组织监督管理时适用,民政部门通过年检年报、抽查审计、专项检查或者接受投诉举报,发现慈善组织存在未按照慈善宗旨开展活动,私分、侵占、截留或挪用慈善财产,接受附加违反法律法规或者违背社会公德条件的捐赠,或者对受益人附加违反法律法规或者违背社会公德的条件的行为,应当依照本条对慈善组织进行处罚。另外,根据慈善法第一百二十一条的规定,违反本法规定,构成违反治安管理行为的,由公安机关依法给予治安管理处罚;构成犯罪的,依法追究刑事责任。

第一百一十条 慈善组织有下列情形之一的,由县级以上人民政府民政部门责令限期改正,予以警告,并没收违法所得;逾期不改正的,责令限期停止活动并进行整改:

(一)违反本法第十四条规定造成慈善财产损失的;

(二)指定或者变相指定捐赠人、慈善组织管理人员的利害关系人作为受益人的;

（三）将不得用于投资的财产用于投资的；

（四）擅自改变捐赠财产用途的；

（五）因管理不善造成慈善财产重大损失的；

（六）开展慈善活动的年度支出、管理费用或者募捐成本违反规定的；

（七）未依法履行信息公开义务的；

（八）未依法报送年度工作报告、财务会计报告或者报备募捐方案的；

（九）泄露捐赠人、志愿者、受益人个人隐私以及捐赠人、慈善信托的委托人不同意公开的姓名、名称、住所、通讯方式等信息的。

慈善组织违反本法规定泄露国家秘密、商业秘密的，依照有关法律的规定予以处罚。

慈善组织有前两款规定的情形，经依法处理后一年内再出现前款规定的情形，或者有其他情节严重情形的，由县级以上人民政府民政部门吊销登记证书并予以公告。

◆ **解读与适用**

本条是关于慈善组织承担限期停止活动并进行整改等法律责任的规定。

本条涉及慈善组织承担限期改正、警告、没收违法所得、限期停止活动并进行整改等法律责任的九种情形，以及慈善组织违法泄露秘密予以处罚的情形。

慈善组织承担本条规定的法律责任的九种情形包括：

（一）违反本法第十四条规定造成慈善财产损失的

慈善法第十四条规定："慈善组织的发起人、主要捐赠人以及管理人员，不得利用其关联关系损害慈善组织、受益人的利益和社会公共利益。慈善组织的发起人、主要捐赠人以及管理人员与慈善组织发生交易行为的，不得参与慈善组织有关该交易行为的决策，有关交易情况应当向社会公开。"该条是关于损害慈善组织、受益人的利益和社会公共利益的关联交易的禁止性规定和关联交易特殊决策程序的规定,慈善组织如果违反了该规定应当承担法律责任。

(二)指定或者变相指定捐赠人、慈善组织管理人员的利害关系人作为受益人的

这一情形是本次慈善法修订新增加的内容。慈善法第五十九条规定:"慈善组织确定慈善受益人,应当坚持公开、公平、公正的原则,不得指定或者变相指定慈善组织管理人员的利害关系人作为受益人。"慈善组织的财产属于社会公共财产,任何单位和个人不得侵占、挪用和截留。为避免慈善组织财产被特定单位或个人侵占,慈善法增加了这一内容。我国现行法律没有对"利害关系人"作出明确的界定,一般应当包括慈善组织管理人员的父母、子女、兄弟姐妹、祖父母、外祖父母、孙子女、外孙子女以及其他具有血亲和姻亲关系的人,以及慈善组织的发起人、主要捐赠人、慈善组织管理人员主要来源单位、慈善组织对外投资的被投资方、正在与慈善组织管理人员发生重大交易的交易方以及一切与慈善组织管理人员存在重大利益关联或会对慈善组织的管理人员产生重大影响的个人和组织。从上述解读来看,利害关系人的本质特征就是:利害关系人(机构)与本人(本机构)两者之间存在重大利益关联或者会产生重大影响。慈善法中的受益人则是指慈善捐赠或者资助的对象,换句话说,受益人获得的是捐赠人或慈善组织赠予的财产或提供的服务,受益人获得财产与服务后不需要付出相应的对价。新增本项内容,即是要求慈善组织在接受捐赠、实施慈善项目时,不得直接或间接将接受、管理的款物用于捐赠人、慈善组织管理人员的利害关系人。

为了更好地理解利害关系人和受益人,下面对几类容易混淆的概念进行分析:

从"利害关系人"的角度来看,第一,高校学生不是高校基金会的利害关系人;社区居民不是该社区慈善组织的利害关系人。高校基金会的资金往往来自校友捐赠,但是高校的学生群体与高校基金会、高校校友之间的关系并没有达到"重大利益关联或者会产生重大影响"的程度,而且高

校基金会的目的之一就是服务高校学生，因此他们之间并不构成慈善法意义上的利害关系人。与此类似的还有社区中的慈善组织与社区居民、企业之间的关系，也就是社区居民、企业与为该社区提供服务的慈善组织不是利害关系人。第二，企业员工是企业或企业基金会的利害关系人。这是因为，企业与企业员工之间存在劳动或劳务关系，已经达到了"重大利益关联或者会产生重大影响"的程度，另一个原因是企业如果将公益资金定向用于帮助自己的员工，相当于为企业的股东节约了成本，那么股东就可以获得更高的收益，违背了慈善活动的非营利原则。

从"受益人"角度来看，第一，慈善组织的交易对象不是受益人，交易对象虽然从慈善组织获取了一定的利润，但其与慈善组织之间是公允的市场交易关系，并非单方面获得赠予，因此，企业等交易对象不是受益人。第二，志愿者不是慈善活动的受益人。志愿者在提供志愿服务过程中要遵循无偿性原则，不能领取劳务费或工资。慈善组织为了补偿志愿者的自然损耗，可以为志愿者提供适当金额的交通、食宿等补贴，但这些补贴是弥补其损失，而不是志愿者的收入。因此，志愿者在开展志愿服务过程中是没有收入的，自然也不能称为受益人。第三，捐赠人的消费者、用户等群体一般认为是捐赠人的利害关系人，但也存在例外。捐赠人的消费者群体直接影响其销售收入，捐赠人的用户数量、活跃度等指标直接影响其估值，因此对捐赠人存在重大影响。捐赠人不能特意以自己的消费者群体或用户作为受益人。不过，如果捐赠人的消费者、用户的群体覆盖了整个社会，这种公众性和不特定性就"稀释"了这些群体对捐赠人利益的影响。另外，需要注意的是，确定受益人的标准无须专门排除利害关系人。捐赠人、慈善组织管理人员的利害关系人，如果符合慈善项目的受益人条件，可以与其他符合条件的人一样成为该项目的受益人。比如，某企业捐赠资金在某慈善组织设立大病救助项目，如果该企业的一名员工正好符合受益人的标准，那么该员工是可以申请并且在同等条件下被筛选为受益人的。

（三）将不得用于投资的财产用于投资的

慈善法第五十五条规定，政府资助的财产和捐赠协议约定不得投资的财产，不得用于投资。政府资助的财产应该按照预算使用，不得用于投资。

捐赠协议是捐赠人和慈善组织关于捐赠的合同，具有法律约束力，如果约定了不得用于投资的财产，则慈善组织不得用于投资。这是尊重捐赠人权利和合同精神的体现。如果慈善组织违反了该规定，将这两项财产用于投资，则要承担法律责任。

（四）擅自改变捐赠财产用途的

在慈善活动中，捐赠人有权决定捐赠的数量、用途和方式，捐赠财产的使用应当尊重捐赠人的意愿。慈善法第五十六条规定："慈善组织开展慈善活动，应当依照法律法规和章程的规定，按照募捐方案或者捐赠协议使用捐赠财产。慈善组织确需变更募捐方案规定的捐赠财产用途的，应当报原备案的民政部门备案；确需变更捐赠协议约定的捐赠财产用途的，应当征得捐赠人同意。"慈善组织变更募捐方案规定的捐赠财产用途的，没有报原备案的民政部门备案；或者变更捐赠协议约定的捐赠财产用途的，没有征得捐赠人同意，就是擅自改变捐赠财产用途。例如，某公司向教育基金会捐赠空气净化器，捐赠协议明确规定，捐赠的空气净化器用于该市某街道幼儿活动室、寝室等幼儿日常生活所接触到的场所，教育基金会却从受赠的一百台空气净化器中拿出二十台用于奖励贡献突出的教师，且未征得捐赠人的同意，属于"擅自改变捐赠财产用途"的行为，应该承担法律责任。

（五）因管理不善造成慈善财产重大损失的

这是本次慈善法修订新增加的内容。慈善法在第六章"慈善财产"中对慈善组织如何管理慈善财产作了规定。其中，第五十四条规定："慈善组织对募集的财产，应当登记造册，严格管理，专款专用。捐赠人捐赠的实物不易储存、运输或者难以直接用于慈善目的的，慈善组织可以依法拍卖或者变卖，所得收入扣除必要费用后，应当全部用于慈善目的。"这是关于慈善组织对募集财产的管理和对捐赠实物的处理的规定。第五十五条第一款规定："慈善组织为实现财产保值、增值进行投资的，应当遵循合法、安全、有效的原则，投资取得的收益应当全部用于慈善目的。慈善组织的重大投资方案应当经决策机构组成人员三分之二以上同意。政府资助的财产和捐赠协议约定不得投资的财产,不得用于投资。慈善组织的负责人和工作人员不得在慈善组织投资的企业兼职或者领取报酬。"这是关于慈善组织进行投资的规定。第五十七条规定:"慈善组织应当合理设计慈善项目,优化实施流程,降低运行成本,提高慈善财产使用效益。慈善组织应当建立项目管理制度,对项目实施情况进行跟踪监督。"这是关于慈善组织高效使用财产的规定。如果慈善组织对慈善财产疏于管理,比如对捐赠的生鲜食物没有妥善保存或及时变现导致食物腐烂无法利用;或者慈善组织进行投资时未遵循合法、安全、有效的原则,导致投资出现重大亏损等情形的,均属于管理不善造成慈善财产损失的情形。管理不善包括管理财产程序不当和内容不当。程序不当,是指慈善组织未履行相应的决策、审批和报备程序,比如,应当按章程规定提交理事会决议而未提交,应当向有关机关审批、报备的而未履行法定程序,跟境外非政府组织合作,未依照境外非政府组织境内活动管理法办理临时活动备案的,等等。内容不当,是指慈善组织开展的活动是违法违规的,比如慈善组织违规对外开展放贷活动、非法吸收公众存款、非法集资等。如果慈善组织因为管理不善导致慈善财产重大损失的,应当承担法律责任。

(六)开展慈善活动的年度支出、管理费用或者募捐成本违反规定的

慈善法第六十一条对慈善组织的年度支出、管理费用及募捐成本作了规定。一是明确了总的原则,所有慈善组织都应当遵守:"慈善组织应当积极开展慈善活动,遵循管理费用、募捐成本等最必要原则,厉行节约,减少不必要的开支,充分、高效运用慈善财产。"二是明确了公募基金会的支出标准:"具有公开募捐资格的基金会开展慈善活动的年度支出,不得低于上一年总收入的百分之七十或者前三年收入平均数额的百分之七十;年度管理费用不得超过当年总支出的百分之十;特殊情况下,年度支出和管理费用难以符合前述规定的,应当报告办理其登记的民政部门并向社会公开说明情况。"修改后的慈善法将原法的"年度管理费用难以符合前述规定的",修改为"年度支出和管理费用难以符合前述规定的",给公募基金会更大的自由度。三是授权规定:"慈善组织开展慈善活动的年度支出、管理费用和募捐成本的标准由国务院民政部门会同财政、税务等部门制定。"国

务院民政、财政、税务部门应当按照慈善法的要求，总结实践经验，区分不同情况，制定相关标准。一旦标准制定公布后，慈善组织应当严格执行。四是捐赠协议有约定的从约定："捐赠协议对单项捐赠财产的慈善活动支出和管理费用有约定的，按照其约定。"五是新增了对慈善信托的年度支出和管理费用的授权性规定："慈善信托的年度支出和管理费用标准，由国务院民政部门会同财政、税务和金融监督管理等部门制定。"

慈善组织开展慈善活动的年度支出、管理费用以及募捐成本的标准，应当按照慈善法和相关配套文件以及捐赠协议的规定执行；违反规定的，应当承担法律责任。

(七) 未依法履行信息公开义务的

信息公开是增强慈善组织公信力，把慈善事业做成人人信任的"透明口袋"的制度保障。慈善法规定慈善组织应当依法履行信息公开义务。慈善信息的公开应当真实、完整、及时。慈善组织应当向社会公开组织章程和决策、执行、监督机构成员信息以及国务院民政部门要求公开的其他信息。上述信息有重大变更的，慈善组织应当及时向社会公开。慈善组织应当每年向社会公开其年度工作报告和财务会计报告。具有公开募捐资格的慈善组织的财务会计报告须经审计。具有公开募捐资格的慈善组织应当定期向社会公开其募捐情况和慈善项目实施情况。公开募捐周期超过六个月的，至少每三个月公开一次募捐情况，公开募捐活动结束后三个月内应当全面公开募捐情况。慈善项目实施周期超过六个月的，至少每三个月公开一次项目实施情况，项目结束后三个月内应当全面公开项目实施情况和募得款物使用情况。慈善组织开展定向募捐的，应当及时向捐赠人告知募捐情况、募得款物的管理使用情况。慈善组织应当向受益人告知其资助标准、工作流程和工作规范等信息。

慈善组织未依法履行信息公开义务包括不履行信息公开义务、公布虚假信息或者信息公开的内容、时间不符合慈善法的要求，应当承担法律责任。

（八）未依法报送年度工作报告、财务会计报告或者报备募捐方案的

慈善法第十三条规定："慈善组织应当每年向办理其登记的民政部门报送年度工作报告和财务会计报告。报告应当包括年度开展募捐和接受捐赠、慈善财产的管理使用、慈善项目实施、募捐成本、慈善组织工作人员工资福利以及与境外组织或者个人开展合作等情况。"第二十四条第二款规定："募捐方案应当在开展募捐活动前报慈善组织登记的民政部门备案。"慈善组织未履行上述义务的，应当承担法律责任。

（九）泄露捐赠人、志愿者、受益人个人隐私以及捐赠人、慈善信托的委托人不同意公开的姓名、名称、住所、通讯方式等信息的

慈善组织的信息公开并非没有边界，涉及捐赠人、志愿者、受益人个人隐私的信息不得公开。有的慈善组织在慈善活动中不顾捐赠人、志愿者、受益人的意愿肆意曝光其私人信息，特别是捐赠人、志愿者、受益人不愿意公开的有损其人格与尊严的个人隐私，造成了不良的社会影响，侵害了捐赠人、志愿者、受益人的隐私权。根据慈善法第八十二条的规定，捐赠人、慈善信托的委托人不同意公开的姓名、名称、住所、通讯方式等信息，不得公开。因此，慈善组织对捐赠人、志愿者、受益人的个人隐私和捐赠人、慈善信托的委托人不愿公开的信息负有保密的义务。慈善组织未尽保密职责泄露捐赠人、志愿者、受益人个人隐私以及捐赠人、慈善信托的委托人不同意公开的姓名、名称、住所、通讯方式等信息的，应当承担法律责任。

慈善组织出现上述九种情形之一的，由县级以上人民政府民政部门责令限期改正，予以警告，并没收违法所得；逾期不改正的，责令限期停止活动并进行整改。此条执行过程中，民政部门在责令违法的慈善组织限期改正的同时，应给予其警告处罚并没收违法所得。慈善组织逾期不改正的，民政部门应当责令其限期停止活动，使其无法在一定的期限内作为慈善活动的主体从事活动，同时应责令其限期进行整改。这里的责令限期停止活动并整改，只有在责令限期改正，予以警告并没收违法所得后，逾期不改正时才适用。

慈善组织违反本法规定泄露国家秘密、商业秘密的，依照《中华人民共和国保守国家秘密法》《中华人民共和国反间谍法》《中华人民共和国保守国家秘密法实施条例》《中华人民共和国反不正当竞争法》等有关规定予以处理。

慈善组织有前两款规定的情形，经依法处理后一年内再出现前款规定的情形，或者有其他情节严重情形的，由县级以上人民政府民政部门吊销登记证书并予以公告。

第一百一十一条 慈善组织开展募捐活动有下列情形之一的，由县级以上人民政府民政部门予以警告，责令停止募捐活动；责令退还违法募集的财产，无法退还的，由民政部门予以收缴，转给其他慈善组织用于慈善目的；情节严重的，吊销公开募捐资格证书或者登记证书并予以公告，公开募捐资格证书被吊销的，五年内不得再次申请：

（一）通过虚构事实等方式欺骗、诱导募捐对象实施捐赠的；

（二）向单位或者个人摊派或者变相摊派的；

（三）妨碍公共秩序、企业生产经营或者居民生活的；

（四）与不具有公开募捐资格的组织或者个人合作，违反本法第二十六条规定的；

（五）通过互联网开展公开募捐，违反本法第二十七条规定的；

（六）为应对重大突发事件开展公开募捐，不及时分配、使用募得款物的。

◆ **解读与适用**

慈善募捐，是指慈善组织基于慈善宗旨募集财产的活动，包括面向社会公众的公开募捐和面向特定对象的定向募捐。募捐涉及较多的捐赠人、较大的捐赠额，且捐赠人往往难以有效了解募捐情况及募得款物使用情况，公开募捐还可能影响到社会公共秩序和公共利益，因此，需要国家对公开募捐予以监管以保障其合法开展。本条对违反募捐规定的法律责任作了规定。

（一）通过虚构事实等方式欺骗、诱导募捐对象实施捐赠的

慈善法第三十一条规定："开展募捐活动，应当尊重和维护募捐对象的合法权益，保障募捐对象的知情权，不得通过虚构事实等方式欺骗、诱导募捐对象实施捐赠。"随着互联网的发展，各种名义的网上募捐活动风生水起，求助帖、微博微信劝募、淘宝义卖等活动受到人们的关注，，一些人通过虚构事实等方式欺骗、诱导募捐对象实施捐赠，例如，一个只有高中学历的男性，借用一个美女头像，在以"高智商"为标榜的知名网络问答社区，编了几个心灵鸡汤故事，欺骗、诱导募捐对象实施捐赠。此类情形侵害了募捐对象的知情权，也伤害了募捐对象的爱心，损害了慈善事业的公信力，应当承担法律责任。

（二）向单位或者个人摊派或者变相摊派的

自愿是慈善活动的基本原则，慈善活动中谁都没有权力胁迫或者变相胁迫他人做其不愿意做的事。慈善捐款不是政府的税收，不能被强征，必须是自愿的。慈善组织要凭借自己的能力和信誉获得社会捐赠，应该遵守捐赠者的自主权，不得违背捐赠者的意志进行募捐，不得摊派或变相摊派。禁止摊派是慈善募捐的基本规则，慈善法第三十二条明确规定，开展募捐活动，不得摊派或者变相摊派。在募捐活动的实践中，经常出现向单位或者个人摊派或者变相摊派的情形，主要表现为：一是政府利用公权力通过发文或与慈善组织联合发文等方式干预募捐活动，要求企业或公民进行捐赠；二是上级单位要求下级组织或其职工捐款捐物；三是在单位内部向职工摊派或变相摊派。募捐活动中的摊派或变相摊派本质上是利用公权力干预募捐的行为，违反了开展慈善活动的基本原则，其损害的不仅是社会公众的私人财产权，还包括个人对慈善的热情，引发民众对慈善的反感，伤及慈善事业的长远发展。因此，向单位或者个人摊派或者变相摊派的，属于违法行为，应当承担法律责任。

（三）妨碍公共秩序、企业生产经营或者居民生活的

开展慈善活动，应当遵循合法、自愿、诚信、非营利的原则，不得违背社会公德，不得损害社会公共利益和他人合法权益。慈善公开募捐的方式多种多样，包括：（1）在公共场所设置募捐箱；（2）举办面向社会公众的义演、义赛、义卖、义展、义拍、慈善晚会等；（3）通过广播、电视、报刊、互联网等媒体发布募捐信息；（4）其他公开募捐方式。这些募捐活动，不得妨碍公共秩序、企业生产经营和居民生活，否则，这种情况就应该被法律所禁止。

（四）与不具有公开募捐资格的组织或者个人合作，违反本法第二十六条规定的

慈善法第二十六条规定："不具有公开募捐资格的组织或者个人基于慈善目的，可以与具有公开募捐资格的慈善组织合作，由该慈善组织开展公开募捐，合作方不得以任何形式自行开展公开募捐。具有公开募捐资格的慈善组织应当对合作方进行评估，依法签订书面协议，在募捐方案中载明合作方的相关信息，并对合作方的相关行为进行指导和监督。具有公开募捐资格的慈善组织负责对合作募得的款物进行管理和会计核算，将全部收支纳入其账户。"该条是关于合作募捐的规定，慈善法考虑到没有取得公开募捐资格的慈善组织以及其他组织或者个人，也可能存在出于慈善目的而开展募捐的需要，因此作出了该条规定，对合作募捐进行了规范：（1）在合作募捐过程中，不具有公开募捐资格的组织或者个人不得以任何形式自行开展公开募捐。慈善法明确规定了具有公开募捐资格的主体范围，一是依法登记满一年的慈善组织，可以向办理其登记的民政部门申请公开募捐资格。民政部门应当自受理申请之日起二十日内作出决定。慈善组织符合内部治理结构健全、运作规范的条件的，发给公开募捐资格证书。二是明确其他法律、行政法规规定可以公开募捐的非营利性组织，由县级以上人民政府民政部门直接发给公开募捐资格证书。除此之外的其他组织以及个人不具有公开募捐资格，不得独自开展公开募捐活动；与具有公开募捐资格的慈善组织合作募捐的，也不得以任何形式自行开展公开募捐。（2）具

有公开募捐资格的慈善组织应当对合作方进行评估，确定合作方出于慈善目的开展募捐。之后，双方应依法签订书面协议，在募捐方案中载明合作方的相关信息，并对合作方在善款募集、使用、最终处理等全过程中的行为进行指导和监督。(3) 具有公开募捐资格的慈善组织负责对合作募得的款物进行管理和会计核算，将全部收支纳入其账户。该慈善组织应当切实担负起监督管理募得款物的责任，根据有关规定和合作协议的约定向合作方拨付募得款物。在合作募捐过程中，具有公开募捐资格的慈善组织如果不履行或者疏于履行其上述责任，一旦出现违法违规行为，应当承担相应的法律责任。

（五）通过互联网开展公开募捐，违反本法第二十七条规定的

慈善法第二十七条规定："慈善组织通过互联网开展公开募捐的，应当在国务院民政部门指定的互联网公开募捐服务平台进行，并可以同时在其网站进行。国务院民政部门指定的互联网公开募捐服务平台，提供公开募捐信息展示、捐赠支付、捐赠财产使用情况查询等服务；无正当理由不得拒绝为具有公开募捐资格的慈善组织提供服务，不得向其收费，不得在公开募捐信息页面插入商业广告和商业活动链接。"本条是关于慈善组织通过互联网开展公开募捐的相关规定。对于通过互联网进行公开募捐的，募捐平台为国务院民政部门指定的互联网公开募捐服务平台，并可以同时在其网站发布募捐信息。如果慈善组织在法定范围之外的其他互联网平台开展公开募捐，或者未在国务院民政部门指定的互联网公开募捐服务平台，而只在本组织网站上发布募捐消息的，都属于违法行为，应当承担法律责任。

（六）为应对重大突发事件开展公开募捐，不及时分配、使用募得款物的

修改后的慈善法增设了第八章"应急慈善"，其中对在重大突发事件中开展公开募捐以及分配、使用募得款物的行为进行了规范。慈善法第七十二条规定："为应对重大突发事件开展公开募捐的，应当及时分配或者使用募得款物，在应急处置与救援阶段至少每五日公开一次募得款物的接收情况，及时公开分配、使用情况。"该条规定是确保在重大突发事件中需要援

助的民众可以及时获得募捐款物，同时增加公众对慈善组织的信任，也方便捐款者了解和监督善款的使用情况。如果慈善组织不及时分配、使用募得款物的，应当承担相应的法律责任。

开展募捐活动出现上述情形之一的，慈善组织应当承担的法律责任为：由县级以上人民政府民政部门予以警告，责令停止募捐活动；责令退还违法募集的财产，无法退还的，由民政部门予以收缴，转给其他慈善组织用于慈善目的；情节严重的，吊销公开募捐资格证书或者登记证书并予以公告，公开募捐资格证书被吊销的，五年内不得再次申请。本次慈善法修改中对本款有两处重要修改，一是对违法募捐中退还捐赠财产的情形进行了修改，从原来的"难以退还"修改为"无法退还"。难以退还，更多指的是从技术上难以退还，比如找不到捐赠人、捐赠人账户被查封冻结了，导致款物难以退还。无法退还，是更绝对的情况，核心是更进一步保障捐赠人的权利，慈善组织违法募捐的，应当尽一切可能将募集的财产退还给捐赠人，只有达到了无法退还的程度，民政部门才可以将违法募集的财产予以收缴。二是新增公开募捐资格被吊销的，五年内不得再次申请的规定，慈善法规定满足条件的慈善组织可以申请获得公开募捐资格，但是如果慈善组织违法开展募捐活动，将会严重损害慈善的公信力，民政部门视情节轻重，可以采取吊销公开募捐资格证书或登记证书的处罚。民政部门未吊销其登记证书，仅吊销公开募捐资格证书的，依然保留着法人资格，那么在五年内，该慈善组织不得再申请公开募捐资格。

第一百一十二条 慈善组织有本法第一百零九条、第一百一十条、第一百一十一条规定情形的，由县级以上人民政府民政部门对直接负责的主管人员和其他直接责任人员处二万元以上二十万元以下罚款，并没收违法所得；情节严重的，禁止其一年至五年内担任慈善组织的管理人员。

◆ 解读与适用

本条是关于慈善组织有违法行为对其责任人员的处罚规定。

慈善组织出现本法第一百零九条、第一百一十条、第一百一十一条规定的情形的，如私分、挪用、截留或者侵占慈善财产，因管理不善造成慈善财产重大损失，向单位或者个人摊派或者变相摊派等，由县级以上人民政府民政部门对直接负责的主管人员和其他直接责任人员处二万元以上二十万元以下罚款，并没收违法所得；情节严重的，禁止其一年至五年内担任慈善组织的管理人员。

罚款是民政部门对违法行为人强制收取一定数量金钱，剥夺一定财产权利的制裁方法。慈善组织出现上述违法行为，对直接负责的主管人员和其他直接责任人员处以罚款。这是因为，慈善组织属于非营利性组织，其财产应该用于慈善事业，故罚款的对象主要是直接负责的主管人员和其他直接责任人员。罚款是一种具有经济制裁性质的行政处罚，本条规定的罚款最低额为二万元，最高额为二十万元。一方面，民政部门只能在法定幅度内即二万元以上二十万元以下决定罚款数额，不得逾越；另一方面，民政部门在法定幅度内也应根据慈善组织违法的不同情节，遵循合理性原则，谨慎使用自由裁量权，避免罚款数额畸轻畸重。

没收违法所得，是指没收行为人通过法律禁止的手段获取的财物。违法所得的性质必须由特定机关依法认定。没收违法所得，必须全部上缴国库，任何机关或者个人不得以任何形式截留、私分或者变相私分。

2023年慈善法的修改，负责人法律责任的条款中有两处变化：

一是将"没收违法所得"放在罚款后面。2016年的慈善法虽然也有规定对负责人的罚款处罚，但是适用情形是该直接主管负责人有违法所得。鉴于民政部门执法力量、执法专业、执法手段的不足，导致认定直接主管负责人存在违法所得难度太大，慈善法实施了七年，基本上未作出对主管负责人罚款的行政处罚，本次修改中直接主管负责人是否存在违法所得不再是罚款的前置条件，只要慈善组织违反了本法第一百零九条、第一百一十条、第一百一十一条规定的，民政部门就可以视情节轻重，对直接负责的主管人员和其他直接责任人员处二万元以上二十万元以下的罚款，并没收违法所得。

二是增加了情节严重的，限制从业的行政处罚。如果慈善组织违法情形存在严重情节的，民政部门还可以对直接负责的主管人员和其他直接责任人员禁止其一年至五年内担任慈善组织的管理人员。从行政处罚法及其配套的政策规定来看，情节严重包括造成严重后果的，涉案金额较大的，多次违法的，妨碍、逃避、抗拒执法的等情节。

2021年全国人大常委会修改了行政处罚法，将限制从业明确为处罚种类。限制从业，是指行政机关依法对违反行政管理秩序的相对人在一定时期内限制其从事一定职业、职位的行政处罚，针对的是公民而非单位，禁止其在一定期限内从事相关工作，包括不得担任单位法定代表人、负责人、理事、董事、监事、高级管理人员等。此次慈善法的修改，明确了情节严重的可以禁止其一年至五年内担任慈善组织的管理人员，可以说正式建立起了慈善领域的限制从业规则。当前的慈善领域限制从业规则并不完善，未来需要进一步明确两点：一是慈善组织管理人员的限制范围，是否仅规定不能担任慈善组织理事长（会长）、副理事长（副会长）、秘书长，还是包括理事、监事和其他承担管理责任的工作人员。从技术角度来看，应该限定在慈善组织负责人层面，才更加具有可操作性。二是如何查询被限制从业的管理人员名单，民政部建立起全国的公示平台，供各地民政部门和社会公众了解查询，信息共享同步，真正起到限制从业的效果。

第一百一十三条 不具有公开募捐资格的组织或者个人擅自开展公开募捐的，由县级以上人民政府民政部门予以警告，责令停止募捐活动；责令退还违法募集的财产，无法退还的，由民政部门予以收缴，转给慈善组织用于慈善目的；情节严重的，对有关组织或者个人处二万元以上二十万元以下罚款。

自然人、法人或者非法人组织假借慈善名义或者假冒慈善组织骗取财产的，由公安机关依法查处。

◆ **解读与适用**

本条是关于不具有公开募捐资格的组织或者个人擅自开展公开募捐以及假冒慈善组织骗取财产的法律责任的规定。

一、不具有公开募捐资格的组织或者个人擅自开展公开募捐

慈善募捐涉及社会公共利益，超越了私法自治领域，大部分国家和地区均采取事前许可方式进行。慈善法第二十二条规定，慈善组织开展公开募捐，应当取得公开募捐资格。慈善法颁布之前，我国具有公开募捐资格的主体仅限于红十字会、公募基金会等少数组织，慈善法适度扩大了具有公开募捐资格的主体范围。慈善法修订后，降低了申请公募资格的门槛，使更多慈善组织可以向社会募集款物。根据慈善法第二十二条规定，依法登记满一年的慈善组织，可以向办理其登记的民政部门申请公开募捐资格。民政部门应当自受理申请之日起二十日内作出决定。慈善组织符合内部治理结构健全、运作规范的条件的，发给公开募捐资格证书。同时，其他法律、行政法规规定可以公开募捐的非营利性组织，由县级以上人民政府民政部门直接发给公开募捐资格证书。除此之外的其他组织和个人，均不得擅自开展公开募捐。如果不具有公开募捐资格的组织或个人确有基于慈善目的公开募集善款需求的，可以根据慈善法第二十六条的规定，与具有公开募捐资格的慈善组织合作开展公开募捐。在合作募捐过程中，应当遵守慈善法的相关规定。因此，不具有公开募捐资格的组织或者个人擅自开展公开募捐的，属于违法行为，应当承担法律责任。

二、假冒慈善组织骗取财产

慈善财产应当按照章程和捐赠协议的约定全部用于慈善目的。实践中有些人或组织假借慈善名义或者假冒慈善组织骗取财产，败坏了慈善名声，给慈善事业的发展造成了消极影响。假借慈善名义即有慈善之名却没有慈善之实，以慈善的名义进行活动，典型的如打着"义演、义赛、义展、义拍、慈善晚会"等旗号从事骗取捐赠财产的活动。假冒慈善组织即其本身不是慈善组织，却冒充慈善组织。

假借慈善名义或者假冒慈善组织骗取财产的行为，损害了慈善公信力，也伤害了从事慈善活动的人士的善心，必须依法追究其法律责任。从法律性质方面分析，自然人、法人或者其他组织假借慈善名义或者假冒慈善组织骗取财产的，属于诈骗行为。诈骗属于侵犯他人财产权利的行为，尚不

构成刑事处罚的，由公安机关依法给予治安管理处罚：处五日以上十日以下拘留，可以并处五百元以下罚款；情节较重的，处十日以上十五日以下拘留，可以并处一千元以下罚款。构成犯罪的，应当依法追究其刑事责任。

第一百一十四条　互联网公开募捐服务平台违反本法第二十七条规定的，由省级以上人民政府民政部门责令限期改正；逾期不改正的，由国务院民政部门取消指定。

未经指定的互联网信息服务提供者擅自提供互联网公开募捐服务的，由县级以上人民政府民政部门责令限期改正；逾期不改正的，由县级以上人民政府民政部门会同网信、工业和信息化部门依法进行处理。

广播、电视、报刊以及网络服务提供者、电信运营商未依法履行验证义务的，由其主管部门责令限期改正，予以警告；逾期不改正的，予以通报批评。

◆ 解读与适用

本条是关于互联网信息服务提供者违反规定的法律责任的规定。

一、互联网公开募捐平台的法律责任

互联网募捐平台联通着求助者和捐助者，是完成网络募捐活动的必要条件，起着不可或缺的作用。随着互联网技术的快速发展应用，募捐平台的快速发展极大地促进了我国慈善事业的发展，也推动了我国社会信用体系建设。此次慈善法修改对互联网募捐平台的责任做了补充完善。第二十七条规定："慈善组织通过互联网开展公开募捐的，应当在国务院民政部门指定的互联网公开募捐服务平台进行，并可以同时在其网站进行。国务院民政部门指定的互联网公开募捐服务平台，提供公开募捐信息展示、捐赠支付、捐赠财产使用情况查询等服务；无正当理由不得拒绝为具有公开募捐资格的慈善组织提供服务，不得向其收费，不得在公开募捐信息页面插入商业广告和商业活动链接。"

根据上述规定，依法指定的互联网公开募捐服务平台应承担三项义务：一是提供公开募捐信息展示、捐赠支付、捐赠财产使用情况查询等服务。在公开募捐信息展示方面，民政部2017年8月颁布施行的《慈善组织互联网公开募捐信息平台基本管理规范》中要求，平台应在页面显著位置公布慈善组织全称、统一社会信用代码、公开募捐资格证书、募捐方案、联系方式等募捐信息查询方法；应平等、公正地对待公开募捐活动，建立统一、公平的信息发布机制；对公开募捐信息进行合理排序和展示，并提供公平公正服务，不应有竞价排名行为；同时，公开募捐信息不应与商业筹款、网络互助、个人求助等其他信息混杂。在捐赠支付方面，《慈善组织互联网公开募捐信息平台基本技术规范》规定："平台宜开通在线募捐支付功能并提供技术保障，捐赠资金应直接进入慈善组织的银行账户或安全的第三方支付账户，不应截留或代为接受捐赠资金。其中，第三方支付账户服务提供者应具有《非金融机构支付服务管理办法》规定的支付业务许可证。"在捐赠财产使用情况查询方面，《慈善组织互联网公开募捐信息平台基本管理规范》要求，平台应具有信息汇总、查询、统计功能，能为捐赠人提供完整的公开募捐活动信息，方便捐赠人查询公开募捐活动进展、捐赠款项使用等情况。二是无正当理由不得拒绝为具有公开募捐资格的慈善组织提供服务，不得向其收费。三是不得在公开募捐信息页面插入商业广告和商业活动链接。《慈善组织互联网公开募捐信息平台基本管理规范》规定："平台不应在公开募捐信息页面中插入商业广告，不应在平台公开募捐信息页面以外的位置展示包含'官方指定互联网公开募捐信息平台'等相关字样信息。平台不应在对外商业广告宣传中使用'官方指定互联网公开募捐信息平台'等相关字样信息。"互联网公开募捐服务平台违反慈善法第二十七条规定的，应当承担相应的法律责任。

二、擅自提供互联网公开募捐服务的法律责任

民政部指定的慈善组织互联网募捐信息平台有：腾讯公益、阿里巴巴公益、支付宝公益、微公益、京东公益、公益宝、新华公益、轻松公益、联劝网、广益联募、美团公益、滴滴公益、中银公益、融e购公益、水滴公益、苏宁公益、帮帮公益、易宝公益、中国社会帮扶网、字节跳动公益、

小米公益、亲青公益、bilibili 公益、平安公益、360 公益、中国移动公益、芒果公益、慈链公益、携程公益 29 家平台。除此之外的互联网平台，不得擅自提供互联网公开募捐服务，否则县级以上人民政府民政部门将责令其限期改正；逾期不改正的，由民政部门会同网信、工业和信息化部门依法处理。

三、广播、电视、报刊以及网络服务提供者、电信运营商的法律责任

开展公开募捐，可以通过广播、电视、报刊、互联网等媒体发布募捐信息，媒体平台作为募捐的中介使募捐和捐赠行为更加高效。但不少人在媒体上的身份与实际情况不符，很难查证；同时，现代媒体信息量巨大，很多信息真假难辨，虚假信息一旦发布，传播速度快、范围广、影响力大，如果没有相应的监管，容易导致募捐中良莠并存现象的发生。利用媒体平台开展的募捐活动，实际上是借用了该平台的影响力和公信力，公开募捐的成效，在一定程度上取决于媒体的声誉。因此，作为募捐平台的公共媒体也要承担一定的责任即验证的义务。2014 年发布的《国务院关于促进慈善事业健康发展的指导意见》指出，广播、电视、报刊及互联网信息服务提供者、电信运营商，应当对利用其平台发起募捐活动的慈善组织的合法性进行验证，查验登记证书、募捐主体资格证明材料。慈善法第二十八条明确规定："广播、电视、报刊以及网络服务提供者、电信运营商，应当对利用其平台开展公开募捐的慈善组织的登记证书、公开募捐资格证书进行验证。"广播、电视、报刊以及网络服务提供者、电信运营商未履行验证义务的，由其主管部门责令限期改正，予以警告；逾期不改正的，予以通报批评。

第一百一十五条 慈善组织不依法向捐赠人开具捐赠票据、不依法向志愿者出具志愿服务记录证明或者不及时主动向捐赠人反馈有关情况的，由县级以上人民政府民政部门予以警告，责令限期改正；逾期不改正的，责令限期停止活动。

◆ 解读与适用

本条是关于慈善组织不依法出具捐赠票据或志愿服务记录证明等法律责任的规定。

一、慈善组织不依法向捐赠人开具捐赠票据的法律责任

捐赠票据是捐赠人对外捐赠并根据国家有关规定申请捐赠款项税前扣除的有效凭证。有了捐赠票据，捐赠人包括企业和个人对慈善事业进行捐赠，才能享受税收减免的优惠政策。捐赠票据也是财政、税务、审计、监察等部门进行监督检查的依据。2024年财政部修订了《公益事业捐赠票据使用管理办法》，明确了公益事业捐赠的统一票据，是指县级以上人民政府及其部门、公益性事业单位、公益性社会组织按照自愿、无偿原则，依法接受并用于公益事业的捐赠财物时，向提供捐赠的自然人、法人和其他组织开具的凭证。其基本内容包括票据名称、票据监制章、票据代码、票据号码、交款人统一社会信用代码、交款人、校验码、开票日期、二维码（条形码）、项目编码、项目名称、单位、数量、标准、金额（元）、金额合计（大写）/（小写）、备注、其他信息、收款单位（章）、复核人、收款人等。明确了公益性社会组织申领捐赠票据的程序和要求。慈善法第三十八条规定："慈善组织接受捐赠，应当向捐赠人开具由财政部门统一监（印）制的捐赠票据。捐赠票据应当载明捐赠人、捐赠财产的种类及数量、慈善组织名称和经办人姓名、票据日期等。捐赠人匿名或者放弃接受捐赠票据的，慈善组织应当做好相关记录。"慈善组织不依法向捐赠人出具捐赠票据的，属于违法行为，由县级以上人民政府民政部门予以警告，责令限期改正；逾期不改正的，责令限期停止活动。

二、慈善组织不依法向志愿者出具志愿服务记录证明的法律责任

志愿服务记录证明是记载志愿者身份、志愿服务时间和服务内容等信息的重要载体，是志愿者参加志愿服务活动的真实体现。随着志愿服务的广泛开展，越来越多的人参与到志愿服务活动中来，越来越多的单位和组织将参加志愿服务作为招生、招录人员和进行评优、表彰的重要参考和依

据。2012年，民政部出台了《志愿服务记录办法》（已失效），并在全国137个地方启动了志愿服务记录制度试点工作。2015年，中央文明办、民政部、教育部、共青团中央联合下发《关于规范志愿服务记录证明工作的指导意见》（以下简称《意见》），就志愿服务记录证明作出了具体规定，提出了明确要求。《意见》明确了志愿服务记录证明的出具主体。要求按照"谁记录谁证明"的原则，出具主体必须同时满足三个条件：依法设立的组织或单位；需要出具证明的志愿者参加了该单位组织的志愿服务活动；客观真实地记录了该志愿者参与志愿服务活动的相关信息。《意见》对志愿服务记录证明的内容和格式提出了统一要求：志愿服务记录证明应包含志愿者身份信息、志愿服务信息、出具主体信息及其他需要说明的信息，志愿服务记录证明应加盖出具单位公章，并明确推荐了使用的证明格式。《意见》对志愿服务记录证明工作流程进行了规范，要求按照申请、受理、开具证明、公示的流程办理。《意见》还要求按照"谁证明谁负责"的原则，逐步建立志愿服务虚假证明责任追究制度和监督检查制度。2017年制定的《志愿服务条例》明确规定，志愿者需要志愿服务记录证明的，志愿服务组织应当依据志愿服务记录无偿、如实出具。同时在法律责任中明确，志愿服务组织不依法记录志愿服务信息或者出具志愿服务记录证明的，由民政部门予以警告，责令限期改正；逾期不改正的，责令限期停止活动，并可以向社会和有关单位通报。

慈善法第六十六条规定："慈善组织应当对志愿者实名登记，记录志愿者的服务时间、内容、评价等信息。根据志愿者的要求，慈善组织应当无偿、如实出具志愿服务记录证明。"慈善组织不依法出具志愿服务记录证明的，由县级以上人民政府民政部门予以警告，责令限期改正；逾期不改正的，责令限期停止活动。

三、慈善组织不及时、主动向捐赠人反馈有关情况的法律责任

慈善组织的善款主要来源于捐赠人，捐赠人捐出善款后，虽然丧失了对捐赠财产的所有权，但其有权知晓慈善组织管理和使用捐赠财产的情况，并有权对慈善财产的使用进行监督。慈善法第四十二条第一款规定："捐赠人有权查询、复制其捐赠财产管理使用的有关资料，慈善组织应当及时主

动向捐赠人反馈有关情况。"第八十条规定:"慈善组织开展定向募捐的,应当及时向捐赠人告知募捐情况、募得款物的管理使用情况。"据此,及时、主动向捐赠人反馈有关情况是慈善组织的法定义务。慈善组织不及时、主动向捐赠人反馈有关情况的,由县级以上人民政府民政部门予以警告,责令限期改正;逾期不改正的,责令限期停止活动。

> 第一百一十六条　慈善组织弄虚作假骗取税收优惠的,由税务机关依法查处;情节严重的,由县级以上人民政府民政部门吊销登记证书并予以公告。

◆ **解读与适用**

本条是关于慈善组织骗取税收优惠的法律责任的规定。

税收优惠是激励社会资源流向慈善事业的主要促进措施。国家实行税收优惠等促进措施,将给慈善事业健康发展带来积极影响。慈善法第八十五条第二款规定:"国家对慈善事业实施税收优惠政策,具体办法由国务院财政、税务部门会同民政部门依照税收法律、行政法规的规定制定。"第八十六条规定:"慈善组织及其取得的收入依法享受税收优惠。"税收优惠作为政府促进慈善事业发展的措施,能够增加慈善组织的收入,降低其运营成本。慈善法虽然规定了慈善组织及其取得的收入依法享受税收优惠,但是规定得非常原则。按照我国立法法规定,税收优惠的具体问题由税收专门法律规定。因此慈善法对此只作原则性规定,慈善组织享受的税收优惠应当依据税收专门法律加以明确。目前,我国关于慈善组织的税收优惠并没有专门的法律法规进行具体的规范,慈善组织按照一般非营利性组织享受税收优惠政策。除了在流转税(含增值税、关税、营业税)、财产税(含房产税、城镇土地使用税、车船税、耕地占用税)、行为税(契税)等方面有一定的优惠政策外,包括慈善组织在内的非营利性组织的税收优惠主要是所得税税收优惠。我国企业所得税法对企业作了宽泛的定义,在中华人民共和国境内,企业和其他取得收入的组织为企业所得税的纳税人,所以慈善组织享有所得税优惠的主要依据是企业所得税法和企业所得税法实施条例中关于非营利组织税收优惠的规定及以此为依据制定的法规、规章等。

2018年财政部、国家税务总局印发的《财政部、国家税务总局关于非营利组织免税资格认定管理有关问题的通知》规定，非营利性组织申请免税资格认定必须同时满足以下条件：（1）依照国家有关法律法规设立或登记的事业单位、社会团体、基金会、社会服务机构、宗教活动场所、宗教院校以及财政部、税务总局认定的其他非营利性组织；（2）从事公益性或者非营利性活动；（3）取得的收入除用于与该组织有关的、合理的支出外，全部用于登记核定或者章程规定的公益性或者非营利性事业；（4）财产及其孳息不用于分配，但不包括合理的工资薪金支出；（5）按照登记核定或者章程规定，该组织注销后的剩余财产用于公益性或者非营利性目的，或者由登记管理机关采取转赠给与该组织性质、宗旨相同的组织等处置方式，并向社会公告；（6）投入人对投入该组织的财产不保留或者享有任何财产权利；（7）工作人员工资福利开支控制在规定的比例内，不变相分配该组织的财产；（8）对取得的应纳税收入及其有关的成本、费用、损失，应与免税收入及其有关的成本、费用、损失分别核算。这八项条件是非营利性组织免税资格认定的实质要件。非营利性组织免税优惠资格的有效期为五年。非营利性组织应在免税优惠资格期满后六个月内提出复审申请，不提出复审申请或复审不合格的，其享受免税优惠的资格到期自动失效。

根据企业所得税法第二十六条规定，慈善组织以下收入为免税收入：（1）国债利息收入；（2）符合条件的股息、红利等权益性投资收益；（3）符合条件的其他免税收入。《财政部、国家税务总局关于非营利性组织企业所得税免税收入问题的通知》规定的免税收入有：（1）接受其他单位或者个人捐赠的收入；（2）除企业所得税法第七条规定的财政拨款以外的其他政府补助收入，但不包括因政府购买服务取得的收入；（3）按照省级以上民政、财政部门规定收取的会费；（4）不征税收入和免税收入孳生的银行存款利息收入；（5）财政部、税务总局规定的其他收入。另外，慈善组织因技术转让而取得的收入，符合规定条件的也可以享受免税待遇。值得注意的是，慈善组织的免税收入不包括其营利性收入，但是慈善组织满足法律规定的小型微利企业标准的，其营利性收入可以获得低税率的待遇。

非营利性组织必须按照《中华人民共和国税收征收管理法》及《中华

人民共和国税收征收管理法实施细则》等有关规定，办理税务登记，按期进行纳税申报。非营利性组织在申请认定过程中提供虚假信息的，取消其享受的免税优惠政策。

慈善组织弄虚作假骗取税收优惠的，由税务机关依法查处；情节严重的，由县级以上人民政府民政部门吊销登记证书并予以公告。这里的"弄虚作假"，是指慈善组织为了获取国家鼓励慈善事业发展的减免税待遇，故意提供虚假信息，采取欺骗、隐瞒手段，使其形式上符合免税条件，获得免税优惠资格的行为。慈善组织弄虚作假骗取税收优惠属于逃税的范畴，由税务部门依法查处。情节严重的，由县级以上人民政府民政部门吊销登记证书并予以公告。构成犯罪的，依法追究刑事责任。

第一百一十七条 慈善组织从事、资助危害国家安全或者社会公共利益活动的，由有关机关依法查处，由县级以上人民政府民政部门吊销登记证书并予以公告。

◆ **解读与适用**

本条是关于慈善组织从事、资助危害国家安全或者社会公共利益活动的法律责任的规定。

慈善组织是以开展慈善活动为宗旨的社会组织，在从事慈善活动时，自然应该遵守国家的法律，不得不当行使权利给国家安全、社会利益和其他人权利造成损害。慈善组织通过向社会提供多样化的公共服务，解决社会问题，其发展和活动空间涉及扶贫济困、扶助老幼病残、救助自然灾害、促进教育、科学、文化、卫生、体育等事业的发展、环境保护以及符合社会公共利益的其他活动。慈善法对慈善事业的发展应该秉持促进的立法宗旨，以激活慈善组织活力，推动社会治理创新。但是，在慈善组织不断发展的同时，也出现了良莠不齐的情况。如有的慈善组织接受境外非政府组织的捐赠，以捐资助学、文化交流为名收集中国的政治、经济、科技、军事情报或以开发援助、扶持弱势群体为名，插手民间维权事务，制造舆论，挑动民众同党和政府的对立情绪，诋毁中国政府的形象。这些活动给国家安全和社会公共利益的维护带来一定程度的威胁和危害，慈善立法必须进行回应。为防止慈善组织从事危害国家安全和社会公共利益的非法活动，慈善法第十五条规定："慈善组织不得从事、资助危害国家安全和社会公共利益的活动……"本条从法律责任方面规定了慈善组织违反该项规定的法律后果，使得关于慈善组织的禁止性条款成为刚性约束条款。

慈善组织从事或者资助他人从事危害国家安全的活动，应该依据国家安全法等法律的规定进行查处。我国2015年开始实施的国家安全法坚持总体国家安全观，明确规定了政治安全、国土安全、军事安全、文化安全、科技安全等领域的国家安全。任何个人和组织从事危害国家安全活动的，应当依法追究其法律责任。国家安全机关、公安机关依法收集涉及国家安全的情报信息，在国家安全工作中依法行使侦查、拘留、预审和执行逮捕以及法律规定的其他职权。本条规定的"慈善组织从事、资助危害国家安全或者社会公共利益活动的，由有关机关依法查处"中的"有关机关"主要指国家安全机关、公安机关。国家安全机关、公安机关查处后，对于情节严重的案件应当把相关材料移送县级以上人民政府民政部门，由县级以上人民政府民政部门依法吊销登记证书，取消其慈善组织的主体资格；构成犯罪的，侦查终结后应将案件移送人民检察院审查起诉，人民法院依法行使审判权，追究危害国家安全犯罪的刑事责任。例如，某基金会接受境外非政府组织的捐赠，打着促进东西方文化交流的旗号，频繁联合有关部门举办关于婚姻家庭伦理道德建设的学术研讨会，以举办演讲的形式，阐述其所谓新时代的价值观和道德观，宣扬与社会主义核心价值观格格不入的价值观及违反我国婚姻法和社会主义公共道德的婚姻家庭观，曾引起社会的广泛关注，造成参与者的思想混乱，影响了参与者婚姻家庭关系和谐稳定。该基金会的活动具有隐蔽性、欺骗性和社会危害性。

根据慈善法第一百一十七条规定："慈善组织从事、资助危害国家安全或者社会公共利益活动的，由有关机关依法查处，由县级以上人民政府民政部门吊销登记证书并予以公告。"

第一百一十八条 慈善信托的委托人、受托人有下列情形之一的,由县级以上人民政府民政部门责令限期改正,予以警告,并没收违法所得;对直接负责的主管人员和其他直接责任人员处二万元以上二十万元以下罚款:

(一)将信托财产及其收益用于非慈善目的的;

(二)指定或者变相指定委托人、受托人及其工作人员的利害关系人作为受益人的;

(三)未按照规定将信托事务处理情况及财务状况向民政部门报告的;

(四)违反慈善信托的年度支出或者管理费用标准的;

(五)未依法履行信息公开义务的。

◆ 解读与适用

本条是关于慈善信托的委托人、受托人法律责任的规定。

本条在修改前后有较大变化。一是2016年的慈善法仅规定了慈善信托受托人的法律责任,修改后则将委托人也包含在内。二是修改前的慈善法仅规定了两种违法行为,修改后则将违法行为扩展为五种,能够更好地规范和管理慈善信托。

慈善信托属于公益信托,是指委托人基于慈善目的,依法将其财产委托给受托人,由受托人按照委托人意愿以受托人名义进行管理和处分,开展慈善活动的行为。慈善信托涉及委托人、受托人和受益人三方主体。委托人将财产交付设立慈善信托以后就不再享有对该财产的支配权利,受益人又是不特定的社会公众,受托人直接负责信托财产的管理,这有可能造成慈善财产的滥用。因此,受托人是法律应该明确其义务和责任的监管重点。不过,修改后的慈善法将委托人也作为责任主体,主要是针对委托人不得指定或变相指定委托人、受托人及其工作人员的利害关系人为受益人这一情形。

慈善信托委托人、受托人承担法律责任有五种情形:

(一) 将信托财产及其收益用于非慈善目的的

慈善信托的目的是慈善,受托人管理和处分信托财产,必须用于慈善目的,不能以营利为目的,不能将信托财产及其收益用于分配,也不能为了获取利润进行营利性投资。原银监会、民政部2017年印发的《慈善信托管理办法》第二十三条明确规定:"慈善信托财产及其收益,应当全部用于慈善目的。"

慈善法第四十九条第一款规定:"慈善信托的受托人管理和处分信托财产,应当按照信托目的,恪尽职守,履行诚信、谨慎管理的义务。"《慈善信托管理办法》第二十四条也规定:"受托人管理和处分慈善信托财产,应当按照慈善信托目的,恪尽职守,履行诚信、谨慎管理的义务。"受托人管理和处分信托财产,应当将慈善信托财产及其收益用于慈善目的,具体来说,就是用于慈善法第三条规定的慈善活动,即以捐赠财产或者提供服务等方式,自愿开展的下列公益活动:(1)扶贫、济困;(2)扶老、救孤、恤病、助残、优抚;(3)救助自然灾害、事故灾难和公共卫生事件等突发事件造成的损害;(4)促进教育、科学、文化、卫生、体育等事业的发展;(5)防治污染和其他公害,保护和改善生态环境;(6)符合本法规定的其他公益活动。受托人将信托财产及其收益用于慈善法规定的慈善活动以外的其他活动特别是营利性活动,应当视为非慈善目的。

(二) 指定或者变相指定委托人、受托人及其工作人员的利害关系人作为受益人的

慈善法修改后新增第四十六条,专门用于禁止此种情形:"慈善信托的委托人不得指定或者变相指定其利害关系人作为受益人。慈善信托的受托人确定受益人,应当坚持公开、公平、公正的原则,不得指定或者变相指定受托人及其工作人员的利害关系人作为受益人。"该规定进一步强化了慈善信托的慈善性。《慈善信托管理办法》第十条也规定:"慈善信托的委托人不得指定或者变相指定与委托人或受托人具有利害关系的人作为受益人。"慈善信托的一个重要特点就是受益人是非特定的,这是慈善信托区别于商事信托的一个重要特征。为了防止利益输送,信托文件仅载明受益人

范围及选定的程序和方法，具体的由受托人根据条件选择确定。委托人不得指定或者变相指定委托人、受托人及其工作人员的利害关系人作为受益人。不过，委托人可以规定或者限定受益人的人数，甚至受益人享受的信托利益的数量。

（三）未按照规定将信托事务处理情况及财务状况向民政部门报告的

慈善法第四十九条第二款规定："慈善信托的受托人应当根据信托文件和委托人的要求，及时向委托人报告信托事务处理情况、信托财产管理使用情况。慈善信托的受托人应当每年至少一次将信托事务处理情况及财务状况向办理其备案的民政部门报告，并向社会公开。"该项规定明确了受托人管理和处分财产时应当履行的信托事务处理情况及财务状况的报告义务，受托人未按照规定将信托事务处理情况及财务状况向民政部门报告的，应当承担法律责任。

（四）违反慈善信托的年度支出或者管理费用标准的

修改后的慈善法在第六十一条增加了第四款："慈善信托的年度支出和管理费用标准，由国务院民政部门会同财政、税务和金融监督管理等部门制定。"年度支出，即指慈善信托的受托人一年中将其财产用于慈善目的而开展慈善活动项目的总支出；管理费用，指受托人为组织和管理开展慈善活动而发生的各项费用。管理费用主要有两部分：一是受托人工作人员的工资福利，如行政管理人员的工资、奖金、社会保障费用等；二是行政办公支出，包括办公费、水电费、物业管理费等。修改前的慈善法只规定了慈善组织开展慈善活动的年度支出和管理费用标准，慈善信托则是空白。修改后的慈善法填补了这一空白，但对于慈善信托的年度支出和管理费用并未作详细规定，而是授权给国务院民政部门会同财政、税务和金融监督管理等部门共同制定。一旦有相关规定出台，慈善信托的受托人应严格按照规定执行。

（五）未依法履行信息公开义务的

慈善法第四十九条第二款规定："慈善信托的受托人应当根据信托文件

和委托人的要求，及时向委托人报告信托事务处理情况、信托财产管理使用情况。慈善信托的受托人应当每年至少一次将信托事务处理情况及财务状况向办理其备案的民政部门报告，并向社会公开。"受托人管理和处分财产时，除了要履行向民政部门的报告义务外，还应当将信托事务处理情况及财务状况向社会公开。此外，根据《慈善信托管理办法》第三十二条的规定："委托人、受托人及其管理人员不得利用其关联关系，损害慈善信托利益和社会公共利益，有关交易情况应当向社会公开。"未依法履行信息公开义务的，应承担相应的法律责任。

慈善信托的委托人、受托人违反上述义务，承担责任的方式为：（1）责令限期改正，予以警告。责令限期改正是民政部门责令委托人、受托人在一定期限内对较轻微的违法行为予以纠正的一种行政措施。警告是民政部门对违法的委托人、受托人的谴责和告诫，是对违法行为人所作的否定性评价。民政部门通过警告，使违法行为人认识到自身的违法行为并及时纠正。（2）没收违法所得。没收违法所得是民政部门作为行使行政处罚权的主体将慈善信托委托人、受托人的违法所得予以强制性剥夺的制裁措施。没收违法所得，必须全部上缴国库，任何机关和个人不得以任何形式截留、私分或者变相私分。（3）罚款。罚款是民政部门作为执法机关向慈善信托的受托人即慈善组织或信托公司的直接负责的主管人员和其他直接责任人员强制收取一定数量的金钱，剥夺一定财产的制裁方式。罚款的幅度为二万元以上二十万元以下。

第一百一十九条 慈善服务过程中，因慈善组织或者志愿者过错造成受益人、第三人损害的，慈善组织依法承担赔偿责任；损害是由志愿者故意或者重大过失造成的，慈善组织可以向其追偿。

志愿者在参与慈善服务过程中，因慈善组织过错受到损害的，慈善组织依法承担赔偿责任；损害是由不可抗力造成的，慈善组织应当给予适当补偿。

◆ **解读与适用**

本条是关于慈善服务损害赔偿法律责任的规定。

慈善服务损害赔偿包括慈善服务过程中致人损害和志愿者在参与慈善服务过程中受到损害两种情形，本条对其法律责任分别作了规定。

一、慈善服务过程中致人损害的法律责任

慈善服务过程中致人损害主要有两种类型：第一，慈善组织的法定代表人、其他负责人以及工作人员在慈善服务的过程中因过错造成受益人或第三人损害。民法典第六十二条规定："法定代表人因执行职务造成他人损害的，由法人承担民事责任。法人承担民事责任后，依照法律或者法人章程的规定，可以向有过错的法定代表人追偿。"第一千一百九十一条第一款规定："用人单位的工作人员因执行工作任务造成他人损害的，由用人单位承担侵权责任。用人单位承担侵权责任后，可以向有故意或者重大过失的工作人员追偿。"慈善组织属于非营利性法人组织，属于劳动法中的用人单位。因此，慈善组织的法定代表人、其他负责人以及工作人员在慈善服务过程中，因过错造成受益人或第三人损害的，属于在执行职务或执行工作任务过程中造成他人损害，应当由慈善组织承担责任。第二，因志愿者过错造成受益人或第三人损害。慈善服务可以通过招募志愿者的形式提供，慈善服务中的志愿者与慈善组织的关系，虽然不是雇佣关系或劳动关系，但其性质上与慈善组织工作人员的职务行为具有相似性，在具体慈善服务过程中，志愿者根据慈善组织的安排并以慈善组织的名义开展服务，慈善组织有责任对志愿者的服务行为进行指导和监督。此外，作为招募志愿者的慈善组织，对慈善服务过程应该有管理责任和风险防范能力。因此，在慈善服务过程中，因志愿者过错造成受益人、第三人损害的，慈善组织应当依法承担赔偿责任。

由于志愿者过错造成受益人、第三人损害的，慈善组织依法承担赔偿责任是一种替代责任，即慈善组织承担他人致人损害的责任。但是，完全免除志愿者的责任，不仅不利于志愿者提高安全意识和注意义务，也会加重慈善组织的负担。因此，应把个人责任作为替代责任的补充，即慈善组织承担责任后，对于志愿者因一般过失造成的损害应予免责，对于有故意或者重大过失的志愿者可以进行追偿。故意是指行为人有意致人损害，或者明知其行为会造成损害仍然实施该行为。重大过失是指行为人由于疏忽或者懈怠而未尽一般人在此情形下能够尽的合理注意义务。因为志愿者提供的志愿服务具有无偿性、利他性和公益性，其在服务过程中承担的注意义务应该低于有偿服务中的注意义务。只有在志愿者存在故意或重大过失时，慈善组织先行承担赔偿责任后才能行使追偿权。

二、志愿者参与慈善服务过程中受到损害的法律责任

志愿者在慈善服务过程中，其人身和财产权利有可能受到损害。损害可能是由于慈善组织、第三人的过错造成的，也可能是由于志愿者自身的过错造成的，还可能是由于不可抗力造成的。慈善组织作为志愿服务的招募者、慈善服务的组织者，对于志愿者在志愿服务活动中受到的损害应该承担赔偿责任。只有志愿者的损害得到赔偿，其权益才能够得到有效保障，志愿者才能解除后顾之忧，志愿服务活动的开展才能有序进行。但是，慈善组织是非营利性组织，如果所有风险都由慈善组织来承担，则无疑加重了慈善组织的负担。因此，本条规定，志愿者在参与慈善服务过程中，因慈善组织过错受到损害的，慈善组织依法承担赔偿责任。如果志愿者的损害是由于慈善服务受益人或者第三人的过错造成且慈善组织没有过错的，志愿者可以依据民事法律的规定要求赔偿，慈善组织应当提供帮助。志愿者在参与慈善服务过程中受到的损害如果是由于不可抗力即"不能预见、不能避免和不能克服的客观情况"造成的，慈善组织应当给予适当补偿。

慈善组织是非营利性组织，其财产应该按照章程或捐赠协议来使用，其赔偿责任的法律风险需要通过市场机制来化解。例如，慈善组织根据服务岗位的特殊性和危险性应该为志愿者购买商业保险，一旦发生风险可以获得保险赔偿金。如此，既保障了志愿者的权益，又能够保障慈善组织财产的公益性。

第一百二十条 县级以上人民政府民政部门和其他有关部门及其工作人员有下列情形之一的，由上级机关或者监察机关责令改正；依法应当给予处分的，由任免机关或者监察机关对直接负责的主管人员和其他直接责任人员给予处分：

（一）未依法履行信息公开义务的；

（二）摊派或者变相摊派捐赠任务，强行指定志愿者、慈善组织提供服务的；

（三）未依法履行监督管理职责的；

（四）违法实施行政强制措施和行政处罚的；

（五）私分、挪用、截留或者侵占慈善财产的；

（六）其他滥用职权、玩忽职守、徇私舞弊的行为。

◆ **解读与适用**

本条是关于政府部门及其工作人员法律责任的规定。

县级以上人民政府民政部门及其有关部门（如财政部门、税务部门、金融监管部门）负有对慈善组织和慈善信托等进行监管、服务等职能，其职权应该依法行使。如果民政部门和其他有关部门及其工作人员行使职权过程中有违法行为，应当依法承担法律责任。

政府部门及其工作人员应当承担法律责任的情形包括：

（一）未依法履行信息公开义务的

信息公开是强化慈善组织与慈善行为透明度、提升慈善公信力的重要途径。慈善法第七十五条规定："国家建立健全慈善信息统计和发布制度。国务院民政部门建立健全统一的慈善信息平台，免费提供慈善信息发布服务。县级以上人民政府民政部门应当在前款规定的平台及时向社会公开慈善信息……"第七十六条规定县级以上人民政府民政部门和其他有关部门应当及时向社会公开下列慈善信息：（1）慈善组织登记事项；（2）慈善信托备案事项；（3）具有公开募捐资格的慈善组织名单；（4）具有出具公益性捐赠税前扣除票据资格的慈善组织名单；（5）对慈善活动的税收优惠、资助补贴等促进措施；（6）向慈善组织购买服务的信息；（7）对慈善组织、慈善信托开展检查、评估的结果；（8）对慈善组织和其他组织以及个人的表彰、处罚结果；（9）法律法规规定应当公开的其他信息。可见，慈善法对县级以上人民政府民政部门和其他有关部门信息公开的义务规定得非常明确、具体，未依法履行上述信息公开义务的，需要承担法律责任。

（二）摊派或者变相摊派捐赠任务，强行指定志愿者、慈善组织提供服务的

自愿原则是开展慈善活动应当遵循的基本原则。开展募捐活动，不得摊派或者变相摊派。慈善捐赠是自然人、法人和其他组织基于慈善目的自愿捐赠财产的活动。志愿服务是不为物质报酬，基于良知、信念和责任，自愿为社会和他人提供服务和帮助。摊派或者变相摊派捐赠任务，强行指定志愿者、慈善组织提供服务，都是违反慈善活动自愿原则的违法行为，应该承担法律责任。摊派是指政府部门以行政命令向个人和组织下达任务，强行要求其捐赠财物。变相摊派是指以红头文件、内部通知等方式的劝捐，形式上不符合摊派的特点，但是其本质仍属于违背捐赠人意愿的摊派行为。强行指定志愿者、慈善组织提供服务是指违背志愿者、慈善组织的意志，要求其提供服务的行为。

（三）未依法履行监督管理职责的

依法行政要求政府部门及工作人员依法全面履行政府职能，坚持法定职责必须为、法无授权不可为，纠正不作为、乱作为，惩处失职、渎职行为。慈善法第十一章规定了县级以上人民政府民政部门和其他有关部门对慈善活动的监督管理职责，未依法履行监督管理职责的，应该承担法律责任。

（四）违法实施行政强制措施和行政处罚的

行政强制措施，是指行政机关在行政管理过程中，为制止违法行为、防止证据毁损、避免危害发生、控制危险扩大等，依法对公民的人身自由实施暂时性限制，或者对公民、法人或者其他组织的财物实施暂时性控制的行为。2012年，我国开始实施行政强制法，慈善监管中行政强制的设定

和实施，必须以行政强制法及慈善法的规定为依据。违法实施行政强制措施的，应当承担法律责任。

行政处罚是指具有行政处罚权的行政主体为维护公共利益和社会秩序，保护公民、法人和非法人组织的合法权益，依法对行政相对人违反行政法律法规而尚未构成犯罪的行为所实施的法律制裁。慈善监管中的行政处罚，必须遵守行政处罚法及慈善法的相关规定。违法实施行政处罚的，应当承担法律责任。

（五）私分、挪用、截留或者侵占慈善财产的

慈善法第五十三条规定："慈善组织的财产应当根据章程和捐赠协议的规定全部用于慈善目的，不得在发起人、捐赠人以及慈善组织成员中分配。任何组织和个人不得私分、挪用、截留或者侵占慈善财产。"私分、挪用、截留或者侵占慈善财产的，必须依法给予法律制裁。

（六）其他滥用职权、玩忽职守、徇私舞弊的行为

除了上述应当承担法律责任的情形外，政府部门及其工作人员滥用职权、玩忽职守、徇私舞弊的行为，也应该承担法律责任。"滥用职权"是指国家机关工作人员超越职权，擅自决定、处理其无权处理的事务，或者故意违法处理公务，致使公共财产、国家和人民利益遭受重大损失的行为。"玩忽职守"是指国家机关工作人员不履行、不正确履行或者放弃其工作职责的行为。"徇私舞弊"是指国家机关工作人员为徇个人私利或亲友私情，置国家和人民利益于不顾的行为。

县级以上人民政府民政部门和其他有关部门及其工作人员有上述情形的，应该承担的法律责任是：

(1) 责令改正

责令改正是有权部门要求民政部门和其他有关部门及其工作人员在一定期限内改正违法行为的措施。上级机关或者监察机关根据管理权限行使责令改正的措施。地方各级民政部门和其他有关部门既受本级人民政府的统一领导，同时受上级人民政府主管部门的领导或业务指导。因此，地方政府民政部门和其他有关部门及其工作人员出现违法情形的，由其上级机

关或者监察机关责令改正。监察机关是行使国家监察职能的专责机关，对所有行使公共权力的公职人员进行监察，调查职务违法和职务犯罪，开展廉政建设和反腐败工作。

（2）给予处分

处分是行政机关工作人员因违法行为而应承担的法律责任。公务员违纪行为情节轻微，经批评教育后改正的，可以免予处分。出现本条规定的违法情形且不具备依法免予处分条件的，由任免机关或者监察机关对直接负责的主管人员和其他直接责任人员依法给予处分。处分的法律依据是《中华人民共和国公职人员政务处分法》《中华人民共和国公务员法》《中华人民共和国监察法》等。处分的原则是事实清楚、证据确凿、定性准确、处理恰当、程序合法、手续完备；处分的种类包括警告、记过、记大过、降级、撤职和开除六种；处分的期限，警告为六个月、记过为十二个月、记大过为十八个月、降级与撤职均为二十四个月；处分的程序，是由处分决定机关决定对公务员违纪的情况进行调查，并将调查认定的事实及拟给予处分的依据告知公务员本人，公务员有权进行陈述和申辩，处分决定机关认为对公务员应当给予处分的，应当在规定期限内按照管理权限和规定的程序作出处分决定，并以书面形式通知公务员本人。

第一百二十一条 违反本法规定，构成违反治安管理行为的，由公安机关依法给予治安管理处罚；构成犯罪的，依法追究刑事责任。

◆ 解读与适用

本条是关于依法给予治安管理处罚和追究刑事责任的规定。

一、构成违反治安管理行为的，由公安机关依法给予治安管理处罚

《中华人民共和国治安管理处罚法》第二条规定，扰乱公共秩序，妨害公共安全，侵犯人身权利、财产权利，妨害社会管理，具有社会危害性，依照《中华人民共和国刑法》的规定构成犯罪的，依法追究刑事责任；尚不够刑事处罚的,由公安机关依照本法给予治安管理处罚。慈善组织从事、资助危害国家安全或者社会公共利益活动的,自然人、法人或者其他组织假借慈善名义或者假冒慈善组织骗取财产,慈善募捐通过虚构事实等方式欺骗募捐对象实施捐赠的,或者妨碍公共秩序、企业生产经营或者居民生活的,都可能构成违反治安管理行为,由公安机关依法给予治安管理处罚。治安管理处罚的种类分为警告、罚款、行政拘留、吊销公安机关发放的许可证等,对违反治安管理的外国人,可以附加适用限期出境或者驱逐出境。

二、构成犯罪的,依法追究刑事责任

慈善活动中出现严重违法行为构成犯罪的,应该依法追究刑事责任。本条并没有明确列举可能涉嫌犯罪的具体情形,而是设置一个概括性的条款,即"构成犯罪的,依法追究刑事责任"。刑事责任是最严厉的法律责任,对刑事责任的追究需要十分慎重。我国刑事立法采用统一集中模式,即是否构成犯罪以及给予何种刑事处罚,需要严格依照《中华人民共和国刑法》的规定,而不是分散到各项法律之中。所以,本法在涉及刑事责任方面采取了原则性的规定。

我国现行的刑法是1979年制定、1997年修订,至今已经通过了十二个修正案。就慈善法而言,涉及需要追究刑事责任的,主要有以下四个方面:

一是关于诈骗的刑事责任。自然人、法人或者其他组织假借慈善名义或者假冒慈善组织骗取财产,情节严重的,构成诈骗罪。诈骗罪是指以非法占有为目的,用虚构事实或者隐瞒真相的方法,骗取数额较大的公私财物的行为。《最高人民法院、最高人民检察院关于办理诈骗刑事案件具体应用法律若干问题的解释》规定,诈骗罪的"数额较大",以三千元为起点。诈骗罪的主体是一般主体,凡达到法定刑事责任年龄、具有刑事责任能力的自然人均可构成本罪。诈骗罪在主观方面表现为直接故意,并且具有非法占有公私财物的目的。刑法第二百六十六条规定:"诈骗公私财物,数额较大的,处三年以下有期徒刑、拘役或者管制,并处或者单处罚金;数额巨大或者有其他严重情节的,处三年以上十年以下有期徒刑,并处罚金;数额特别巨大或者有其他特别严重情节的,处十年以上有期徒刑或者无期徒刑,并处罚金或者没收财产。本法另有规定的,依照规定。"

二是关于逃税的刑事责任。慈善组织弄虚作假骗取税收优惠，情节严重构成犯罪的，属于逃税罪。追究逃税罪刑事责任的法律依据是刑法第二百零一条第一款规定："纳税人采取欺骗、隐瞒手段进行虚假纳税申报或者不申报，逃避缴纳税款数额较大并且占应纳税额百分之十以上的，处三年以下有期徒刑或者拘役，并处罚金；数额巨大并且占应纳税额百分之三十以上的，处三年以上七年以下有期徒刑，并处罚金。"

三是关于慈善组织私分、挪用、截留或者侵占慈善财产，以及县级以上人民政府民政部门和其他有关部门及其工作人员私分、挪用、截留或者侵占慈善财产的刑事责任。我国刑法第三百八十二条规定了贪污罪，即"国家工作人员利用职务上的便利，侵吞、窃取、骗取或者以其他手段非法占有公共财物的，是贪污罪。受国家机关、国有公司、企业、事业单位、人民团体委托管理、经营国有财产的人员，利用职务上的便利，侵吞、窃取、骗取或者以其他手段非法占有国有财物的，以贪污论"。第二百七十三条规定："挪用用于救灾、抢险、防汛、优抚、扶贫、移民、救济款物，情节严重，致使国家和人民群众利益遭受重大损害的，对直接责任人员，处三年以下有期徒刑或者拘役；情节特别严重的，处三年以上七年以下有期徒刑。"第三百八十四条规定："国家工作人员利用职务上的便利，挪用公款归个人使用，进行非法活动的，或者挪用公款数额较大、进行营利活动的，或者挪用公款数额较大、超过三个月未还的，是挪用公款罪，处五年以下有期徒刑或者拘役；情节严重的，处五年以上有期徒刑。挪用公款数额巨大不退还的，处十年以上有期徒刑或者无期徒刑。挪用用于救灾、抢险、防汛、优抚、扶贫、移民、救济款物归个人使用的，从重处罚。"

四是关于滥用职权、玩忽职守、徇私舞弊的刑事责任。县级以上人民政府民政部门和其他有关部门及其工作人员在慈善监管活动中，出现滥用职权、玩忽职守、徇私舞弊的行为，可能构成犯罪。我国刑法第三百九十七条是关于国家机关工作人员滥用职权罪和玩忽职守罪以及因徇私舞弊，犯滥用职权罪或者玩忽职守罪如何处罚的规定，即"国家机关工作人员滥用职权或者玩忽职守，致使公共财产、国家和人民利益遭受重大损失的，处三年以下有期徒刑或者拘役；情节特别严重的，处三年以上七年以下有期徒刑。本法另有规定的，依照规定。国家机关工作人员徇私舞弊，犯前款罪的,处五年以下有期徒刑或者拘役;情节特别严重的,处五年以上十年以下有期徒刑。本法另有规定的,依照规定"。

此外,慈善组织从事、资助危害国家安全或者社会公共利益活动的,可能构成危害国家安全罪或危害社会公共利益(如危害公共安全罪、妨害社会管理秩序罪)方面的犯罪。

第十三章 附　　则

第一百二十二条　城乡社区组织、单位可以在本社区、单位内部开展群众性互助互济活动。

◆ 解读与适用

本条是关于社区组织、单位开展群众性互助互济活动的规定。

本条所称"城乡社区组织",主要包括社区党组织、村(居)民委员会、村(居)民小组和其他为本社区居民提供非营利服务的组织;"单位",包括国家机关、企业、事业单位等。目前,我国法律没有对"社区"概念作出界定,人们对"社区"和"社区组织"有多种理解。现代汉语对社区的解释指:在一定地域内由相互关联的人们所组成的社会生活共同体。是由从事政治、经济、文化等各种活动的人们所组成的区域性的社会实体。慈善法所称的"城乡社区"主要是指行政区域上的社区,一般为城市居委会或者农村村委会所管辖的区域。在日常生活中,人们提及的社区往往是与居民个人生活关系最密切的小型社区,如农村的自然村、城市的居民小区等。社区无论大小,都有居民居住,通常还有若干个社会组织或单位:在农村,设有村委会、村集体经济组织等,有的还兴办若干个乡镇企业;在城市,有社区居委会、企业、学校和商店等各种组织或单位。

社区组织也包括社区社会组织。2016年8月,中共中央办公厅、国务院办公厅印发《关于改革社会组织管理制度促进社会组织健康有序发展的意见》,明确提出"大力培育发展社区社会组织","对在城乡社区开展为民服务、养老照护、公益慈善、促进和谐、文体娱乐和农村生产技术服务等活动的社区社会组织,采取降低准入门槛的办法,支持鼓励发展","对符合登记条件的社区社会组织,优化服务,加快审核办理程序,并简化登记程序。对达不到登记条件的社区社会组织，按照不同规模、业务范围、成员构成和服务对象，由街道办事处（乡镇政府）实施管理，加强分类指导和业务指导"。各地开始大量登记、备案社区社会组织，社区社会组织的类型也逐渐丰富而多元，登记注册的组织如民非形式注册的社会工作服务机构、专业服务机构，基金会形式注册的社区基金会，社会团体注册的社区社会组织联合会、社区志愿者协会等。这些组织依法登记注册，具备相应的组织结构、一定的专职人员和资源动员能力，能够搭建街道、居委会、基层党组织、社区居民、物业管理单位、周边商户的桥梁纽带，成为"五社联动"的重要主体，为社区居民开展互助互济提供服务支撑。在街道备案的社区社会组织，多为居民自发自愿组成的志愿服务队，兴趣小组、艺术团队等，虽然不是法人主体，但在公益慈善、生活服务、社区事务、文体活动等方面凝聚居民共识，组织居民活动，开展居民自治，丰富居民生活，对于打造共建、共治、共享的社会治理格局具有重要作用。

"互助互济"，是指社区居民之间或者单位同事之间对困难家庭或者个人进行帮扶、救济，或者为本社区居民或者本单位职工提供社会化公共服务的活动。互助互济活动的内容很多，主要有劳务互助、经济互助两种形式：劳务互助主要是为解决居民（职工）家务劳动负担重、老弱伤残者生活无人料理以及有其他方面需要帮助克服的困难，或者为发展集体公共事业而进行的、以提供劳务服务为主的互助活动。经济互助，是居民（职工）在经济上互相支援、互相帮助，或者捐赠财产发展本社区（单位）的集体公共事业。在我国加快推进社会主义现代化建设新的历史起点上，城乡基层正在发生新的深刻变革，作为城乡居民自我管理、自我教育、自我服务的基层群众性自治组织的社区居（村）民委员会承担的社会管理任务更加繁重，维护社会稳定的功能更加突出，居民群众对社区服务需求更加迫切，社区承担的公共服务功能日益增多。居民（职工）互助互济，以其群众性、互助性、方便性的特点和优势，在我国慈善事业中发挥着特殊的、不可替代的作用。

慈善法把城乡社区组织、单位开展群众性互助互济活动单写一条放在"附则"中规定，主要基于以下三个方面的考虑：一是城乡社区组织、单位开展互助互济活动，是具有中国特色的传统慈善活动。邻里守望相助、同事互相帮扶是中华民族的优良传统。"乡里同井，出入相友，守望相助，疾病相扶持，则百姓亲睦"，这是古代儒家著名代表人物孟子描绘出的一幅邻里相亲的美好图景。几千年来，中华民族传承互助互济的传统美德，邻里之间互帮互助、和睦相处。城乡社区、单位是人们日常生活、学习、工作的地方，是社会的基础。慈善法倡导在社区、单位内部开展群众性互助互济活动，有利于促进社会和谐，更是对中华优良传统的继承和发扬。二是社区、单位内部的互助互济活动与其他慈善活动有区别。两者虽然都是为他人做善事，但现代慈善主要是通过慈善组织来运作，根据慈善法第八条规定，慈善组织以面向社会开展慈善活动为宗旨。而社区组织、单位不是慈善组织，慈善法第一百二十二条规定的互助互济活动，只在本社区、本单位内部进行。三是在法律适用上，互助互济活动内容丰富、形式多样，简便易行，在日常生活中随处可见，慈善法不需要对此类活动作出系统性规定。但开展此类互助互济活动，也应遵守慈善法第四条规定的合法、自愿、诚信、非营利等原则，并参照慈善法其他相关规定进行。

需要指出的是，城乡社区组织、单位为了开展互助互济活动，可以向本社区居民、本单位职工募集款物。根据慈善法规定，不具有公开募捐资格的组织不得向社会公开募捐。城乡社区组织、单位在本社区、单位内部筹集互助互济所需款物，不属于向社会公开募捐，不需要取得公开募捐资格。但开展这种款物筹集活动应参照慈善法有关信息公开的规定，在社区、单位范围内公开相关信息，接受居民或者职工监督。

第一百二十三条 慈善组织以外的其他组织可以开展力所能及的慈善活动。

◆ 解读与适用

本条规定了非慈善组织开展慈善活动的权利。

如前所述，慈善组织是以开展慈善活动为宗旨的组织，是现代慈善事业的中坚力量。所以，慈善法将慈善组织及其活动作为调整重点。但慈善绝不是慈善组织的专利，慈善法鼓励人人参与慈善，全社会投身慈善。慈善法第五条规定:"国家鼓励和支持自然人、法人和非法人组织践行社会主义核心价值观,弘扬中华民族传统美德,依法开展慈善活动。"慈善法第一百二十三条的规定与第五条规定的精神是一致的。现实中存在许多未经依法登记成立而长期或者临时从事慈善活动的公益性组织和其他组织,这些"草根"民间组织规模小、收入少,因不愿意或者不符合登记条件而未在民政部门登记。比如,几个人成立一个临时组织,自己凑钱帮助贫困山区修建道路,该组织在道路修好后就解散了,不必到民政部门登记。此条规定为慈善组织以外的其他组织开展慈善活动提供了法律依据,同时也为没有登记、以开展慈善公益活动为主的"草根"组织的生存和发展提供了空间,体现了慈善立法的开放性和包容性。

正确理解本条含义,需要把握以下三点:一是本条所说的"慈善组织以外的其他组织"并没有特殊含义,指慈善组织以外其他所有的组织,既包括没有登记但从事公益慈善类活动的"草根"组织,还包括已经登记的各种营利性组织和非营利性组织,如企业、事业单位以及没有经过慈善组织登记或者认定的社会服务机构等。这些非慈善组织在开展慈善活动时,不得以慈善组织名义进行。二是非慈善组织在存续期间,可以根据自身情况开展力所能及的慈善活动。这里所说的"慈善活动",是指非慈善组织利用自身资源,直接从事慈善法第三条所列举的公益活动,如扶贫济困、扶老助残、促进教育、防止污染等。各类组织由于自身属性、业务、规模、专长等不同,在开展慈善活动时,应根据法律规定和自身情况量力而行。三是非慈善组织开展慈善活动,在权利义务方面与慈善组织有所不同。比如,非慈善组织开展慈善活动不能公开募捐、不具有出具公益性捐赠税前扣除票据的资格等,也没有履行慈善组织信息公开的法定义务。如果与受益人等发生纠纷,应当按照民法或者其他法律的相关规定处理。但这些组织开展慈善活动,也要遵守慈善法规定的合法、自愿、诚信、非营利等原则。同时,在慈善事业发展中做出突出贡献的,同样可以受到政府表彰。

第一百二十四条 个人因疾病等原因导致家庭经济困难,向社会发布求助信息的,求助人和信息发布人应当对信息真实性负责,不得通过虚构、隐瞒事实等方式骗取救助。

从事个人求助网络服务的平台应当经国务院民政部门指定,对通过其发布的求助信息真实性进行查验,并及时、全面向社会公开相关信息。具体管理办法由国务院民政部门会同网信、工业和信息化等部门另行制定。

◆ **解读与适用**

本条是关于个人求助和个人求助网络服务平台的规定。

个人求助指的是自然人为了解决自己或者家庭的经济困难,向国家和社会请求帮助。个人求助是公民的权利,在个人或家庭遇到自身难以解决的困难时,既可以向国家(政府)请求帮助,也可以向社会请求帮助。

一、我国已经建立了较为系统的社会救助制度

党和国家高度重视对困难群众的救助。我国宪法第四十五条规定,中华人民共和国公民在年老、疾病或者丧失劳动能力的情况下,有从国家和社会获得物质帮助的权利。2014年,国务院颁发了《社会救助暂行办法》(以下简称《办法》),《办法》规定了最低生活保障、特困人员供养、受灾人员救助以及医疗救助、教育救助、住房救助、就业救助、临时救助等专项救助。《办法》明确,国务院民政部门统筹全国社会救助体系建设。国务院民政、卫生计生、教育、住房城乡建设、人力资源和社会保障等部门,按照各自职责负责相应的社会救助管理工作。县级以上地方人民政府民政、卫生计生、教育、住房城乡建设、人力资源和社会保障等部门,按照各自职责负责本行政区域内相应的社会救助管理工作。2020年8月,中共中央办公厅、国务院办公厅印发《关于改革完善社会救助制度的意见》(以下简称《意见》),《意见》指出,坚持以人民为中心的发展思想,按照"保基本、兜底线、救急难、可持续"的总体思路,以统筹救助资源、增强兜底功能、提升服务能力为重点,完善法规制度,健全体制机制,强化政策落实,不断增强困难群众的获得感、幸福感、安全感。《意见》从六个方面提出改革完善社会救助制度的重点工作,即建立健全分层分类的社会救助体

系、夯实基本生活救助、健全专项社会救助、完善急难社会救助、促进社会力量参与、深化"放管服"改革。《意见》要求,全面推行"一门受理、协同办理",乡镇(街道)经办机构统一受理社会救助申请,根据申请人困难情况、致贫原因,统筹考虑家庭人口结构、健康状况、劳动能力和劳动条件、刚性支出等因素,综合评估救助需求,提出综合实施社会救助措施的意见,并按照职责分工及时办理或转请县级相关职能部门办理。

个人因疾病等原因导致家庭经济困难寻求救助时,最可靠的途径是按照《办法》和《意见》,向乡镇(街道)经办机构提出救助申请。当然也可以通过网络等途径向社会求助。

二、修改后的慈善法将个人求助写入附则的背景

个人求助不同于慈善募捐,2016年通过的慈善法没有对个人求助作出规定。但近年来由于互联网的快速发展,个人因病通过网络求助的情形越来越多,并催生了许多开展网络求助服务的互联网平台型企业。有的大型平台几年来已有几百万人通过其平台筹集到数百亿元医疗救助金。这些平台的兴起,对于因病陷于贫困的患者向社会求助,筹集医疗费用,解决各类救助资源不足等问题发挥了积极作用。但随之而来的,是市场化大病求助模式带来的各种乱象,比如求助者虚构或夸大病情,通过文案宣传赚取"眼泪筹款";求助者隐瞒实际经济状况,个别多套房多辆车的人也在网络上求助筹款;个别求助平台发展所谓"志愿者""第三方机构"协助筹款,收取高额服务费,甚至出现雇用线下业务员在各地医院"扫楼"拉用户、争抢用户的乱象;更有甚者,不法分子通过大病求助实施诈骗;等等。这些情形扰乱了个人求助市场秩序,辜负了捐款人的爱心。个人求助虽然不属于慈善募捐,但社会公众对因病求助个人的资助行为具有慈善的性质,在公众认知中个人求助与慈善事业高度关联,个人求助数量暴增带来的乱象会挫伤人们的慈善热情,造成社会公众对慈善事业公信力的质疑,危害慈善事业的健康发展。针对这种现象,有关方面要求对个人网络求助加以规范的呼声越来越高。

三、修改后的慈善法对个人求助的规范

慈善法修改回应社会关切，在附则中新增一条，对求助者和个人求助网络服务平台作了规范。

（一）对求助人和信息发布人的规范。"个人因疾病等原因导致家庭经济困难，向社会发布求助信息的，求助人和信息发布人应当对信息真实性负责，不得通过虚构、隐瞒事实等方式骗取救助"。这里需要强调三点：一是因疾病等原因导致家庭经济困难是个人求助的前提条件。什么是"家庭经济困难"，目前还没有明确界定，通常而言，低保证明是比较充分的佐证，但不是唯一的佐证。二是向"社会发布求助信息"是指向社会不特定的人发布求助信息，在单位、社区、亲属内部发布求助信息不属于"向社会发布"，而通过媒体、社交软件发布求助信息则属于"向社会发布"。三是求助人和信息发布人应当对信息的真实性负责。信息发布人可能是求助人，还可能是求助人的亲戚朋友，也可能是有关组织或者平台。不管是谁发布，都应对信息的真实性负责，以虚构、隐瞒事实等方式骗取救助，要承担相应的法律责任。对于转发求助信息的个人和单位，也应尽可能地核实信息的真实性并在信息内容中注明"转发"，尽量避免虚假信息流传，误导公众。

（二）对个人求助平台的规范。慈善法第一百二十四条规定，从事个人求助网络服务的平台应当经国务院民政部门指定，对通过其发布的求助信息真实性进行查验，并及时、全面向社会公开相关信息。这一规定，一是明确要求平台应当经国务院民政部门指定的，不经国务院民政部门指定，在2024年9月5日修改决定施行以后，不得从事个人求助网络服务。二是明确了平台的服务职能，个人求助平台不仅仅是信息的交流传递，还应该承担服务责任，提供专业的信息服务、查询服务和资金监管服务等。三是明确了平台的信息查验和公开责任，对于通过平台发布的各类求助信息应该进行检查、验证、核实，并及时、全面向社会公开相关信息，接受公众监督。

（三）个人求助平台的具体管理办法授权国务院民政等部门另行制定。新修改的慈善法将个人求助放进"附则"中，是由于个人求助平台是新生

事物，商业性和公益性的界定还不够清晰，当前，网络信息技术的发展非常迅速，网络求助平台的类型、运营也比较复杂，目前难以在法律中作出具体规范。因此，法律授权国务院民政部门会同网信、工业和信息化等部门另行制定具体管理办法。

第一百二十五条 本法自 2016 年 9 月 1 日起施行。

◆ 解读与适用

本条是关于法律施行日期的规定。

法律的施行日期就是法律的生效时间。立法法第六十一条规定："法律应当明确规定施行日期。"明确施行日期是法律得到有效实施的必要前提。

我国法律关于施行日期的规定，主要有两种情况：一是规定在法律通过以后的一段时间才施行，即施行的日期晚于通过的日期。立法实践中这种情况较为常见。如 2012 年 12 月 28 日第十一届全国人大常委会第三十次会议修订通过的老年人权益保障法，其施行日期是 2013 年 7 月 1 日。二是规定法律自公布之日起施行。如 2015 年 7 月 1 日第十二届全国人大常委会第十五次会议通过的国家安全法第八十四条规定："本法自公布之日起施行。"

慈善法属于第一种情况，其通过与公布时间是 2016 年 3 月 16 日，施行时间是 2016 年 9 月 1 日，从公布到施行间隔近半年时间；全国人大常委会关于修改慈善法的决定通过与公布时间是 2023 年 12 月 29 日，施行时间是 2024 年 9 月 5 日，从公布到施行间隔超过 9 个月。这主要是为法律的顺利实施留出准备时间，做好充分的准备工作。

一是要理顺慈善法与现行相关法律、法规、规章、办法、规定等规范性文件的关系，处理好新制度与老办法的过渡与衔接。慈善法与同位阶的信托法、公益事业捐赠法等法律的关系，应遵循"新法优于旧法""特别法优于一般法"的原则适用；与相关行政法规、规章、办法、规定等的关系，应遵循"上位法优于下位法"的原则适用，与慈善法相冲突的，要予以废止或修改。比如，《基金会管理条例》《社会团体登记管理条例》《民办非企业单位登记管理暂行条例》三部行政法规，以及《慈善组织认定办法》《公开募捐管理办法》等规章，要根据新修改的慈善法的精神抓紧修改。

二是慈善法规定的一些措施制度需要配套规定具体化，有关部门应当抓紧制定有关配套文件。比如：慈善组织募捐成本管理办法、慈善信托公益支出和管理费用比例、个人求助网络服务平台管理办法，等等。当然，一部法律的施行，并不是要等所有配套规定出台后才能施行，通常情况是法律施行前先出台必不可少的，其他配套办法可在法律施行后陆续出台。

三是要做好慈善法的宣传普及工作。慈善法是慈善制度建设的综合性、基础性法律，涉及面宽，与自然人、法人和非法人组织都有关系。有关部门和社会各有关方面应当采取灵活多样、行之有效的方式，做好慈善法的学习宣传普及工作，努力做到家喻户晓、深入人心，为法律的实施创造良好条件。

另外，法律的时间效力问题，还涉及法律对其实施前的行为有无溯及力的问题。法律的溯及力，即溯及既往的效力，是指法律施行后对生效前的行为是否适用的效力，如果适用，就表明具有溯及力；如果不能适用，则说明没有溯及力，也就是所谓的"法不溯及既往"。我国的法律，除明确规定可溯及既往的情况之外，一般没有溯及力。慈善法对溯及力问题未作规定，可以认为本法没有溯及力，对于本法施行以前的行为，不适用本法的规定。

附录　265

附　录

中华人民共和国慈善法

（2016年3月16日第十二届全国人民代表大会第四次会议通过　根据2023年12月29日第十四届全国人民代表大会常务委员会第七次会议《关于修改〈中华人民共和国慈善法〉的决定》修正）

目　录

第一章　总　　则
第二章　慈善组织
第三章　慈善募捐
第四章　慈善捐赠
第五章　慈善信托
第六章　慈善财产
第七章　慈善服务
第八章　应急慈善
第九章　信息公开
第十章　促进措施
第十一章　监督管理
第十二章　法律责任
第十三章　附　　则

第一章　总　则

第一条　为了发展慈善事业，弘扬慈善文化，规范慈善活动，保护慈善组织、捐赠人、志愿者、受益人等慈善活动参与者的合法权益，促进社会进步，共享发展成果，制定本法。

第二条 自然人、法人和非法人组织开展慈善活动以及与慈善有关的活动，适用本法。其他法律有特别规定的，依照其规定。

第三条 本法所称慈善活动，是指自然人、法人和非法人组织以捐赠财产或者提供服务等方式，自愿开展的下列公益活动：

（一）扶贫、济困；

（二）扶老、救孤、恤病、助残、优抚；

（三）救助自然灾害、事故灾难和公共卫生事件等突发事件造成的损害；

（四）促进教育、科学、文化、卫生、体育等事业的发展；

（五）防治污染和其他公害，保护和改善生态环境；

（六）符合本法规定的其他公益活动。

第四条 慈善工作坚持中国共产党的领导。

开展慈善活动，应当遵循合法、自愿、诚信、非营利的原则，不得违背社会公德，不得危害国家安全、损害社会公共利益和他人合法权益。

第五条 国家鼓励和支持自然人、法人和非法人组织践行社会主义核心价值观，弘扬中华民族传统美德，依法开展慈善活动。

第六条 县级以上人民政府应当统筹、协调、督促和指导有关部门在各自职责范围内做好慈善事业的扶持发展和规范管理工作。

国务院民政部门主管全国慈善工作，县级以上地方各级人民政府民政部门主管本行政区域内的慈善工作；县级以上人民政府有关部门依照本法和其他有关法律法规，在各自的职责范围内做好相关工作，加强对慈善活动的监督、管理和服务；慈善组织有业务主管单位的，业务主管单位应当对其进行指导、监督。

第七条 每年9月5日为"中华慈善日"。

第二章 慈善组织

第八条 本法所称慈善组织，是指依法成立、符合本法规定，以面向社会开展慈善活动为宗旨的非营利性组织。

慈善组织可以采取基金会、社会团体、社会服务机构等组织形式。

第九条 慈善组织应当符合下列条件：

（一）以开展慈善活动为宗旨；

（二）不以营利为目的；

（三）有自己的名称和住所；

（四）有组织章程；

（五）有必要的财产；

（六）有符合条件的组织机构和负责人；

（七）法律、行政法规规定的其他条件。

第十条 设立慈善组织，应当向县级以上人民政府民政部门申请登记，民政部门应当自受理申请之日起三十日内作出决定。符合本法规定条件的，准予登记并向社会公告；不符合本法规定条件的，不予登记并书面说明理由。

已经设立的基金会、社会团体、社会服务机构等非营利性组织，可以向办理其登记的民政部门申请认定为慈善组织，民政部门应当自受理申请之日起二十日内作出决定。符合慈善组织条件的，予以认定并向社会公告；不符合慈善组织条件的，不予认定并书面说明理由。

有特殊情况需要延长登记或者认定期限的，报经国务院民政部门批准，可以适当延长，但延长的期限不得超过六十日。

第十一条 慈善组织的章程，应当符合法律法规的规定，并载明下列事项：

（一）名称和住所；

（二）组织形式；

（三）宗旨和活动范围；

（四）财产来源及构成；

（五）决策、执行机构的组成及职责；

（六）内部监督机制；

（七）财产管理使用制度；

（八）项目管理制度；

（九）终止情形及终止后的清算办法；

（十）其他重要事项。

第十二条　慈善组织应当根据法律法规以及章程的规定，建立健全内部治理结构，明确决策、执行、监督等方面的职责权限，开展慈善活动。

慈善组织应当执行国家统一的会计制度，依法进行会计核算，建立健全会计监督制度，并接受政府有关部门的监督管理。

第十三条　慈善组织应当每年向办理其登记的民政部门报送年度工作报告和财务会计报告。报告应当包括年度开展募捐和接受捐赠、慈善财产的管理使用、慈善项目实施、募捐成本、慈善组织工作人员工资福利以及与境外组织或者个人开展合作等情况。

第十四条　慈善组织的发起人、主要捐赠人以及管理人员，不得利用其关联关系损害慈善组织、受益人的利益和社会公共利益。

慈善组织的发起人、主要捐赠人以及管理人员与慈善组织发生交易行为的，不得参与慈善组织有关该交易行为的决策，有关交易情况应当向社会公开。

第十五条　慈善组织不得从事、资助危害国家安全和社会公共利益的活动，不得接受附加违反法律法规和违背社会公德条件的捐赠，不得对受益人附加违反法律法规和违背社会公德的条件。

第十六条　有下列情形之一的，不得担任慈善组织的负责人：

（一）无民事行为能力或者限制民事行为能力的；

（二）因故意犯罪被判处刑罚，自刑罚执行完毕之日起未逾五年的；

（三）在被吊销登记证书或者被取缔的组织担任负责人，自该组织被吊销登记证书或者被取缔之日起未逾五年的；

（四）法律、行政法规规定的其他情形。

第十七条　慈善组织有下列情形之一的，应当终止：

（一）出现章程规定的终止情形的；

（二）因分立、合并需要终止的；

（三）连续二年未从事慈善活动的；

（四）依法被撤销登记或者吊销登记证书的；

（五）法律、行政法规规定应当终止的其他情形。

第十八条　慈善组织终止，应当进行清算。

慈善组织的决策机构应当在本法第十七条规定的终止情形出现之日起

三十日内成立清算组进行清算，并向社会公告。不成立清算组或者清算组不履行职责的，办理其登记的民政部门可以申请人民法院指定有关人员组成清算组进行清算。

慈善组织清算后的剩余财产，应当按照慈善组织章程的规定转给宗旨相同或者相近的慈善组织；章程未规定的，由办理其登记的民政部门主持转给宗旨相同或者相近的慈善组织，并向社会公告。

慈善组织清算结束后，应当向办理其登记的民政部门办理注销登记，并由民政部门向社会公告。

第十九条 慈善组织依法成立行业组织。

慈善行业组织应当反映行业诉求，推动行业交流，提高慈善行业公信力，促进慈善事业发展。

第二十条 慈善组织的组织形式、登记管理的具体办法由国务院制定。

第三章　慈善募捐

第二十一条 本法所称慈善募捐，是指慈善组织基于慈善宗旨募集财产的活动。

慈善募捐，包括面向社会公众的公开募捐和面向特定对象的定向募捐。

第二十二条 慈善组织开展公开募捐，应当取得公开募捐资格。依法登记满一年的慈善组织，可以向办理其登记的民政部门申请公开募捐资格。民政部门应当自受理申请之日起二十日内作出决定。慈善组织符合内部治理结构健全、运作规范的条件的，发给公开募捐资格证书；不符合条件的，不发给公开募捐资格证书并书面说明理由。

其他法律、行政法规规定可以公开募捐的非营利性组织，由县级以上人民政府民政部门直接发给公开募捐资格证书。

第二十三条 开展公开募捐，可以采取下列方式：

（一）在公共场所设置募捐箱；

（二）举办面向社会公众的义演、义赛、义卖、义展、义拍、慈善晚会等；

（三）通过广播、电视、报刊、互联网等媒体发布募捐信息；

（四）其他公开募捐方式。

慈善组织采取前款第一项、第二项规定的方式开展公开募捐的，应当在办理其登记的民政部门管辖区域内进行，确有必要在办理其登记的民政部门管辖区域外进行的，应当报其开展募捐活动所在地的县级以上人民政府民政部门备案。捐赠人的捐赠行为不受地域限制。

第二十四条 开展公开募捐，应当制定募捐方案。募捐方案包括募捐目的、起止时间和地域、活动负责人姓名和办公地址、接受捐赠方式、银行账户、受益人、募得款物用途、募捐成本、剩余财产的处理等。

募捐方案应当在开展募捐活动前报慈善组织登记的民政部门备案。

第二十五条 开展公开募捐，应当在募捐活动现场或者募捐活动载体的显著位置，公布募捐组织名称、公开募捐资格证书、募捐方案、联系方式、募捐信息查询方法等。

第二十六条 不具有公开募捐资格的组织或者个人基于慈善目的，可以与具有公开募捐资格的慈善组织合作，由该慈善组织开展公开募捐，合作方不得以任何形式自行开展公开募捐。具有公开募捐资格的慈善组织应当对合作方进行评估，依法签订书面协议，在募捐方案中载明合作方的相关信息，并对合作方的相关行为进行指导和监督。

具有公开募捐资格的慈善组织负责对合作募得的款物进行管理和会计核算，将全部收支纳入其账户。

第二十七条 慈善组织通过互联网开展公开募捐的，应当在国务院民政部门指定的互联网公开募捐服务平台进行，并可以同时在其网站进行。

国务院民政部门指定的互联网公开募捐服务平台，提供公开募捐信息展示、捐赠支付、捐赠财产使用情况查询等服务；无正当理由不得拒绝为具有公开募捐资格的慈善组织提供服务，不得向其收费，不得在公开募捐信息页面插入商业广告和商业活动链接。

第二十八条 广播、电视、报刊以及网络服务提供者、电信运营商，应当对利用其平台开展公开募捐的慈善组织的登记证书、公开募捐资格证书进行验证。

第二十九条 慈善组织自登记之日起可以开展定向募捐。

慈善组织开展定向募捐，应当在发起人、理事会成员和会员等特定对象的范围内进行,并向募捐对象说明募捐目的、募得款物用途等事项。

第三十条　开展定向募捐,不得采取或者变相采取本法第二十三条规定的方式。

第三十一条　开展募捐活动,应当尊重和维护募捐对象的合法权益,保障募捐对象的知情权,不得通过虚构事实等方式欺骗、诱导募捐对象实施捐赠。

第三十二条　开展募捐活动,不得摊派或者变相摊派,不得妨碍公共秩序、企业生产经营和居民生活。

第三十三条　禁止任何组织或者个人假借慈善名义或者假冒慈善组织开展募捐活动,骗取财产。

第四章　慈善捐赠

第三十四条　本法所称慈善捐赠,是指自然人、法人和非法人组织基于慈善目的,自愿、无偿赠与财产的活动。

第三十五条　捐赠人可以通过慈善组织捐赠,也可以直接向受益人捐赠。

第三十六条　捐赠人捐赠的财产应当是其有权处分的合法财产。捐赠财产包括货币、实物、房屋、有价证券、股权、知识产权等有形和无形财产。

捐赠人捐赠的实物应当具有使用价值,符合安全、卫生、环保等标准。

捐赠人捐赠本企业产品的,应当依法承担产品质量责任和义务。

第三十七条　自然人、法人和非法人组织开展演出、比赛、销售、拍卖等经营性活动,承诺将全部或者部分所得用于慈善目的的,应当在举办活动前与慈善组织或者其他接受捐赠的人签订捐赠协议,活动结束后按照捐赠协议履行捐赠义务,并将捐赠情况向社会公开。

第三十八条　慈善组织接受捐赠,应当向捐赠人开具由财政部门统一监(印)制的捐赠票据。捐赠票据应当载明捐赠人、捐赠财产的种类及数量、慈善组织名称和经办人姓名、票据日期等。捐赠人匿名或者放弃接受捐赠票据的,慈善组织应当做好相关记录。

第三十九条 慈善组织接受捐赠，捐赠人要求签订书面捐赠协议的，慈善组织应当与捐赠人签订书面捐赠协议。

书面捐赠协议包括捐赠人和慈善组织名称、捐赠财产的种类、数量、质量、用途、交付时间等内容。

第四十条 捐赠人与慈善组织约定捐赠财产的用途和受益人时，不得指定或者变相指定捐赠人的利害关系人作为受益人。

任何组织和个人不得利用慈善捐赠违反法律规定宣传烟草制品，不得利用慈善捐赠以任何方式宣传法律禁止宣传的产品和事项。

第四十一条 捐赠人应当按照捐赠协议履行捐赠义务。捐赠人违反捐赠协议逾期未交付捐赠财产，有下列情形之一的，慈善组织或者其他接受捐赠的人可以要求交付；捐赠人拒不交付的，慈善组织和其他接受捐赠的人可以依法向人民法院申请支付令或者提起诉讼：

（一）捐赠人通过广播、电视、报刊、互联网等媒体公开承诺捐赠的；

（二）捐赠财产用于本法第三条第一项至第三项规定的慈善活动，并签订书面捐赠协议的。

捐赠人公开承诺捐赠或者签订书面捐赠协议后经济状况显著恶化，严重影响其生产经营或者家庭生活的，经向公开承诺捐赠地或者书面捐赠协议签订地的县级以上人民政府民政部门报告并向社会公开说明情况后，可以不再履行捐赠义务。

第四十二条 捐赠人有权查询、复制其捐赠财产管理使用的有关资料，慈善组织应当及时主动向捐赠人反馈有关情况。

慈善组织违反捐赠协议约定的用途，滥用捐赠财产的，捐赠人有权要求其改正；拒不改正的，捐赠人可以向县级以上人民政府民政部门投诉、举报或者向人民法院提起诉讼。

第四十三条 国有企业实施慈善捐赠应当遵守有关国有资产管理的规定，履行批准和备案程序。

第五章 慈 善 信 托

第四十四条 本法所称慈善信托属于公益信托，是指委托人基于慈善目的,依法将其财产委托给受托人,由受托人按照委托人意愿以受托人名义进行管理和处分,开展慈善活动的行为。

第四十五条 设立慈善信托、确定受托人和监察人,应当采取书面形式。受托人应当在慈善信托文件签订之日起七日内,将相关文件向受托人所在地县级以上人民政府民政部门备案。

未按照前款规定将相关文件报民政部门备案的,不享受税收优惠。

第四十六条 慈善信托的委托人不得指定或者变相指定其利害关系人作为受益人。

慈善信托的受托人确定受益人,应当坚持公开、公平、公正的原则,不得指定或者变相指定受托人及其工作人员的利害关系人作为受益人。

第四十七条 慈善信托的受托人,可以由委托人确定其信赖的慈善组织或者信托公司担任。

第四十八条 慈善信托的受托人违反信托义务或者难以履行职责的,委托人可以变更受托人。变更后的受托人应当自变更之日起七日内,将变更情况报原备案的民政部门重新备案。

第四十九条 慈善信托的受托人管理和处分信托财产,应当按照信托目的,恪尽职守,履行诚信、谨慎管理的义务。

慈善信托的受托人应当根据信托文件和委托人的要求,及时向委托人报告信托事务处理情况、信托财产管理使用情况。慈善信托的受托人应当每年至少一次将信托事务处理情况及财务状况向办理其备案的民政部门报告,并向社会公开。

第五十条 慈善信托的委托人根据需要,可以确定信托监察人。

信托监察人对受托人的行为进行监督,依法维护委托人和受益人的权益。信托监察人发现受托人违反信托义务或者难以履行职责的,应当向委托人报告,并有权以自己的名义向人民法院提起诉讼。

第五十一条 慈善信托的设立、信托财产的管理、信托当事人、信托的终止和清算等事项,本章未规定的,适用本法其他有关规定;本法未规定的,适用《中华人民共和国信托法》的有关规定。

第六章 慈善财产

第五十二条 慈善组织的财产包括：

（一）发起人捐赠、资助的创始财产；

（二）募集的财产；

（三）其他合法财产。

第五十三条 慈善组织的财产应当根据章程和捐赠协议的规定全部用于慈善目的，不得在发起人、捐赠人以及慈善组织成员中分配。

任何组织和个人不得私分、挪用、截留或者侵占慈善财产。

第五十四条 慈善组织对募集的财产，应当登记造册，严格管理，专款专用。

捐赠人捐赠的实物不易储存、运输或者难以直接用于慈善目的的，慈善组织可以依法拍卖或者变卖，所得收入扣除必要费用后，应当全部用于慈善目的。

第五十五条 慈善组织为实现财产保值、增值进行投资的，应当遵循合法、安全、有效的原则，投资取得的收益应当全部用于慈善目的。慈善组织的重大投资方案应当经决策机构组成人员三分之二以上同意。政府资助的财产和捐赠协议约定不得投资的财产，不得用于投资。慈善组织的负责人和工作人员不得在慈善组织投资的企业兼职或者领取报酬。

前款规定事项的具体办法，由国务院民政部门制定。

第五十六条 慈善组织开展慈善活动，应当依照法律法规和章程的规定，按照募捐方案或者捐赠协议使用捐赠财产。慈善组织确需变更募捐方案规定的捐赠财产用途的，应当报原备案的民政部门备案；确需变更捐赠协议约定的捐赠财产用途的，应当征得捐赠人同意。

第五十七条 慈善组织应当合理设计慈善项目，优化实施流程，降低运行成本，提高慈善财产使用效益。

慈善组织应当建立项目管理制度，对项目实施情况进行跟踪监督。

第五十八条 慈善项目终止后捐赠财产有剩余的，按照募捐方案或者捐赠协议处理；募捐方案未规定或者捐赠协议未约定的，慈善组织应当将剩余财产用于目的相同或者相近的其他慈善项目，并向社会公开。

第五十九条 慈善组织确定慈善受益人，应当坚持公开、公平、公正的原则，不得指定或者变相指定慈善组织管理人员的利害关系人作为受益人。

第六十条 慈善组织根据需要可以与受益人签订协议，明确双方权利义务，约定慈善财产的用途、数额和使用方式等内容。

受益人应当珍惜慈善资助，按照协议使用慈善财产。受益人未按照协议使用慈善财产或者有其他严重违反协议情形的，慈善组织有权要求其改正；受益人拒不改正的，慈善组织有权解除协议并要求受益人返还财产。

第六十一条 慈善组织应当积极开展慈善活动，遵循管理费用、募捐成本等最必要原则，厉行节约，减少不必要的开支，充分、高效运用慈善财产。具有公开募捐资格的基金会开展慈善活动的年度支出，不得低于上一年总收入的百分之七十或者前三年收入平均数额的百分之七十；年度管理费用不得超过当年总支出的百分之十；特殊情况下，年度支出和管理费用难以符合前述规定的，应当报告办理其登记的民政部门并向社会公开说明情况。

慈善组织开展慈善活动的年度支出、管理费用和募捐成本的标准由国务院民政部门会同财政、税务等部门制定。

捐赠协议对单项捐赠财产的慈善活动支出和管理费用有约定的，按照其约定。

慈善信托的年度支出和管理费用标准，由国务院民政部门会同财政、税务和金融监督管理等部门制定。

第七章 慈 善 服 务

第六十二条 本法所称慈善服务，是指慈善组织和其他组织以及个人基于慈善目的，向社会或者他人提供的志愿无偿服务以及其他非营利服务。

慈善组织开展慈善服务，可以自己提供或者招募志愿者提供，也可以委托有服务专长的其他组织提供。

第六十三条 开展慈善服务，应当尊重受益人、志愿者的人格尊严，不得侵害受益人、志愿者的隐私。

第六十四条 开展医疗康复、教育培训等慈善服务，需要专门技能的，应当执行国家或者行业组织制定的标准和规程。

慈善组织招募志愿者参与慈善服务，需要专门技能的，应当对志愿者开展相关培训。

第六十五条 慈善组织招募志愿者参与慈善服务，应当公示与慈善服务有关的全部信息，告知服务过程中可能发生的风险。

慈善组织根据需要可以与志愿者签订协议，明确双方权利义务，约定服务的内容、方式和时间等。

第六十六条 慈善组织应当对志愿者实名登记，记录志愿者的服务时间、内容、评价等信息。根据志愿者的要求，慈善组织应当无偿、如实出具志愿服务记录证明。

第六十七条 慈善组织安排志愿者参与慈善服务，应当与志愿者的年龄、文化程度、技能和身体状况相适应。

第六十八条 志愿者接受慈善组织安排参与慈善服务的，应当服从管理，接受必要的培训。

第六十九条 慈善组织应当为志愿者参与慈善服务提供必要条件，保障志愿者的合法权益。

慈善组织安排志愿者参与可能发生人身危险的慈善服务前，应当为志愿者购买相应的人身意外伤害保险。

第八章 应急慈善

第七十条 发生重大突发事件需要迅速开展救助时，履行统一领导职责或者组织处置突发事件的人民政府应当依法建立协调机制，明确专门机构、人员，提供需求信息，及时有序引导慈善组织、志愿者等社会力量开展募捐和救助活动。

第七十一条 国家鼓励慈善组织、慈善行业组织建立应急机制，加强信息共享、协商合作，提高慈善组织运行和慈善资源使用的效率。

在发生重大突发事件时，鼓励慈善组织、志愿者等在有关人民政府的协调引导下依法开展或者参与慈善活动。

第七十二条 为应对重大突发事件开展公开募捐的，应当及时分配或者使用募得款物，在应急处置与救援阶段至少每五日公开一次募得款物的接收情况，及时公开分配、使用情况。

第七十三条 为应对重大突发事件开展公开募捐，无法在募捐活动前办理募捐方案备案的，应当在活动开始后十日内补办备案手续。

第七十四条 县级以上人民政府及其有关部门应当为捐赠款物分配送达提供便利条件。乡级人民政府、街道办事处和村民委员会、居民委员会，应当为捐赠款物分配送达、信息统计等提供力所能及的帮助。

第九章 信 息 公 开

第七十五条 国家建立健全慈善信息统计和发布制度。

国务院民政部门建立健全统一的慈善信息平台，免费提供慈善信息发布服务。

县级以上人民政府民政部门应当在前款规定的平台及时向社会公开慈善信息。

慈善组织和慈善信托的受托人应当在本条第二款规定的平台发布慈善信息，并对信息的真实性负责。

第七十六条 县级以上人民政府民政部门和其他有关部门应当及时向社会公开下列慈善信息：

（一）慈善组织登记事项；

（二）慈善信托备案事项；

（三）具有公开募捐资格的慈善组织名单；

（四）具有出具公益性捐赠税前扣除票据资格的慈善组织名单；

（五）对慈善活动的税收优惠、资助补贴等促进措施；

（六）向慈善组织购买服务的信息；

（七）对慈善组织、慈善信托开展检查、评估的结果；

（八）对慈善组织和其他组织以及个人的表彰、处罚结果；

（九）法律法规规定应当公开的其他信息。

第七十七条 慈善组织、慈善信托的受托人应当依法履行信息公开义务。信息公开应当真实、完整、及时。

第七十八条 慈善组织应当向社会公开组织章程和决策、执行、监督机构成员信息以及国务院民政部门要求公开的其他信息。上述信息有重大变更的，慈善组织应当及时向社会公开。

慈善组织应当每年向社会公开其年度工作报告和财务会计报告。具有公开募捐资格的慈善组织的财务会计报告须经审计。

第七十九条 具有公开募捐资格的慈善组织应当定期向社会公开其募捐情况和慈善项目实施情况。

公开募捐周期超过六个月的，至少每三个月公开一次募捐情况，公开募捐活动结束后三个月内应当全面、详细公开募捐情况。

慈善项目实施周期超过六个月的，至少每三个月公开一次项目实施情况，项目结束后三个月内应当全面、详细公开项目实施情况和募得款物使用情况。

第八十条 慈善组织开展定向募捐的，应当及时向捐赠人告知募捐情况、募得款物的管理使用情况。

第八十一条 慈善组织、慈善信托的受托人应当向受益人告知其资助标准、工作流程和工作规范等信息。

第八十二条 涉及国家秘密、商业秘密、个人隐私的信息以及捐赠人、慈善信托的委托人不同意公开的姓名、名称、住所、通讯方式等信息，不得公开。

第十章 促进措施

第八十三条 县级以上人民政府应当将慈善事业纳入国民经济和社会发展规划，制定促进慈善事业发展的政策和措施。

县级以上人民政府有关部门应当在各自职责范围内，向慈善组织、慈善信托受托人等提供慈善需求信息，为慈善活动提供指导和帮助。

第八十四条 县级以上人民政府民政部门应当建立与其他部门之间的慈善信息共享机制。

第八十五条 国家鼓励、引导、支持有意愿有能力的自然人、法人和非法人组织积极参与慈善事业。

国家对慈善事业实施税收优惠政策,具体办法由国务院财政、税务部门会同民政部门依照税收法律、行政法规的规定制定。

第八十六条 慈善组织及其取得的收入依法享受税收优惠。

第八十七条 自然人、法人和非法人组织捐赠财产用于慈善活动的,依法享受税收优惠。企业慈善捐赠支出超过法律规定的准予在计算企业所得税应纳税所得额时当年扣除的部分,允许结转以后三年内在计算应纳税所得额时扣除。

境外捐赠用于慈善活动的物资,依法减征或者免征进口关税和进口环节增值税。

第八十八条 自然人、法人和非法人组织设立慈善信托开展慈善活动的,依法享受税收优惠。

第八十九条 受益人接受慈善捐赠,依法享受税收优惠。

第九十条 慈善组织、捐赠人、受益人依法享受税收优惠的,有关部门应当及时办理相关手续。

第九十一条 捐赠人向慈善组织捐赠实物、有价证券、股权和知识产权的,依法免征权利转让的相关行政事业性费用。

第九十二条 国家对开展扶贫济困、参与重大突发事件应对、参与重大国家战略的慈善活动,实行特殊的优惠政策。

第九十三条 慈善组织开展本法第三条第一项、第二项规定的慈善活动需要慈善服务设施用地的,可以依法申请使用国有划拨土地或者农村集体建设用地。慈善服务设施用地非经法定程序不得改变用途。

第九十四条 国家为慈善事业提供金融政策支持,鼓励金融机构为慈善组织、慈善信托提供融资和结算等金融服务。

第九十五条 各级人民政府及其有关部门可以依法通过购买服务等方式,支持符合条件的慈善组织向社会提供服务,并依照有关政府采购的法律法规向社会公开相关情况。

国家鼓励在慈善领域应用现代信息技术;鼓励社会力量通过公益创投、孵化培育、人员培训、项目指导等方式,为慈善组织提供资金支持和能力建设服务。

第九十六条 国家鼓励有条件的地方设立社区慈善组织，加强社区志愿者队伍建设，发展社区慈善事业。

第九十七条 国家采取措施弘扬慈善文化，培育公民慈善意识。

学校等教育机构应当将慈善文化纳入教育教学内容。国家鼓励高等学校培养慈善专业人才，支持高等学校和科研机构开展慈善理论研究。

广播、电视、报刊、互联网等媒体应当积极开展慈善公益宣传活动，普及慈善知识，传播慈善文化。

第九十八条 国家鼓励企业事业单位和其他组织为开展慈善活动提供场所和其他便利条件。

第九十九条 经受益人同意，捐赠人对其捐赠的慈善项目可以冠名纪念，法律法规规定需要批准的，从其规定。

第一百条 国家建立慈善表彰制度，对在慈善事业发展中做出突出贡献的自然人、法人和非法人组织，由县级以上人民政府或者有关部门予以表彰。

第一百零一条 县级以上人民政府民政等有关部门将慈善捐赠、志愿服务记录等信息纳入相关主体信用记录，健全信用激励制度。

第一百零二条 国家鼓励开展慈善国际交流与合作。

慈善组织接受境外慈善捐赠、与境外组织或者个人合作开展慈善活动的，根据国家有关规定履行批准、备案程序。

第十一章 监督管理

第一百零三条 县级以上人民政府民政部门应当依法履行职责，对慈善活动进行监督检查，对慈善行业组织进行指导。

第一百零四条 县级以上人民政府民政部门对涉嫌违反本法规定的慈善组织、慈善信托的受托人，有权采取下列措施：

（一）对慈善组织、慈善信托的受托人的住所和慈善活动发生地进行现场检查；

（二）要求慈善组织、慈善信托的受托人作出说明，查阅、复制有关

资料;

（三）向与慈善活动有关的单位和个人调查与监督管理有关的情况;

（四）经本级人民政府批准,可以查询慈善组织的金融账户;

（五）法律、行政法规规定的其他措施。

慈善组织、慈善信托的受托人涉嫌违反本法规定的,县级以上人民政府民政部门可以对有关负责人进行约谈,要求其说明情况、提出改进措施。

其他慈善活动参与者涉嫌违反本法规定的,县级以上人民政府民政部门可以会同有关部门调查和处理。

第一百零五条 县级以上人民政府民政部门对慈善组织、有关单位和个人进行检查或者调查时,检查人员或者调查人员不得少于二人,并应当出示合法证件和检查、调查通知书。

第一百零六条 县级以上人民政府民政部门应当建立慈善组织及其负责人、慈善信托的受托人信用记录制度,并向社会公布。

县级以上人民政府民政部门应当建立慈善组织评估制度,鼓励和支持第三方机构对慈善组织的内部治理、财务状况、项目开展情况以及信息公开等进行评估,并向社会公布评估结果。

第一百零七条 慈善行业组织应当建立健全行业规范,加强行业自律。

第一百零八条 任何单位和个人发现慈善组织、慈善信托有违法行为的,可以向县级以上人民政府民政部门、其他有关部门或者慈善行业组织投诉、举报。民政部门、其他有关部门或者慈善行业组织接到投诉、举报后,应当及时调查处理。

国家鼓励公众、媒体对慈善活动进行监督,对假借慈善名义或者假冒慈善组织骗取财产以及慈善组织、慈善信托的违法违规行为予以曝光,发挥舆论和社会监督作用。

第十二章　法　律　责　任

第一百零九条 慈善组织有下列情形之一的,由县级以上人民政府民政部门责令限期改正,予以警告或者责令限期停止活动,并没收违法所得;情节严重的,吊销登记证书并予以公告:

（一）未按照慈善宗旨开展活动的；

（二）私分、挪用、截留或者侵占慈善财产的；

（三）接受附加违反法律法规或者违背社会公德条件的捐赠，或者对受益人附加违反法律法规或者违背社会公德的条件的。

第一百一十条 慈善组织有下列情形之一的，由县级以上人民政府民政部门责令限期改正，予以警告，并没收违法所得；逾期不改正的，责令限期停止活动并进行整改：

（一）违反本法第十四条规定造成慈善财产损失的；

（二）指定或者变相指定捐赠人、慈善组织管理人员的利害关系人作为受益人的；

（三）将不得用于投资的财产用于投资的；

（四）擅自改变捐赠财产用途的；

（五）因管理不善造成慈善财产重大损失的；

（六）开展慈善活动的年度支出、管理费用或者募捐成本违反规定的；

（七）未依法履行信息公开义务的；

（八）未依法报送年度工作报告、财务会计报告或者报备募捐方案的；

（九）泄露捐赠人、志愿者、受益人个人隐私以及捐赠人、慈善信托的委托人不同意公开的姓名、名称、住所、通讯方式等信息的。

慈善组织违反本法规定泄露国家秘密、商业秘密的，依照有关法律的规定予以处罚。

慈善组织有前两款规定的情形，经依法处理后一年内再出现前款规定的情形，或者有其他情节严重情形的，由县级以上人民政府民政部门吊销登记证书并予以公告。

第一百一十一条 慈善组织开展募捐活动有下列情形之一的，由县级以上人民政府民政部门予以警告，责令停止募捐活动；责令退还违法募集的财产，无法退还的，由民政部门予以收缴，转给其他慈善组织用于慈善目的；情节严重的，吊销公开募捐资格证书或者登记证书并予以公告，公开募捐资格证书被吊销的，五年内不得再次申请：

（一）通过虚构事实等方式欺骗、诱导募捐对象实施捐赠的；

（二）向单位或者个人摊派或者变相摊派的；

（三）妨碍公共秩序、企业生产经营或者居民生活的；

（四）与不具有公开募捐资格的组织或者个人合作，违反本法第二十六条规定的；

（五）通过互联网开展公开募捐，违反本法第二十七条规定的；

（六）为应对重大突发事件开展公开募捐，不及时分配、使用募得款物的。

第一百一十二条　慈善组织有本法第一百零九条、第一百一十条、第一百一十一条规定情形的，由县级以上人民政府民政部门对直接负责的主管人员和其他直接责任人员处二万元以上二十万元以下罚款，并没收违法所得；情节严重的，禁止其一年至五年内担任慈善组织的管理人员。

第一百一十三条　不具有公开募捐资格的组织或者个人擅自开展公开募捐的，由县级以上人民政府民政部门予以警告，责令停止募捐活动；责令退还违法募集的财产，无法退还的，由民政部门予以收缴，转给慈善组织用于慈善目的；情节严重的，对有关组织或者个人处二万元以上二十万元以下罚款。

自然人、法人或者非法人组织假借慈善名义或者假冒慈善组织骗取财产的，由公安机关依法查处。

第一百一十四条　互联网公开募捐服务平台违反本法第二十七条规定的，由省级以上人民政府民政部门责令限期改正；逾期不改正的，由国务院民政部门取消指定。

未经指定的互联网信息服务提供者擅自提供互联网公开募捐服务的，由县级以上人民政府民政部门责令限期改正；逾期不改正的，由县级以上人民政府民政部门会同网信、工业和信息化部门依法进行处理。

广播、电视、报刊以及网络服务提供者、电信运营商未依法履行验证义务的，由其主管部门责令限期改正，予以警告；逾期不改正的，予以通报批评。

第一百一十五条　慈善组织不依法向捐赠人开具捐赠票据、不依法向志愿者出具志愿服务记录证明或者不及时主动向捐赠人反馈有关情况的，由县级以上人民政府民政部门予以警告，责令限期改正；逾期不改正的，责令限期停止活动。

第一百一十六条　慈善组织弄虚作假骗取税收优惠的，由税务机关依法查处；情节严重的，由县级以上人民政府民政部门吊销登记证书并予以公告。

第一百一十七条　慈善组织从事、资助危害国家安全或者社会公共利益活动的，由有关机关依法查处，由县级以上人民政府民政部门吊销登记证书并予以公告。

第一百一十八条　慈善信托的委托人、受托人有下列情形之一的，由县级以上人民政府民政部门责令限期改正，予以警告，并没收违法所得；对直接负责的主管人员和其他直接责任人员处二万元以上二十万元以下罚款：

（一）将信托财产及其收益用于非慈善目的的；

（二）指定或者变相指定委托人、受托人及其工作人员的利害关系人作为受益人的；

（三）未按照规定将信托事务处理情况及财务状况向民政部门报告的；

（四）违反慈善信托的年度支出或者管理费用标准的；

（五）未依法履行信息公开义务的。

第一百一十九条　慈善服务过程中，因慈善组织或者志愿者过错造成受益人、第三人损害的，慈善组织依法承担赔偿责任；损害是由志愿者故意或者重大过失造成的，慈善组织可以向其追偿。

志愿者在参与慈善服务过程中，因慈善组织过错受到损害的，慈善组织依法承担赔偿责任；损害是由不可抗力造成的，慈善组织应当给予适当补偿。

第一百二十条　县级以上人民政府民政部门和其他有关部门及其工作人员有下列情形之一的，由上级机关或者监察机关责令改正；依法应当给予处分的，由任免机关或者监察机关对直接负责的主管人员和其他直接责任人员给予处分：

（一）未依法履行信息公开义务的；

（二）摊派或者变相摊派捐赠任务，强行指定志愿者、慈善组织提供服务的；

（三）未依法履行监督管理职责的；

（四）违法实施行政强制措施和行政处罚的；

（五）私分、挪用、截留或者侵占慈善财产的；

（六）其他滥用职权、玩忽职守、徇私舞弊的行为。

第一百二十一条　违反本法规定，构成违反治安管理行为的，由公安机关依法给予治安管理处罚；构成犯罪的，依法追究刑事责任。

第十三章　附　　则

第一百二十二条　城乡社区组织、单位可以在本社区、单位内部开展群众性互助互济活动。

第一百二十三条　慈善组织以外的其他组织可以开展力所能及的慈善活动。

第一百二十四条　个人因疾病等原因导致家庭经济困难，向社会发布求助信息的，求助人和信息发布人应当对信息真实性负责，不得通过虚构、隐瞒事实等方式骗取救助。

从事个人求助网络服务的平台应当经国务院民政部门指定，对通过其发布的求助信息真实性进行查验，并及时、全面向社会公开相关信息。具体管理办法由国务院民政部门会同网信、工业和信息化等部门另行制定。

第一百二十五条　本法自2016年9月1日起施行。

全国人民代表大会常务委员会
关于修改《中华人民共和国慈善法》的决定

（2023年12月29日第十四届全国人民代表大会常务委员会第七次会议通过）

第十四届全国人民代表大会常务委员会第七次会议决定对《中华人民共和国慈善法》作如下修改：

一、第四条增加一款，作为第一款："慈善工作坚持中国共产党的领导。"

二、将第六条修改为："县级以上人民政府应当统筹、协调、督促和指导有关部门在各自职责范围内做好慈善事业的扶持发展和规范管理工作。

"国务院民政部门主管全国慈善工作，县级以上地方各级人民政府民政部门主管本行政区域内的慈善工作；县级以上人民政府有关部门依照本法和其他有关法律法规，在各自的职责范围内做好相关工作，加强对慈善活动的监督、管理和服务；慈善组织有业务主管单位的，业务主管单位应当对其进行指导、监督。"

三、将第十条第二款修改为："已经设立的基金会、社会团体、社会服务机构等非营利性组织，可以向办理其登记的民政部门申请认定为慈善组织，民政部门应当自受理申请之日起二十日内作出决定。符合慈善组织条件的，予以认定并向社会公告；不符合慈善组织条件的，不予认定并书面说明理由。"

四、将第十三条修改为："慈善组织应当每年向办理其登记的民政部门报送年度工作报告和财务会计报告。报告应当包括年度开展募捐和接受捐赠、慈善财产的管理使用、慈善项目实施、募捐成本、慈善组织工作人员工资福利以及与境外组织或者个人开展合作等情况。"

五、将第二十二条修改为："慈善组织开展公开募捐，应当取得公开募捐资格。依法登记满一年的慈善组织，可以向办理其登记的民政部门申请公开募捐资格。民政部门应当自受理申请之日起二十日内作出决定。慈善组织符合内部治理结构健全、运作规范的条件的，发给公开募捐资格证书；不符合条件的，不发给公开募捐资格证书并书面说明理由。

"其他法律、行政法规规定可以公开募捐的非营利性组织，由县级以上人民政府民政部门直接发给公开募捐资格证书。"

六、将第二十六条修改为："不具有公开募捐资格的组织或者个人基于慈善目的，可以与具有公开募捐资格的慈善组织合作，由该慈善组织开展公开募捐，合作方不得以任何形式自行开展公开募捐。具有公开募捐资格的慈善组织应当对合作方进行评估，依法签订书面协议，在募捐方案中载明合作方的相关信息，并对合作方的相关行为进行指导和监督。

"具有公开募捐资格的慈善组织负责对合作募得的款物进行管理和会计核算，将全部收支纳入其账户。"

七、将第二十三条第三款改为第二十七条，修改为："慈善组织通过互联网开展公开募捐的，应当在国务院民政部门指定的互联网公开募捐服务平台进行，并可以同时在其网站进行。

"国务院民政部门指定的互联网公开募捐服务平台，提供公开募捐信息展示、捐赠支付、捐赠财产使用情况查询等服务；无正当理由不得拒绝为具有公开募捐资格的慈善组织提供服务，不得向其收费，不得在公开募捐信息页面插入商业广告和商业活动链接。"

八、增加一条，作为第四十六条："慈善信托的委托人不得指定或者变相指定其利害关系人作为受益人。

"慈善信托的受托人确定受益人，应当坚持公开、公平、公正的原则，不得指定或者变相指定受托人及其工作人员的利害关系人作为受益人。"

九、将第六十条改为第六十一条，修改为："慈善组织应当积极开展慈善活动，遵循管理费用、募捐成本等最必要原则，厉行节约，减少不必要的开支，充分、高效运用慈善财产。具有公开募捐资格的基金会开展慈善活动的年度支出，不得低于上一年总收入的百分之七十或者前三年收入平均数额的百分之七十；年度管理费用不得超过当年总支出的百分之十；特殊情况下，年度支出和管理费用难以符合前述规定的，应当报告办理其登记的民政部门并向社会公开说明情况。

"慈善组织开展慈善活动的年度支出、管理费用和募捐成本的标准由国务院民政部门会同财政、税务等部门制定。

"捐赠协议对单项捐赠财产的慈善活动支出和管理费用有约定的，按照其约定。

"慈善信托的年度支出和管理费用标准，由国务院民政部门会同财政、税务和金融监督管理等部门制定。"

十、在第七章后增加一章，作为第八章"应急慈善"；对第三十条进行修改，作为第七十条；增加四条，分别作为第七十一条至第七十四条。内容如下：

"第八章　应急慈善

"第七十条　发生重大突发事件需要迅速开展救助时，履行统一领导职责或者组织处置突发事件的人民政府应当依法建立协调机制，明确专门机构、人员，提供需求信息，及时有序引导慈善组织、志愿者等社会力量开展募捐和救助活动。

"第七十一条　国家鼓励慈善组织、慈善行业组织建立应急机制，加强信息共享、协商合作，提高慈善组织运行和慈善资源使用的效率。

"在发生重大突发事件时，鼓励慈善组织、志愿者等在有关人民政府的协调引导下依法开展或者参与慈善活动。

"第七十二条　为应对重大突发事件开展公开募捐的，应当及时分配或者使用募得款物，在应急处置与救援阶段至少每五日公开一次募得款物的接收情况，及时公开分配、使用情况。

"第七十三条　为应对重大突发事件开展公开募捐，无法在募捐活动前办理募捐方案备案的，应当在活动开始后十日内补办备案手续。

"第七十四条　县级以上人民政府及其有关部门应当为捐赠款物分配送达提供便利条件。乡级人民政府、街道办事处和村民委员会、居民委员会，应当为捐赠款物分配送达、信息统计等提供力所能及的帮助。"

十一、将第六十九条改为第七十五条，修改为："国家建立健全慈善信息统计和发布制度。

"国务院民政部门建立健全统一的慈善信息平台，免费提供慈善信息发布服务。

"县级以上人民政府民政部门应当在前款规定的平台及时向社会公开慈善信息。

"慈善组织和慈善信托的受托人应当在本条第二款规定的平台发布慈善信息，并对信息的真实性负责。"

十二、将第七十三条改为第七十九条，修改为："具有公开募捐资格的慈善组织应当定期向社会公开其募捐情况和慈善项目实施情况。

"公开募捐周期超过六个月的，至少每三个月公开一次募捐情况，公开募捐活动结束后三个月内应当全面、详细公开募捐情况。

"慈善项目实施周期超过六个月的，至少每三个月公开一次项目实施情况，项目结束后三个月内应当全面、详细公开项目实施情况和募得款物使用情况。"

十三、将第七十七条改为第八十三条，第一款修改为："县级以上人民政府应当将慈善事业纳入国民经济和社会发展规划,制定促进慈善事业发展的政策和措施。"

十四、增加一条,作为第八十五条:"国家鼓励、引导、支持有意愿有能力的自然人、法人和非法人组织积极参与慈善事业。

"国家对慈善事业实施税收优惠政策,具体办法由国务院财政、税务部门会同民政部门依照税收法律、行政法规的规定制定。"

十五、增加一条,作为第八十八条:"自然人、法人和非法人组织设立慈善信托开展慈善活动的,依法享受税收优惠。"

十六、将第八十四条改为第九十二条,修改为:"国家对开展扶贫济困、参与重大突发事件应对、参与重大国家战略的慈善活动,实行特殊的优惠政策。"

十七、将第八十七条改为第九十五条,增加一款,作为第二款:"国家鼓励在慈善领域应用现代信息技术;鼓励社会力量通过公益创投、孵化培育、人员培训、项目指导等方式,为慈善组织提供资金支持和能力建设服务。"

十八、增加一条,作为第九十六条:"国家鼓励有条件的地方设立社区慈善组织,加强社区志愿者队伍建设,发展社区慈善事业。"

十九、增加一条,作为第一百零一条:"县级以上人民政府民政等有关部门将慈善捐赠、志愿服务记录等信息纳入相关主体信用记录,健全信用激励制度。"

二十、增加一条,作为第一百零二条:"国家鼓励开展慈善国际交流与合作。

"慈善组织接受境外慈善捐赠、与境外组织或者个人合作开展慈善活动的,根据国家有关规定履行批准、备案程序。"

二十一、将第九十三条改为第一百零四条,修改为:"县级以上人民政府民政部门对涉嫌违反本法规定的慈善组织、慈善信托的受托人,有权采取下列措施:

"(一)对慈善组织、慈善信托的受托人的住所和慈善活动发生地进行现场检查;

"(二)要求慈善组织、慈善信托的受托人作出说明,查阅、复制有关资料；

"（三）向与慈善活动有关的单位和个人调查与监督管理有关的情况；

"（四）经本级人民政府批准，可以查询慈善组织的金融账户；

"（五）法律、行政法规规定的其他措施。

"慈善组织、慈善信托的受托人涉嫌违反本法规定的，县级以上人民政府民政部门可以对有关负责人进行约谈，要求其说明情况、提出改进措施。

"其他慈善活动参与者涉嫌违反本法规定的，县级以上人民政府民政部门可以会同有关部门调查和处理。"

二十二、将第九十五条改为第一百零六条，修改为："县级以上人民政府民政部门应当建立慈善组织及其负责人、慈善信托的受托人信用记录制度，并向社会公布。

"县级以上人民政府民政部门应当建立慈善组织评估制度，鼓励和支持第三方机构对慈善组织的内部治理、财务状况、项目开展情况以及信息公开等进行评估，并向社会公布评估结果。"

二十三、将第九十八条改为第一百零九条，修改为："慈善组织有下列情形之一的，由县级以上人民政府民政部门责令限期改正，予以警告或者责令限期停止活动，并没收违法所得；情节严重的，吊销登记证书并予以公告：

"（一）未按照慈善宗旨开展活动的；

"（二）私分、挪用、截留或者侵占慈善财产的；

"（三）接受附加违反法律法规或者违背社会公德条件的捐赠，或者对受益人附加违反法律法规或者违背社会公德的条件的。"

二十四、将第九十九条改为第一百一十条，修改为："慈善组织有下列情形之一的，由县级以上人民政府民政部门责令限期改正，予以警告，并没收违法所得；逾期不改正的，责令限期停止活动并进行整改：

"（一）违反本法第十四条规定造成慈善财产损失的；

"（二）指定或者变相指定捐赠人、慈善组织管理人员的利害关系人作为受益人的；

"（三）将不得用于投资的财产用于投资的；

"（四）擅自改变捐赠财产用途的；

"（五）因管理不善造成慈善财产重大损失的；

"（六）开展慈善活动的年度支出、管理费用或者募捐成本违反规定的；

"（七）未依法履行信息公开义务的；

"（八）未依法报送年度工作报告、财务会计报告或者报备募捐方案的；

"（九）泄露捐赠人、志愿者、受益人个人隐私以及捐赠人、慈善信托的委托人不同意公开的姓名、名称、住所、通讯方式等信息的。

"慈善组织违反本法规定泄露国家秘密、商业秘密的，依照有关法律的规定予以处罚。

"慈善组织有前两款规定的情形，经依法处理后一年内再出现前款规定的情形，或者有其他情节严重情形的，由县级以上人民政府民政部门吊销登记证书并予以公告。"

二十五、将第一百零一条第一款改为第一百一十一条，修改为："慈善组织开展募捐活动有下列情形之一的，由县级以上人民政府民政部门予以警告，责令停止募捐活动；责令退还违法募集的财产，无法退还的，由民政部门予以收缴，转给其他慈善组织用于慈善目的；情节严重的，吊销公开募捐资格证书或者登记证书并予以公告。公开募捐资格证书被吊销的，五年内不得再次申请：

"（一）通过虚构事实等方式欺骗、诱导募捐对象实施捐赠的；

"（二）向单位或者个人摊派或者变相摊派的；

"（三）妨碍公共秩序、企业生产经营或者居民生活的；

"（四）与不具有公开募捐资格的组织或者个人合作，违反本法第二十六条规定的；

"（五）通过互联网开展公开募捐，违反本法第二十七条规定的；

"（六）为应对重大突发事件开展公开募捐，不及时分配、使用募得款物的。"

二十六、将第一百条改为第一百一十二条，修改为："慈善组织有本法第一百零九条、第一百一十条、第一百一十一条规定情形的，由县级以上人民政府民政部门对直接负责的主管人员和其他直接责任人员处二万元以上二十万元以下罚款,并没收违法所得;情节严重的,禁止其一年至五年内担任慈善组织的管理人员。"

二十七、将第一百零七条改为第一百一十三条,修改为:"不具有公开募捐资格的组织或者个人擅自开展公开募捐的,由县级以上人民政府民政部门予以警告,责令停止募捐活动;责令退还违法募集的财产,无法退还的,由民政部门予以收缴,转给慈善组织用于慈善目的;情节严重的,对有关组织或者个人处二万元以上二十万元以下罚款。

"自然人、法人或者非法人组织假借慈善名义或者假冒慈善组织骗取财产的,由公安机关依法查处。"

二十八、将第一百零一条第二款改为第一百一十四条,修改为:"互联网公开募捐服务平台违反本法第二十七条规定的,由省级以上人民政府民政部门责令限期改正;逾期不改正的,由国务院民政部门取消指定。

"未经指定的互联网信息服务提供者擅自提供互联网公开募捐服务的,由县级以上人民政府民政部门责令限期改正;逾期不改正的,由县级以上人民政府民政部门会同网信、工业和信息化部门依法进行处理。

"广播、电视、报刊以及网络服务提供者、电信运营商未依法履行验证义务的,由其主管部门责令限期改正,予以警告;逾期不改正的,予以通报批评。"

二十九、将第一百零五条改为第一百一十八条,修改为:"慈善信托的委托人、受托人有下列情形之一的,由县级以上人民政府民政部门责令限期改正,予以警告,并没收违法所得;对直接负责的主管人员和其他直接责任人员处二万元以上二十万元以下罚款:

"(一)将信托财产及其收益用于非慈善目的的;

"(二)指定或者变相指定委托人、受托人及其工作人员的利害关系人作为受益人的;

"(三)未按照规定将信托事务处理情况及财务状况向民政部门报告的;

"(四)违反慈善信托的年度支出或者管理费用标准的;

"(五)未依法履行信息公开义务的。"

三十、增加一条,作为第一百二十四条:"个人因疾病等原因导致家庭经济困难，向社会发布求助信息的，求助人和信息发布人应当对信息真实性负责，不得通过虚构、隐瞒事实等方式骗取救助。

"从事个人求助网络服务的平台应当经国务院民政部门指定，对通过其发布的求助信息真实性进行查验，并及时、全面向社会公开相关信息。具体管理办法由国务院民政部门会同网信、工业和信息化等部门另行制定。"

三十一、对部分条文中的有关表述作以下修改：

（一）将第二条、第三条、第五条、第三十四条、第三十七条、第八十条第一款、第九十一条中的"其他组织"修改为"非法人组织"。

（二）在第十八条第二款、第三款中的"民政部门"前增加"办理其登记的"；在第十八条第四款、第二十三条第二款中的"其登记的民政部门"前增加"办理"；在第四十一条第二款、第四十二条第二款、第九十七条第一款第一句、第一百零二条、第一百零三条、第一百零四条中的"民政部门"前增加"县级以上人民政府"；在第四十八条第二款中的"其备案的民政部门"前增加"办理"；在第五十五条中的"民政部门"前增加"原备案的"。

（三）在第四十条第一款、第五十八条中的"指定"后增加"或者变相指定"。

本决定自2024年9月5日起施行。

《中华人民共和国慈善法》根据本决定作相应修改并对条文顺序作相应调整，重新公布。

民政部关于学习宣传贯彻《中华人民共和国慈善法》的通知

（2024年1月30日　民函〔2024〕6号）

各省、自治区、直辖市民政厅（局），各计划单列市民政局，新疆生产建设兵团民政局；各司（局），中国老龄协会，各直属单位：

2023年12月29日，十四届全国人大常委会第七次会议审议通过关于修改慈善法的决定，新修改的慈善法将自2024年9月5日起施行。为贯彻落实新修改的慈善法，扎实做好全国民政系统《中华人民共和国慈善法》（以下简称慈善法）学习宣传贯彻工作，现就有关要求通知如下。

一、充分认识修改慈善法的重大意义

慈善法是慈善领域的基础性、综合性法律，是新时代慈善事业发展的法治保障。修改慈善法，是贯彻落实习近平总书记关于发展慈善事业的重要论述和党中央有关决策部署的重要举措，是贯彻落实宪法规定和原则的有力举措，是发展中国特色慈善事业，建立健全适合我国国情的慈善法律制度的必然要求。此次修改慈善法，着重完善促进措施，规范慈善活动，强化领导监督，回应慈善事业发展中的新情况、新问题，增设应急慈善，规范个人求助行为，对更好适应我国慈善事业发展，发挥慈善促进社会公平正义、推动实现共同富裕功能，进一步激发慈善正能量，促进全社会关心、支持、参与慈善事业，营造良好慈善社会氛围具有重要意义。各级民政部门要提高站位，充分认识修改慈善法的重要意义，抓紧抓好学习宣传贯彻工作，确保新修改的慈善法有效实施。

二、切实做好学习培训宣传工作

带头学习新修改的慈善法。要突出关键少数，坚持领导班子带头学法，将学习贯彻习近平总书记关于发展慈善事业、发挥慈善作用的重要论述，学习宣传贯彻新修改的慈善法纳入各级党委（党组）会议部署，作为党委（党组）专题学习的重要内容。要加强民政系统领导干部学习，将慈善法纳入领导干部应知应会法律法规清单，作为民政系统领导干部学法用法的重要内容和必修课程，增强运用法治思维和法治方式推进新时代慈善事业高质量发展的能力。

组织开展学习培训。要加强对慈善法修改内容的梳理和学习，充分掌握条文新旧变化，全面掌握修改内容的核心要义和新增的主要制度设计。要举办慈善法培训，组织专家解读新修改的慈善法原文，严格按照立法精神和立法原意讲解修改内容，注重理论与实践相结合，突出实用性和针对性，切实提高培训质效。要创新学习培训形式，采用集体学习与个人自学相结合，专家讲授与原文研读相结合，线下培训与线上学习相结合，条文解析与案例剖析相结合等多种形式，扩大培训覆盖面和深度。

加大普法宣传力度。认真贯彻落实"谁执法谁普法"普法责任制，面向慈善组织及其他慈善活动的参与者开展慈善法学习宣传活动，强化以案释法，教育、引导慈善组织切实提高思想认识，全面落实慈善法的规定，依法依规开展慈善活动。要在群众中开展形式多样、内容丰富的主题宣传活动，在全社会形成学好、用好慈善法的浓厚氛围，推动人人积极参与慈善事业。加强传统媒体和新媒体的融合，利用报刊、电视、广播和网站、微信公众号、微博、新闻客户端等渠道，对新修改的慈善法进行全方位、多层次、立体式宣传，展现贯彻实施新修改的慈善法的生动场景、鲜活画面。

三、扎实推动慈善法的贯彻实施

法律的生命在于实施。新修改的慈善法全面有效实施，需要配套性规定加以细化。民政部将认真对照新修改的慈善法，及时修订相关规章和规范性文件，确保与新修改的慈善法规定相一致。要加强调研、论证、评估，按照新修改的慈善法授权，加快制定有关个人求助网络服务平台管理、慈善信托年度支出和管理费用标准、税收优惠等配套性规定，不断健全促进慈善事业发展的制度措施，保证新修改的慈善法规定有效实施。

地方民政部门要推动修订与新修改的慈善法规定不一致的地方性法规，积极结合本地慈善事业和社会经济发展实际，有计划、有步骤、有重点地推动制定配套的落实政策和实施细则，并抓好落实。

各级民政部门要坚持规范与发展相结合，坚决贯彻落实党对慈善事业的全面领导，在本级政府领导下，推动有关部门和慈善组织业务主管单位在各自职责范围内做好相关工作，加强对慈善活动的监督、管理和服务；要贯彻落实各项扶持政策，激发有意愿、有能力的企业、社会组织和个人积极参与慈善事业的热情；要加强对慈善组织和慈善活动的监管，严格执法，加大对违法行为的惩戒力度，确保慈善事业在法治化、规范化的道路上行稳致远。

四、加强组织领导

提高政治站位。各级民政部门要把学习宣传贯彻新修改的慈善法与深入学习领会习近平总书记关于发展慈善事业的重要论述和党中央有关决策部署结合起来，将慈善法学习宣传贯彻放在推进全体人民共同富裕的大局中理解把握、谋划实施。要将学习宣传贯彻新修改的慈善法作为重要任务列入议事日程，以"严真细实快"的工作作风、奋发有为的精神状态，确保慈善法宣传贯彻各项部署任务有力有效落实。

强化责任担当。各级民政部门要结合实际制定学习宣传贯彻新修改的慈善法的工作计划或方案，突出重点任务，明确目标原则、责任分工、时间进度和工作要求，精心组织，周密安排，狠抓落实。

加强统筹协调。各级民政部门要主动加强与有关部门的统筹协调，将新修改的慈善法宣传与普法工作有机结合，将普法贯穿于立法执法中，形成贯彻落实的强大合力，推动新时代慈善事业高质量发展。

后　　记

2016年3月16日，第十二届全国人民代表大会第四次会议通过《中华人民共和国慈善法》，开启了中国现代慈善的法治化进程。为了配合慈善法的学习贯彻，全国人大原内务司法委员会内务室组织参加法律起草工作的同志和有关专家编写了《中华人民共和国慈善法释义》（下称《释义》），力求准确、详细地阐释法条涵义和立法背景，受到了读者特别是业界人士的欢迎。参加《释义》编写的有（按姓氏笔画排序）：于建伟、王振乾、朱恒顺、刘新华、许灿、杜榕、汤剑军、武英、杨思斌、黄怡捷、黎颖露等。于建伟同志对该书进行了统稿审定。

2023年12月29日，十四届全国人大常委会第七次会议审议通过《全国人民代表大会常务委员会关于修改〈中华人民共和国慈善法〉的决定》（下称《决定》），谱写了我国以法促善的新篇章。根据一些读者和出版机构的建议，《释义》主编于建伟同志邀请参加慈善法修改工作的同志和专家学者、公益慈善实务工作者，在《释义》的基础上，编写了《中华人民共和国慈善法解读与适用》，将《决定》的精神和2016年慈善法通过后出台的相关配套规定的内容吸纳进来，进一步增强了本书的时代性和实操性。

参加《中华人民共和国慈善法解读与适用》编写的有（按姓氏笔画排序）：于建伟、何国科、赵廉慧、秦东瑞、黄浠鸣等。全国人大原内务司法委员会内务室主任、中国老龄事业发展基金会理事长于建伟同志对本书进行了统稿审定。

本书如有不当或疏漏之处，敬请读者批评指正。

编　者

2024年5月

图书在版编目（CIP）数据

中华人民共和国慈善法解读与适用 / 于建伟主编
.—北京：中国法制出版社，2024.5
ISBN 978-7-5216-4388-6

Ⅰ.①中… Ⅱ.①于… Ⅲ.①慈善法-法律解释-中国 Ⅳ.①D922.182.35

中国国家版本馆 CIP 数据核字（2024）第 057895 号

策划编辑：谢　雯　　　　　　责任编辑：白天园　　　　　封面设计：李　宁

中华人民共和国慈善法解读与适用
ZHONGHUA RENMIN GONGHEGUO CISHANFA JIEDU YU SHIYONG

主编/于建伟
经销/新华书店
印刷/三河市国英印务有限公司
开本/710 毫米×1000 毫米　16 开　　　　　　　印张/ 20　字数/ 269 千
版次/2024 年 5 月第 1 版　　　　　　　　　　　2024 年 5 月第 1 次印刷

中国法制出版社出版
书号 ISBN 978-7-5216-4388-6　　　　　　　　　　　　　定价：69.00 元

北京市西城区西便门西里甲 16 号西便门办公区
邮政编码：100053　　　　　　　　　　　　　传真：010-63141600
网址：http：//www.zgfzs.com　　　　　　　编辑部电话：010-63141792
市场营销部电话：010-63141612　　　　　　印务部电话：010-63141606

（如有印装质量问题，请与本社印务部联系。）